산업혁명의
숨은주역들

산업혁명의 숨은 주역들

우리가 잘 몰랐던, 산업혁명을 이끈 15인의 혁신가 이야기!

2019년 9월 20일 초판 1쇄 발행

지 은 이 | 김은환
펴 낸 곳 | 삼성경제연구소
펴 낸 이 | 차문중
출판등록 | 제1991-000067호
등록일자 | 1991년 10월 12일
주　　소 | 서울특별시 서초구 서초대로74길 4(서초동) 삼성생명서초타워 30층
전　　화 | 02-3780-8153(기획), 02-3780-8084(마케팅)
팩　　스 | 02-3780-8152
이 메 일 | seribook@samsung.com

ⓒ 김은환 2019
ISBN | 978-89-7633-991-1 03320

삼성경제연구소 도서정보는 이렇게도 보실 수 있습니다.
홈페이지(http://www.seri.org) → SERI 북 → SERI가 만든 책

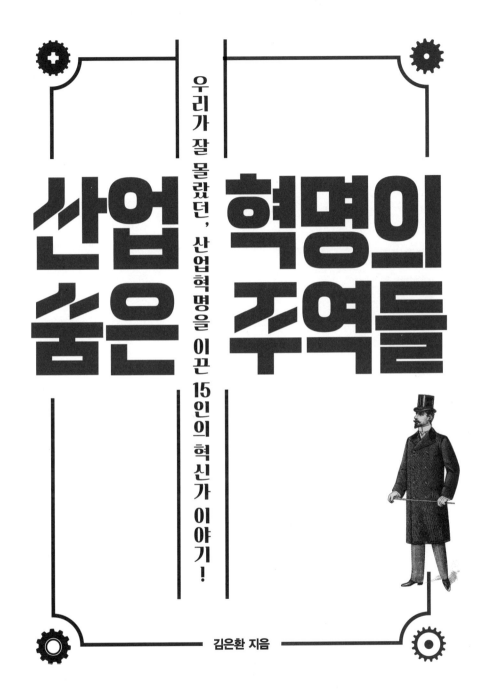

산업 혁명의 숨은 주역들

우리가 잘 몰랐던, 산업혁명을 이끈 15인의 혁신가 이야기!

김은환 지음

삼성경제연구소

4차 산업혁명에 대한 관심이 뜨겁다. 기술 변화를 필두로 경제사회의 대변혁이 가속하고 있으며 과거의 성공 방식은 더 이상 유효하지 않다는 목소리가 드높다. 새로운 시대에 부응할 새로운 전략이 필요하다는 이야기인데, 그렇다면 새 전략은 어디에 있는가? 누구를 벤치마킹할 것인가?

조선 후기 유학자 이용휴(李用休)의 말이 떠오른다. "어제는 이미 지나갔고 내일은 아직 오지 않았다(昨日已過 明日未來)."《혜환잡저(惠寰雜著)》〈당일헌기(當日軒記)〉에 나오는 말로, "하고자 하는 것이 있다면 오늘에 달렸을 뿐(欲有所為 只在當日)"임을 설파한다. 과거의 전략은 쓸 수 없고 미래의 전략은 아직 없다. 오늘을 살아야 하는 우리는 어찌해야 좋을까?

그러나 아무리 생각해봐도 오늘 우리에게 주어진 것은 과거뿐이다. 과거의 전략은 유통기한이 지났다고 해도, 오래 방치된 다락방에서 생각지도 못한 것을 찾아낼 때처럼, 의외의 보물창고가 될 수는 없는 것일까?

이런 궁리를 하던 중 필자는 문득 BBC에서 인기리에 방송된 〈마이클 포틸로의 유럽 기차 여행(Great Continental Railway Journeys)〉이라는 프로그램을 떠올렸다. 마이클 포틸로(Michael Portillo)는 영국의 국방장관을 역임한 인물로, 100년 전에 출간된《브래드쇼의 유럽 기차 여행 가이드북(Bradshaw's Continental Railway Guide)》(1913)을 들고 여행을 시작한다.

여행 가이드북을 활용해본 사람이라면 누구나 경험해보았겠지만 불과 몇 년만 시간이 흘러도 여행정보가 맞지 않아 낭패를 보기 일쑤다. 그런데 100년 전의 가이드북이라니…… 하지만 이 프로그램을 보고 있으면 의외의 사실을 깨닫게 된다. 물론 많은 것들이 과거의 그 책과는 달라졌다. 그러나 브래드쇼가 기술한 유럽의 모습은 마치 건축물의 구조나 인체의 골격이 변치 않듯 현재의 외관 아래 존재감을 잃지 않고 있다.

마이클 포틸로처럼 필자도 산업 역사를 담은 기록에 의존하여 과거 산업혁명의 현장으로 떠나보고자 한다. 물론 100년 전의 철도와 도시가 오늘과는 판이하게 다르듯이, 산업과 기술은 비교조차 불가능할 만큼 달라졌다. 사물인터넷, 인공지능, 3D 프린터의 시대가 수차, 증기기관, 컨베이어 벨트의 시대와 과연 어떤 공통점이 있겠는가?

하지만 산업과 기술의 외관이 달라졌어도 한 가지 놓쳐서는 안 되는 공통점이 있다. 바로 '변화'이다. 증기기관의 혁명이든 인공지능의 혁명이든 그것이 변화라는 점에서는 똑같다. 우리가 알파고에 놀랐다면 과거의 사람들은 증기기관차에 압도당했다.

산업혁명은 1차든 4차든, 기존의 익숙한 상식과 관념을 깨뜨려버린다는 점에서는 본질적으로 같다. 게임의 규칙이 요동하는 지각변동기인 것이다. 정상 상태의 전략으로는 그런 시기를 헤쳐나가기가 불가능하다. 우리는 기술의 내용이 아니라 변화, 특히 가속되는 변화에 주목해야 한다. 과거 산업혁명을 이끈 주인공들은 자신이 서 있는 기반 자체가 흔들리는 상황에서 기회를 포착하는 전략을 구사했다. 우리가 이들의 이야기를 귀기울여 들어야 하는 이유다.

이미 지나간 시대의 이야기를 대할 때에는 주의할 점이 있다. 과거는 이미 일어나버린, 따라서 바꿀 수 없는 '사실들'이다. 역사를 읽는 것은 스포츠 경기의 녹화방송을 보는 것과 비슷하다. 이미 승패를 알고 있고 원인에 대한 분석까지 나온 상태다. "선수들의 기량이 출중하고 감독의 리더십이 탁월했다……" 역사를 볼 때도 이런 식으로 정형화된 성공의 공식이 제시되곤 한다.

반면에 생방송을 보는 것은 이와 전혀 다르다. 시합이 끝날 때까지 그 누구도 승패를 장담할 수 없다. 훈련 기간, 공격수의 역량, 감독의 전략을 다 알고 있다 해도 말이다. 결과를 알고 보면 인과관계가 보이지만, 결과가 나오기 전까지는 무엇이 결정적인 요인이 될지 가늠조차 어렵다. 그것이 선수의 기량일지 감독의 전략일지 당일 경기장의 분위기일지, 이 중 무엇이 대세를 좌우할지 누구도 알지 못한다. 공은 둥글고 승패는 공을 굴려봐야 안다.

이 책에서 필자는 과거의 이야기를 녹화방송이 아니라 생방송처럼 해보고자 했다. 생방송의 묘미는 역시 응원하는 한 팀, 더 나아가 그 팀의 한 선수에게 감정이입하는 것이다. 역사를 이렇게 볼 수 있다면 더 흥미로울뿐더러 전략 시뮬레이션처럼 하나의 마인드 트레이닝이 될 수 있을 것이다. 역사를 과거의 기록이 아니라, 1인칭 RPG 게임처럼 다루는 것이다. 역사 속의 인물은 게임 캐릭터이자 우리의 아바타가 된다. 역사의 결말은 이미 정해져 있지만, 우리는 인물의 선택에 동참한다. 그들이 처한 상황과 고뇌에 공감해보고자 노력하는 것이다.

'관객'은 최종 결과를 포함해 모든 정보를 가지고 있기 때문에 그렇지 못한 주인공을 오해하기 쉽다. 주인공에게 주어진 정보와 가능성을 보다 정확하게 재현해야만 그의 행동을 이해할 수 있다. 최근 역사학에서도 이와 일맥상통하는 견해가 힘을 얻어가고 있다. 영국의 저명한 역사가 마거릿 맥밀런은 말했다.

> 우리는 역사적 인물을 항상 그가 살던 시대라는 무대 위에서 보아야 한다. 그들이 그 당시에 알려지지 않았거나 또는 만들어지지 않았던 것을 감안할 수 있다고 기대해서는 안 된다.*

이 책은 산업혁명기에 결정적 역할을 한 혁신가 열다섯 명의 이야기를 다룬다. 주로 민간 산업에 종사한 사람들이지만 군이나 국립연구소에서 일한 사람들도 있다. 모두가 기술 변화의 도도한 흐름 속에서 자신만의 기회를 포착한 인물들이다. 단순히 이들의 삶을 회고하기보다는 그때로 돌아가 크고 작은 결단의 순간을 재현하고 느껴보려 한다.

이들의 이야기에서 필자가 깨달은 점은, 이들 모두가 위대하면서도 동시에 지극히 평범하다는 것이다. 역사를 창조하는 위대함의 뿌리에는, 주어진 여건에서 할 수 있는 일을 했을 뿐이라는 평범함이 있다. 어느 누구도 상상을 초월하는 '경이로운' 능력이나 전략을 구사하지 않았다. 이들은 각자의 자리에서 그저 한 걸음을 내디뎠다. 그 한 걸음이 역사의 선택을 받게 된 것은 적어도 이들의 입장에서는 우연이었다.

이들은 사실 오늘날 우리에게는 그다지 널리 알려진 사람들이 아니다. 집필을 시작하기 전, 필자가 관심을 가지고 이미 잘 알고 있던 사람은 단

---

* Margaret MacMillan (2016). *History's People: Personalities and the Past*. Profile Books.

한 명도 없다. 말 그대로 필자는 이들을 찾아냈다. 이들보다 훨씬 더 유명한 사람들의 전기물이 차고 넘침에도 불구하고 왜 '굳이' 무명이나 다를 바 없는 이들을 택했느냐고 누군가 묻는다면 이렇게 대답하겠다. 이들이 살면서 겪었던 문제와 부닥쳤던 선택의 갈림길은 지금 우리가 직면한 현실과 매우 닮았다. 이들은 주로 1차, 2차 산업혁명의 고비를 넘었다. '산업혁명'이 바로 이들과 우리의 피치 못할 공통점이다. 우리가 우리 시대의 산업혁명에 대해 고민하고 있다면, 과거 산업혁명기를 먼저 고민했던 이들이 어떤 삶을 살았는지, 어떤 선택을 했는지 알고자 하는 것은 자연스러운 일일 것이다.

이들이 달성한 일들은 때로는 비범하고 때로는 경이롭지만, 그 어떤 것도 우리를 좌절시킬 만큼 기적적이지도 초인적이지도 않다. 이들은 직업인이고 생활인이었으며, 스스로를 위인으로 여기지 않았다. 그동안 통상의 전기물이 자주 다루지 않던 '산업인'의 이야기가 오히려 더 큰 공감과 지혜의 원천이 될 수 있으리라 기대해본다.

2019년 가을을 기다리며
김은환

우리 시대의 산업혁명과
과거의 산업혁명

먼저, 지금 우리에게 산업혁명이란 어떤 의미인지 생각해보자. 200년 전의 산업혁명으로부터 우리가 지금 배울 수 있는 것은 무엇인가? 사실 이 질문에 만족스러운 답을 찾기 위해서는 1차 산업혁명뿐 아니라 이후 4차 산업혁명까지 되풀이되고 있는, 산업혁명의 본질을 먼저 깊이 고찰해보아야 할 것이다. 그러나 이 책에서는 산업혁명을 이끌었건 산업혁명에 떠밀렸건 간에 그 시대를 치열하게 살아낸 인물들의 이야기를 다루고자 하기에, 그들을 이해하기 위한 배경으로서만 간략히 산업혁명의 역사를 개관하려 한다.

"산업혁명이 네 번이나 있었다고?"
- 리얼인가 레토릭인가

실리콘밸리에서 일하고 있는 한국 청년들이 펴낸 《실리콘밸리를 그리다》라는 책에 이런 대목이 있다. 저자 중 한 사람이 한국의 4차 산업혁명 열풍을 보고 문득 현지인 동료에게 묻는다.

"4차 산업혁명이라고 들어본 적 있어?"

"응? 산업혁명이 네 번 있었다고? 내가 알기로는 한 번뿐인데?"[1]

특정 이슈에 빠르게 달아올랐다 빠르게 식는 우리 사회를 살짝 비꼰 느낌이다. 물론 구미에서 '4차 산업혁명'이라는 말을 쓰지 않는 것은 아니다. 독일 경제학자 클라우스 슈밥(Klaus Schwab)이 세계경제포럼에서 이를 슬로건으로 내세웠고, 세계 언론이 일제히 호응하며 이 키워드를 타전했다. 다만, 우리의 반응이 좀 더 뜨겁다. 요즘은 어딜 가나 '4차 산업혁명'이 보인다.

못마땅해하는 목소리도 있다. 과학 칼럼니스트 엘리자베스 가비는 '4차 산업혁명'이라는 말이 지난 1940년부터 10∼20년 주기로 언론에 등장하는 단골손님이었다고 폭로한다.[2] '산업혁명'이란 말의 뉘앙스와 무게감을 이용하려는, 전혀 혁명적이지 않은 수사법이라는 것이다.

언론과 정치권은 늘 새로운 말에 목말라한다. '4차 산업혁명'은 그런 요구에 안성맞춤이다. 지난 정권에서는 '창조경제'가 화두였다. '창조경제' 보다는 '4차 산업혁명'이 확실히 뭔가 있어 보이긴 한다. 그러나 찬찬히

1 김혜진 외 (2018). 《실리콘밸리를 그리다》. 스마트북스.

2 Elizabeth Garbee (2016. 1. 29). "This Is Not the Fourth Industrial Revolution". future tense. 〈https://slate.com/technology/2016/01/the-world-economic-forum-is-wrong-this-isnt-the-fourth-industrial-revolution.html〉.

생각해보면 여전히 막연하다. 그도 그럴 것이 우선 '산업혁명'이 무엇을 말하는지 잘 모르겠다. 18세기 말 영국에서 일어난 증기기관과 철도의 혁명이 오늘날 인공지능, 빅데이터, 3D 프린팅 혁명과 무슨 관계가 있는가?

최근 몇 년간의 남용으로 '4차 산업혁명'은 슬슬 김이 빠지는 느낌이다. 앞으로도 몇십 년은 지속될 마라톤인데 초반에 너무 달리는 게 아닌지 걱정이다. 그런 의미에서 산업혁명이란 무엇인지, 왜 우리 시대를 4차 산업혁명기라고 불러야 하는지 차분하게 생각해볼 때가 되었다.

고유명사인가 일반명사인가?

〈위키피디아〉는 산업혁명을 이렇게 정의하고 있다.

산업혁명은 18세기 중반부터 19세기 초반까지, 대략 1760년과 1820년 사이에 영국에서 시작된 기술의 혁신과 새로운 제조 공정으로의 전환, 이로 인해 일어난 사회, 경제 등의 큰 변화를 일컫는다.[3]

이것은 18세기 말 영국에서 일어난 사건을 콕 집어 말하고 있다. 즉, 여기서 '산업혁명'이란 말은 고유명사다. 세상에 단 하나밖에 없는 것, 시간과 공간상의 특정 영역을 차지하는 것을 가리킨다. 임진왜란, 워털루전

---

3 〈https://en.wikipedia.org/wiki/Industrial_Revolution〉.

투, 세계대전은 모두 고유명사다. 역사상 유일무이한 사건이니까……
물론 세계대전은 두 번 있었다. 그래서 1차, 2차로 나눈다. 그래도 고유
명사임에는 변함이 없다.

산업혁명 역시 영국에서 일어난 뒤 오랫동안 고유명사였다. 그러던 중
후속타가 이어졌다. 20세기 전후로 2차 산업혁명이, 그리고 20세기 후
반에 3차 산업혁명이 일어난 것이다. 산업혁명은 전무후무의 돌발사건
이 아니었다. 그러나 이것이 주기적으로 되풀이된다는 보장은 없다.

산업혁명이 일반명사가 되려면 네 번 일어난 것으로도 부족하다. 더
계속되어야 한다. 다소 성급한 질문일지 모르지만, 앞으로 5차 산업혁명
이 올까? 6차 산업혁명은? 7차, 8차는?

어쩌면 산업혁명도 한때의 추억이 될지 모른다. 비관적인 사람들은 인
류 역사에서 '경제 성장'이란 불과 300년이 안 된, 짧고도 예외적인 현상
이라고 말한다. 만약 그렇다면 4차를 끝으로 산업혁명은 고유명사로서
만 역사에 남을 수도 있다. 산업혁명이 고유명사가 되는가 아니면 일반
명사가 되는가의 갈림길에 우리 시대가 서 있는지도 모른다. 물론 그 갈
림길에 상당히 오래 서 있어야 할 것이다.

산업혁명의 정체 - 경제사회의 장기 파동

산업혁명이 일반명사가 되려면, 그것이 일회적 사건이 아니라 되풀이
되는 현상이어야 한다. 주기적으로 반복되는 현상 중 하나로 우리는 바
다의 '파도'를 떠올릴 수 있다. 파도는 잠시도 멈추지 않는다. 하루 종일

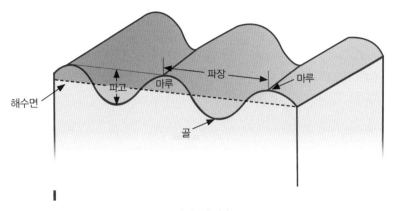

파도의 구조. 파장이 길수록 장주기 파도가 된다.

바닷가를 찰싹이는 물결은 '단주기 파도'이다. 주기가 긴 파도도 있는데 풍랑, 너울, 이안류 그리고 한 걸음 더 나가면 쓰나미로 알려진 해일까지 다양하다.

자연에는 이렇듯 주기적으로 일어나는 현상이 많다. 산업혁명 이후 경제사회에서도 이런 주기적 현상이 있었다. 바로 '경기순환'이다. 3~4년을 주기로 호황과 불황이 교체된다. 경기순환은 산업사회의 맥박이라고 할 수 있다.

먼바다로 나가면 더 큰 파도를 만나듯이, 경제 발전의 역사가 진행되면서 차츰 더 긴 주기의 '경제파동'이 나타났다. 이 파동들은 발견자의 이름을 따라 명칭이 정해졌다. 10년 주기의 쥐글라(Juglar) 파동, 20년 주기의 쿠즈네츠(Kuznets) 파동, 그리고 40~50년 주기의 콘드라티예프 (Kondratiev) 파동이 그것이다.

가장 흥미로운 것은 역시 주기가 긴 콘드라티예프 파동이다. 50년 주

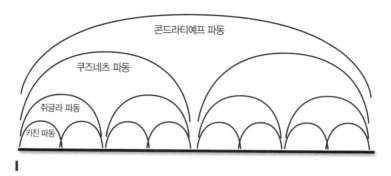

경제파동의 피라미드. 두 개의 파동이 합쳐져 보다 큰 파동이 된다.

기로 되풀이되는 파동이라면 그 정체는 과연 무엇일까? 정말 이러한 파동이 존재하기는 할까? 불황과 호황의 교차도 파장이 만만치 않은데, 50년에 한 번씩 찾아오는 거대한 경제 쓰나미라면 대체 그 영향력은 어느 정도란 말인가?

쓰나미가 해안을 덮쳐 모든 것을 집어삼키듯 콘드라티예프 파동도 경제 전체를 뒤흔드는 버블 붕괴를 동반한다. 우리가 직접 겪은 3차 산업혁명은 1997년 IMF 외환위기라는 쓰나미를 남겼다. 이 엄청난 물결은 세계경제 전반에 '닷컴버블 붕괴'라는 모습으로 밀어닥쳤다.

왜 이런 거대한 경제파동이 생겨나는 것일까? 그 엄청난 파장을 만들어내는 에너지의 원천은 무엇일까? 이를 이해하려면, 사람의 일생 못지않게 복잡다단한 기술의 일생을 들여다볼 필요가 있다.

콘드라티예프 파동으로 살펴보는 기술의 일생

현대의 산업을 형성하는 기술은 무수히 많다. 작업자의 손기술부터 다른 모든 기술의 근본이 되는 근원기술까지 종류와 위계도 다양하다. 중심도 있고 주변도 있으며 그에 따라 근본적 기술과 주변적 기술 간의 계층도 있다.

당연한 이야기겠지만, 중심부에 위치한 기술은 상대적으로 잘 변하지 않는다. 일상적 기술 진보나 혁신은 대체로 주변부에서 일어난다. 콘드라티예프 파동은 기술 네트워크의 핵심을 진원지로 한다. 모든 기술의 토대가 되는 기본 기술은 변화가 잦지는 않지만, 결국에는 변한다. 그런데 이 변화의 과정은 작은 혁신의 누적이 아니라 역성혁명에 가깝다.

콘드라티예프 파동은 기술 세계의 〈왕좌의 게임〉이다. 새로운 중심 기술의 도래는 새로운 영웅이 등장해 천하를 평정하는 드라마와 닮았다. 그 드라마는 다음 네 단계로 요약할 수 있다. 바로 잠복, 광풍, 번영, 성숙의 사이클이다.[4]

❶ 잠복기

세상을 뒤흔들 신기술이 개발되었지만 당장은 주목받지도 부각되지도 않는다. 이런 기술은 일단 중심부를 피해 변방에 똬리를 튼다. 바이러스가 인체에 들어와 아무 증상 없이 일정 기간 잠복하는 것과 비슷하다.

---

4 Carlota Perez (2003). *Technological Revolutions and Financial Capital: The Dynamics of Bubbles and Golden Ages*, Edward Elgar Publishing.

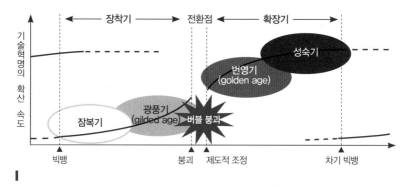

베네수엘라 경제학자 카를로타 페레스의 기술 변화 단계
자료: Carlota Perez (2003). *Technological Revolutions and Financial Capital: The Dynamics of Bubbles and Golden Ages.* Edward Elgar Publishing.

처음부터 증상을 드러낸다면 곧바로 면역군에게 소탕될 위험이 있다. 기존의 지배적 산업과 기술의 그늘에서 신기술은 와신상담(臥薪嘗膽)하며 역량을 키워 미래를 기다린다.

❷ 광풍기

신기술은 차츰 역량과 존재감을 키워간다. 그 결과 기존 기술과 진검 승부를 겨룰 만한 경지에 오른다. 신기술을 무시하던 세상도 관심을 보인다. 그러다 어느 순간 사태가 급전한다. 신기술이 시대의 총아가 되면서 지지층이 폭발적으로 늘어난다. 버블이 시작되는 것이다. 새로운 기술에 대한 기대와 투자가 극한으로 치닫다가 어느 순간 격렬한 추락이 뒤따른다. 바로 버블의 붕괴다.

버블의 열광과 붕괴는 기술의 역사에서 되풀이되는 현상이다. 신뢰와 불신은 전염병의 속성을 지니고 있다. 불신이나 신뢰나 모두 소용돌이처

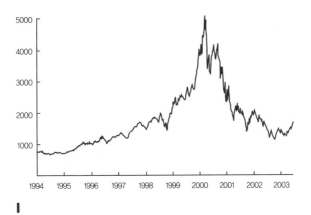

닷컴버블 시기의 나스닥 종합지수 그래프. 거대한 격랑의 모습을 닮았다.

럼 스스로 증폭된다. 한번 경계를 넘으면 사태를 멈출 수 없다. 2000년
대 초 닷컴버블의 붕괴가 그 한 예다. 세상을 뒤바꿀 것 같던 닷컴 비즈
니스에 대한 기대가 한순간에 무너졌다.

❸ 번영기

버블 붕괴가 모든 것을 원점으로 되돌리는 것은 아니다. 이 붕괴의 과정
에서 옥석이 가려진다. 아마존이나 구글 같은 오늘날의 IT 강자들은 닷
컴버블을 거치며 단련됐다. 잠복기에는 기대가 실제에 미치지 못하고 광풍
기에는 기대가 실제보다 넘쳤다면, 이제는 양자가 조화를 이룬다. 신기술
이 추락의 경험을 통해 진정한 주도적 기술로서 면모를 갖춰가는 것이다.

버블은 진정한 강자를 단련하는 동시에 과거의 강자들과 그 시스템을
파괴한다. 이제 새로운 세상을 건설할 공간이 마련된다. 신기술이 잠재
력을 발휘할 수 있도록 체제가 정비되어간다. 옥석을 가리고 기대와 실

제를 조율하고, 인프라를 갖추며 시스템이 바뀌고, 혁신의 성취가 점차 드러난다. 안정과 번영이 시작되는 것이다.

❹ 성숙기

신기술은 이제 기술의 패러다임으로 자리 잡고 격동의 산업 현장도 평온해진다. 그러면서 신기술도 결국에는 젊음과 활력을 잃어간다. 한계생산력을 체감하고 성장이 더뎌진다. 관련 혁신 또한 주변적 디테일에 머문다. 아직 기술을 떠받치는 네트워크와 인프라는 튼튼하다. 강호에 이렇다 할 적수가 아직 없다. 그리 위협적이지 않은 것들은 그냥 내버려둔다. 세상은 확실히 예전 같지 않지만⋯⋯ 아직은 괜찮다.

기술의 일생은 파란만장한 영웅의 삶이며, 굴곡과 반전이 가득한 드라마다. 물론 이것은 의인화다. 기술이 한 사람의 영웅처럼 움직이는 것은 기술을 움직이는 실제 조종자, 인간의 삶이 그 아래 있기 때문이다. 꿈틀

	잠복기	광풍기	번영기	성숙기
1차	증기기관	철도 위기	19세기 중반 대호황 (1848~1875)[5]	장기 불황 (1873~1896)
2차	전기	대공황	전후 고도성장	석유위기와 스태그플레이션
3차	컴퓨터	닷컴버블	대안정기 (Great Moderation)	저성장 (New Normal)
4차	인공지능			

각 산업혁명별로 본 기술 변화 단계

---

5 역사가 에릭 홉스봄(Eric Hobsbawm)은 이 시기를 "자본의 시대"라고 명명하였다.

거리는 북청사자 안에서 사람들이 땀 흘리고 있는 것처럼 말이다.

인간과 기술: 레이싱 vs. 서핑

"인생은 짧고 예술은 길다"라는 히포크라테스의 말은, 예술가는 요절해도 그의 작품은 영원히 남는다는 뜻으로 흔히 받아들여진다. 그러나 이는 와전된 것이다. 여기서 '예술'은 실제로는 '의술'로서, 의학 지식을 모두 배우기에는 인생이 너무 짧다는 것이 원래 메시지다.

기술이 점점 더 빨리 변하는 오늘날, 히포크라테스의 메시지는 옛날 이야기가 아니다. 오히려 과거에는 시간이 오래 걸려도 젊어서 한번 배운 기술로 평생을 살아갈 수 있었다. 반면에 오늘날의 기술 변화는 현기증을 일으킬 정도다. 한번 뒤처진 사람들이 따라가기에는 너무 빠르게, 너무 멀리 질주한다. '뛰는 근로자 위에 나는 기술'이 있는 셈이다. 인생은 짧고, 새로이 습득해야 할 첨단 기술들은 끝이 없다.

파도에 쫓기는 상황을 생각해보자. 등 뒤에서 파도가 밀려오면 얼른 뭍으로 뛰어올라 파도를 따돌려야 한다. 그러나 쓰나미의 속도를 인간이 이기기는 불가능하다. 어떻게 할 것인가? 파도를 따돌릴 수 없다면 파도를 맞이하는 수밖에 없다. 그러면서도 휩쓸리지 않는 방법이 있다. 파도를 타는 것이다. 파도와의 레이싱이 아니라 서핑이다.

기술혁신의 물결 위에서도 서핑이 가능할까? 산업혁명은 기술보다 더 빨리 뛴 사람들만 승리하는 게임이 아니었다. 신기술 세상에서도 옛 기술을 개량해 니치를 개발하거나 자신만의 독특한 강점으로 신기술의 파트너가 되어 성공을 거둔 경우가 있다. 게임의 규칙을 아예 바꾸거나 새로운 비즈니스 모델을 만들기도 했다. 물론 주도권은 최첨단 기술을 개발한 자가 갖는다. 그러나 과거 기술을 보유한 경우에도 변화 트렌드에 어떻게든 보조를 맞출 수 있으면 기회를 잡았다. 요점은 파도와 경주하는 것이 아니라 파도를 타는 것이다.

인공지능, 블록체인, 사물인터넷, 3D 프린팅, 5G…… 오늘날 기술의 리스트는 끝이 없다. 이들을 언제 공부해 다 따라잡겠는가? 컴퓨터 공학도 전공한 적 없고 프로그래밍도 못 배웠다. 그러나 희생자, 낙오자라고 자처하기 전에 파도에 휩쓸리지 않고 파도를 탈 방법을 생각해보자. 크든 작든 역할은 반드시 있다. 그 각각의 역할이 이를테면 바로 '서핑 보드'다. 보드를 잡아채 그 위에 서기만 한다면 엄청난 파도의 힘은 앞으로 나아가는 에너지가 될 것이다.

'그때'와 '지금'은 차원이 다르다?

과거에 비해 우리 시대의 변화는 그 속도나 영향력에서 비교가 불가능하다는 이야기가 많다. 한 예로 전화기가 1억 명 사용자를 갖기까지는 75년이 걸렸지만 페이스북이 1억 유저를 갖는 데는 불과 5년밖에 안 걸렸다는 것이다. 그러나 단순 속도 비교로 과거의 변화가 느렸다고 단정할 수는 없다. 그때 그 시절 전화가 일으켰을 충격파를 한번 생각해보라. 이미 전화, 팩스, 이메일을 가지고 있는 현대인에게 페이스북이 준 충격과는 비교가 안 될 것이다.

멈춰 있던 차가 움직이기 시작할 때의 충격은, 시속 100킬로미터를 달리던 차가 120킬로미터로 가속했을 때 느끼는 충격보다 훨씬 클 것이다. 단순히 속도가 아니라 가속도, 즉 속도의 변화를 볼 필요가 있다. 물레방아가 증기기관으로, 역마차가 기관차로, 대장간이 제철소로 바뀐 그 시대는 결코 정체 사회가 아니었다. 우리가 현재 느끼는 진동과 혼돈을 그들도 똑같이, 어쩌면 더 크게 느꼈을 것이다.

이전 시대 산업혁명의 가속도를 느낄 수 있다면 우리는 산업혁명의 선조들과 소통하고 공감할 수 있다. 그들이 고민하고 결단한 내용 하나하나가 오늘날 우리에게도 유용한 대응 전략이 된다. 많은 경영학 구루들이 안정적이고 예측 가능한 시대가 가고 블랙 스완, 카오스의 시대가 온다며 목청을 높인다. 그러나 과거의 시대는 과연 안정적이었을까?

산업혁명 발발 이후에도 증기기관이 새 시대의 동력원이 되리라고 예견한 사람은 거의 없었다. 마이클 패러데이(Michael Faraday)가 전기의 원리를 발표했을 때 그것이 산업의 새 동력원이 되리라고 알아본 사람도 없었다. 심지어 와트나 패러데이조차 그런 확신이 없었다. 그때도 지금처럼, 혹은 지금보다 더 극심한 블랙 스완의 시대였다.

틀린 지도라도 없는 것보다 낫다?

저명한 조직이론가 칼 웨익(Karl E. Weick)은 자신의 책에서 다음과 같은 일화를 소개한다. 알프스 산맥에서 작전 수행 중이던 헝가리 정찰대가 산중에서 길을 잃었으나 3일 만에 무사히 돌아왔다. 천만다행히 대원 중 한 명이 지도를 가지고 있었던 것이다. 그러나 귀환한 뒤 다시 확인해보니 그것은 알프스 산맥이 아니라 피레네 산맥의 지도였다. 그들은 틀린 지도를 가지고 옳은 길을 찾아낸 것이다.

산중 조난자들은 혼돈에 빠져 같은 길을 왔다 갔다 하다 탈진하는 경우가 많다. 틀린 지도라도 그것을 '믿고' 그 길 끝까지 나아가면 최소한 갈팡질팡, 우왕좌왕은 하지 않을 수 있다. 만약 헝가리 정찰대가 그것이 알프스의 지도가 아니라는 걸 알았더라도 과연 무사히 귀환할 수 있었을까?

지도마다 읽어낼 수 있는 것이 다르다. 낯선 타지에서 길을 잃은 헝가리 정찰대는 지도를 정교하게 읽을 수도 그럴 여유도 없었다. 대충 보고 어림짐작으로 길을 찾아나갔을 것이다. 바로 이 '대충'이 그들 성공의 핵심이다. 알프스와 피레네는 완전히 다른 산이지만 산속 지형에는 어디나 일정한 패턴이 있다. 같은 유럽의 산악 지대가 갖는 공통의 패턴에 집중한다면 이 지도는 더 이상 틀린 지도가 아니다.

미래를 알기 위해 역사를 살펴보는 것은 어쩌면 알프스에서 피레네 지도를 보는 일과 비슷할 것이다. 과거를 미래의 정확한 모델로 받아들이면 과도한 예측을 하게 된다. "경기순환 주기가 5년이니 5년 뒤에 불황이 올 것이다"라는 식으로 예측한다면 물론 명쾌하기는 하다. 그러나 노스트라다무스 예언 이래로 경제·사회 분야에서 연도를 지정한 예언이 맞는 일은 드물다.

경제 예측 전문가 해리 덴트(Harry Dent)는 인구, 소비지출, 지정학, 혁신 심지어 태양흑점 주기까지 종합해 이들의 하강 추세가 결집하는 2019년을 대폭락의 시점으로 예측한 바 있다.[6] 과거 데이터를 정확하게

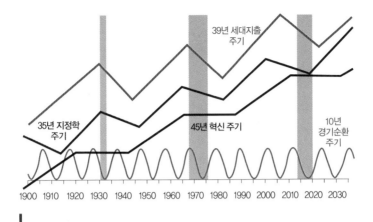

39년 세대지출
주기

35년 지정학
주기

45년 혁신 주기

10년
경기순환
주기

1900 1910 1920 1930 1940 1950 1960 1970 1980 1990 2000 2010 2020 2030

거시경제 주기의 위계

자료: Harrydent.com; Financial Repression Authority (2016. 4. 21), "Stocks Set to Fall 70% by Late 2017(04-15-16-FRA w/Harry Dent)", Youtube.

반영한 것이라고 해도, 연도까지 확정한 것은 지나치다고 생각된다. 피레네 산 지도에서 알프스 산의 표고와 지점 간 거리까지 읽어내려 한 격이다.

과거 세 번의 산업혁명은 결코 현재의 4차 산업혁명과 똑같지 않을 것이다. 과거 산업혁명을 통해 배우되 섣부른 교훈을 얻어선 안 된다. 그렇다면 도대체 왜 역사를 읽어내야 할까? 정확한 시점을 알아야 제대로 된 의사결정을 할 수 있지 않을까? 틀리더라도 차라리 명쾌하게 말해주는 것이 더 낫지 않을까?

시점을 정확히 알고 싶은 그 심정이야 이해가 가지만 역사는 절대로 미래 일정표가 아니다. 역사는 현재 일어나는 사건을 해석할 수 있도록 다양한 프레임을 제공해줄 뿐이다. 역사를 지도가 아니라 다채로운 패턴

---

6 해리 덴트 (2017), 《2019 부의 대절벽》, 안종희 역, 청림.

들의 도감이라고 생각한다면 보다 생산적인 독해가 가능하다. 증기기관과 인공지능을 겹쳐서 보면 따로따로 보아서는 절대 보이지 않을 새로운 형상이 떠오른다.

지나간 산업혁명은 거대한 변화의 물결을 온몸으로 겪은 사람들의 드라마다. 그저 옛날이야기일 뿐이라고 생각할 수도 있지만, 우리의 삶과 겹쳐보면 새로운 것이 보일 수 있다. '역사'라는 지도를 너무 꼼꼼하게 자로 재가며 볼 필요는 없다. 대충 보자. 헝가리 정찰대처럼 말이다.

산업혁명에서 개인의 역할
- 개천 용(dark horse)의 시대

어린이 도서에서 상당 비중을 차지하는 것이 역사 인물에 관한 전기다. 과거에는 위대한 인물에 대한 전기란 뜻으로 '위인전'이라는 표현을 썼는데, 최근 연구에 의하면 너무 위대해 거리감이 느껴지는 이야기는 오히려 교육에 부정적 효과를 끼칠 수 있다고 한다. 따라하고 싶어지기보다는 아예 주눅이 들어 자포자기하게 된다는 것이다.

아이들의 이야기만은 아니다. 하루하루 힘겹게 살아가는 평범한 우리에게도, 증기기관을 발명하고 자동차를 대중화하고 퍼스널 컴퓨터를 개발해 보급한 사람들의 얘기가 정말 누구나 따라할 수 있는 모델인지 확신이 서지 않는다. 이런 '인물'들은 뭔가 특별한 능력을 가지고 태어났거나 좋은 환경, 풍부한 자원의 뒷받침을 받은 것이 아닐까?

그래서 필자는 너무 압도적인 위인보다는 그동안 조금 덜 알려진 인물들을 찾아내 이 책에 담고자 애썼다. 물론 필자가 발굴한 이 인물들도 산업 발전의 역사에 한 획을 그은 비범한 사람들임에는 틀림이 없다. 이들의 삶을 보고 영감을 얻어 의지를 불태울 독자들이 있을 것이라고 믿는다. 그러나 동시에, 이들의 이야기가 너무 멀게만 느껴지는 독자들도 있으리라고 생각된다. 그런 경우를 생각해 몇 마디만 첨언한다.

비범한 성과에는 반드시 비범한 능력, 비범한 노력이 필요할까? 돈을 벌려면 우선 돈이 있어야 하듯 큰일을 할 역량도, 자원도 없는 평범한 우리는 희망을 가질 수 없는 것 아닌가? 안정기라면 이런 생각이 맞을 수도 있다. 그러나 마침 당신이 살고 있는 시대가 '변혁기'라면 희망을 가져볼 수 있다. 산업혁명기란 게임의 룰이 바뀌는 시대, 따라서 반전이 가능하고 다크호스가 출현하는 시대다. 규칙이 급격히 바뀌는 시대에는 그동안 축적한 자원, 훈련이 하루아침에 무용지물이 된다. 반면, 별로 대단치 않게 생각되던 능력이 갑자기 중요해진다. 산업혁명기는 예측이 불가능한 혼돈의 시기다.

최근 "개천의 용이 사라졌다"라는 말을 많이 듣는다. 고도성장이 끝나가면서 우리나라 경제는 사실상 안정기에 들어섰다. 사회적으로 명문대, 대기업, 전문직, 공무원 등 성공의 사다리도 어느 정도 자리를 잡았다. 이제 어떤 분야에서 무슨 노력을 해야 성공하는지, 어디가 좋고 어디가 나쁜지 대략 정해진 것이다. 확정된 규칙하에서 0.1점이라도 차이를 만들어내기 위해 사력을 다해야 한다. 자원과 기회를 선점한 금수저들이 우위를 유지하는 것이 당연하다.

그러나 만약 한국경제가 정말로 4차 산업혁명기에 들어섰다면, 이제부터는 세상이 계속 바뀐다. 확고한 성공을 보장하던 경쟁 원천의 가치는 떨어지기 시작한다. 그러고는 갑자기 벤처, 유튜버, 아이돌 등 새로운 기회가 부상한다.

《포브스(Forbes)》가 2018년 발표한 중국의 부자 순위 100위 안에 든 인물 가운데 30대 이하가 15명이다. 그런데 이 중 2명을 제외한 13명이 상속자가 아닌 이른바 '흙수저'였다. 거의 대부분 IT 등 신기술 업종의 벤처기업가 출신이다. 세상이 뒤집히고 있는 것이다. 우리나라는 그동안의 경제 발전으로 구축된 질서가 상대적으로 단단하다. 하지만 상황이 어떻게 변할지는 예단할 수 없다. 미리 비관하는 것은 도움이 안 된다.

앞서 언급했듯이 필자가 이 책에서 다룰 인물들은 경이적 능력과 기상천외한 전략을 구사한 천재들이 아니다. 또는 엄청난 부호나 명문가 후손도 아니다. 이들은 대부분 중하류층 출신의 인물들이다. 이들은 시대의 변화를 감지하고 자신이 할 수 있는 일들 중에서 시대에 부합하는 전략을 선택해 성공했다. 그들은 열심히 살다 보니 공교롭게도 자신의 영역에서 시대에 대응할 무기를 얻었다. 산업혁명이 세상을 뒤집어놓으면서 아무도 예상치 못한 방향으로 경쟁 원천이 바뀌어버린 덕분이다. 그들이 마법을 부린 것이 아니라 세상이 마법을 부린 것이다.

콘드라티예프 파동의 주기는 50년 전후라고 한다. 이에 따르면, 평균 수명이 80세에 이른 오늘날에는 누구나 자기 생애에서 산업혁명을 경험하게 된다. 승부의 규칙이 바뀌고 고착된 기존 서열이 뒤집히는 시기가 일생에 한 번, 잘하면 두 번 오는 셈이다. 흙수저가 다크호스로 변신하는 그날을 꿈꾸어도 좋을 때다. 개천이 말랐다고 포기하기엔 이르다. 언제 큰비가 내릴지 모르기 때문이다.

콘드라티예프 파동과
산업혁명

니콜라이 콘드라티예프(Nikolai Dmitrievich Kondratiev)는 48세 되던 1938년, 시베리아에서 정치적 이유로 총살당했다. 따라서 그가 관찰한 자본주의의 역사는 20세기 전반까지이며, 후대의 경제학자들이 그 이후의 통계까지 반영해 그의 파동설을 검증하고 구체화했다. 대표적 학자가 베네수엘라 출신의 카를로타 페레스(Carlota Perez)이다. 페레스가 확정한 혁신의 파동은 다음과 같다.

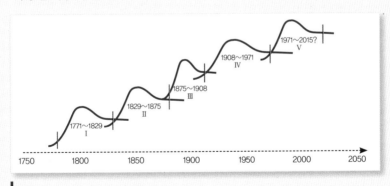

카를로타 페레스가 제시한 혁신의 파동
자료: Carlota Perez (2002). *Technological Revolutions and Financial Capital: The Dynamics of Bubbles and Golden Ages*. Cheltenham: Edward Elgar 재구성.

페레스는 1771년부터 자신이 이 모델을 발표한 2015년 당시까지를 다섯 개의 주기로 나누어 살폈다. 클라우스 슈밥이 다보스에서 4차 산업혁명을 선언한 것이 2016년이다. 그렇다면 4차 산업혁명은 페레스의 사이클로 보자면 제6주기에 해당하는 셈이다. 물론 슈밥과 페레스의 개념은 연결되지 않는다. 이론적 기반이나 개념의 내용도 다르다. 그러나 시기를 기준으로 매칭시켜볼 수는 있다.

그 결과는 흥미롭다. 페레스의 제1, 제2주기는 슈밥의 1차 산업혁명, 제3, 제4주기는 2차 산업혁명, 그리고 제5주기는 3차 산업혁명에 해당한다. 즉, 처음 두 차례의 산업혁명은 페레스 혁신주기가 각각 두 개씩 상응한다. 혁신주기 두 개가 모여 하나의 산업혁명이 되는 셈이다. 만약 이런 패턴이 유지된다면 페레스의 제5, 제6주기가 3차 산업혁명이 될 것이다. 그러나 슈밥은 둘을 하나로 묶지 않고 제6주기를 4차 산업혁명으로 파악한 것이다.

페레스의 혁신주기에서, 제1주기는 섬유와 제철, 제2주기는 증기기관과 철도의 혁명이다. 이들은 철이라는 소재와 기계화라는 생산 시스템 측면에서 일관성이 있다. 따라서 이 두 개의 주기를 하나의 산업혁명, 즉 1차 산업혁명이라고 부르는 것은 적절해 보인다. 제3주기는 전기, 제4주기는 내연기관과 석유화학에 의한 혁신인데, 이들 역시 과학적 성과가 산업과 접목된 사건으로서 공통점이 있다. 이런 면에서도 이들을 하나의 산업혁명으로 묶는 것은 일리가 있다.

그다음이 제5주기와 제6주기인데 제5주기가 정보통신이 주도하는 혁신이라는 점에는 별다른 이견이 없다. 문제는 제6주기가 제5주기와는 전혀 다른 기술 원리로 작동하느냐이다. 컴퓨터와 인터넷이 주도한 제5주기에 대해 빅데이터, 모바일, 인공지능, 사물인터넷 등은 확실히 연속성이 두드러져 보인다. 즉, 제5주기와 제6주기 사이의 공통점, 즉 '정보'가 두 혁신을 비슷해 보이도록 하는 것이다. 물론 슈밥이 강조한 대로 4차 산업혁명은 단순히 정보기술 혁신에 그치지 않고 정보와 실물, 온라인과 오프라인 사이의 경계가 허물어진다는 중요한 특징이 있다. 그래서 3D 프린팅, 바이오, 나노 등의 혁신에까지 정보기술의 확산과 심화가 진행되는 것이 사실이다. 그럼에도 여전히 변화의 핵심을 '정보기술'이 쥐고 있다는 점에서는 연속성을 무시하기 어렵다.

이런 점에서 현재의 기술 변화를 3차 산업혁명으로 보아야 한다는 논의도 일리가 있어 보인다. 시간이 더 지나면 우리가 4차 산업혁명이라 부르고 있는 현재의 혁신이 3차 산업혁명 후반기의 특징으로 정리될 가능성도 있다. 그러나 4차 산업혁명은 학술적으로 정교하게 규정된 개념이라기보다는 대중적 임팩트를 고려한 조어라는 성격도 갖고 있다. 그런 점에서 이것을 '3-2차 산업혁명'으로 부른다면 어감이나 뉘앙스에서 대중적 호소력을 갖기 어려울 것이다.

결국 "산업혁명이란 무엇인가"라는 질문에 대해 현재 수준에서 가능한 가장 확실한 답변은 "그것은 콘드라티예프 파동이다"라는 것이다. 물론 일대일 대응은 되지 않지만, 연속하는 두 개의 콘드라티예프 파동을 '산업혁명'으로 이해할 수 있다.

그렇다면 산업혁명의 본질이라고 할 만한 콘드라티예프 파동은 왜 일어나는 것일까? 쓰나미는 해저 지진의 충격으로 인해 발생한다. 산업혁명의 본질은 기술적 충격이다. 왜 기술적 충격이 연속적 변화가 아니라 단절적 변화, 혁명이라고까지 불리는 파동을 만들어내는 것일까? 하나의 패러다임 아래서 점진적 개량이 지속되다가 특정 시점에서 폭발적으로 전체 기술 체계가 변화하는 것이 실제 역사에서 확인되는 현상이다.

이를 설명하는 중요한 개념이 '기술의 상호보완성'이다. 세상에는 수많은 기술이 있다. 이 기술들은 서로 연결되어 구체적 산물을 만들어낸다. 예를 들어, 자동차의 바퀴 제조 기술은 타이어 기술이나 도로 포장 기술과 상호보완적이다. 타이어가 없었다면 어땠을까? 나무 바퀴나 금속 바퀴로는 그 정도의 속도를 낼 수 없었을 것이며, 도로 포장 기술이 없었어도 마찬가지 결과였을 것이다. 기술들이 상호보완적이기 때문이다.

상호보완성을 매개로 기술들은 거대한 네트워크를 형성한다. 그런데 이 네트워크를 살펴보면 그중 몇몇 기술이 나머지 대다수의 다른 기술과 연계되는 이른바 허브의 자리를 차지한다. 허브에 위치한 기술은 또 다른 많은 기술과 연결되기 때문에, 만약 그 기술이 변하면 전체 시스템에도 큰 영향

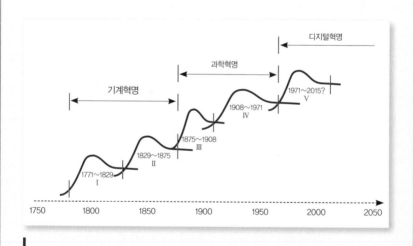

혁신주기와 산업혁명의 조응
자료: Carlota Perez (2002), *Technological Revolutions and Financial Capital: The Dynamics of Bubbles and Golden Ages*, Cheltenham: Edward Elgar 재구성.

을 미친다. 이를 핵심기술이라고도 부르고 '일반목적기술'이라고도 부른다. 이런 기술은 다른 많은 기술이 작용하기 위한 토대의 역할을 한다.

증기기관은 동력원이 됨으로써 수많은 공장의 수많은 기계에 연결되었다. 컴퓨터 역시 그 연산 및 정보처리 능력을 통해 설계, 시스템 운영, 문서 및 그래프 작성, 데이터 관리 등등에 사용됨으로써 모든 기업의 필수 장비가 되었다. 건물을 지을 때도 초석이 있고 위에 올리는 부분이 있듯 기술도 입체적 구조를 갖는다.

그런데 일단 핵심기술이 확정되면 그 구조를 바꾸기가 쉽지 않다. 인간탑을 쌓았을 때 맨 아래에 있는 사람이 함부로 움직일 수 없는 것과 같은 이치다. 물론 상부에서는 이런저런 변화가 일어난다. 각 산업 말단의 기술들은 일상적으로 개량되고 교체된다. 하지만 이런 변화를 두고는 산업혁명이라 칭하지 않는다. 산업혁명은 맨 아래 밑돌을 움직이는 기술 변화에 해당하는 것이다. 이런 대대적인 변화는 자주 일어나지 않는다. 이것은 변화의 압력이 누적되다가 특정 시기에 갑작스럽게 일어난다. 상호보완성, 네트워크상의 핵심기술, 그리고 핵심기술의 변혁이라는 과정이 바로 기술 발전을 점진적이고 연속적인 것에서 단절적인 것으로 바꾸는 계기다. 이것은 마치 뱀이 허물을 벗는 과정과 비슷하다. 일정 기간 동안의 성장은 기존의 껍질을 유지하지만 성장이 한계에 다다르면 통째로 탈피해 새 껍질로 갈아입는 것이다.

이러한 단절적 과정이 역사에 거대한 물결을 일으키는 것이며, 이를 가리켜 기술혁신의 장주기 파동이라 한다. 그리고 이것이 바로 산업혁명이라고 불리는 현상의 본체다.

 PART 1

길고도 험한
혁신의 길

'창조적 파괴'는 조지프 슘페터(Joseph Schumpeter)가 남긴 말 중 가장 널리 알려진 것으로, 반세기가 훌쩍 지나도록 생명력을 잃지 않고 있다. 창조와 파괴라는 정반대 개념을 맞붙인 이 대담한 조어는 지금도 강렬하다. '창조'란 평화롭고 연속적인 과정이 아니라 과거를 부정하는 단절이라는 준엄한 메시지다. '산업혁명'에 포함된 '혁명'이라는 말의 과격하고 급진적인 뉘앙스와도 일맥상통한다.

두말할 나위 없이 산업혁명은 '창조적 파괴'가 펼쳐지는 큰 무대다. 그러나 기술혁신의 과정이 정말로 파괴적이었을까? 그 시기를 살던 사람들 눈에도 패러다임이 뒤바뀌는 파괴적인 순간이 생생하게 보였을까? 수차와 풍차가 밀려나고 증기기관이 들어서는 과정이 마치 폭파 공법을 써서 건물을 해체하듯 일거에 이루어졌을까?

6·25가 일어났는지조차 몰랐다는 산골 마을 이야기가 있지만, 산업혁명의 영향에서 동떨어진 채 그 시대를 살아간 이는 아마 없었을 것이다. 실제로 '산업혁명'이라는 용어는 후대 역사가가 만든 게 아니라 동시대에 지어진 말이다.[*] 산업혁명은 기계화의 확산에 저항하는 대규모 노동자의 러다이트 운동을 초래할 만큼, 모든 사람들이 알아차릴 수밖에 없는 실질적이고 거대

한 변화였다. 그럼에도 불구하고 산업 현장에서는 "혁명"이라는 말을 정확한 표현이라고 할 수는 없었다. 아주 특수한 경우를 제외하고 생산 기술의 변화는 '혁명'이라 부를 정도로 그리 극적이지 않았다.

극단적인 예라 할 수 있겠지만, '대륙 이동설'을 생각해보자. 이 이론에 따르면 대륙은 거대한 퍼즐 조각처럼 지구를 여기저기 옮겨 다녔다. 그러나 대륙이 이동하는 속도는 매우 느렸다. 1년에 몇 센티미터 움직이는 수준이었으며 그 이동을 알아채려면 수천만 년의 시간이 필요했다. 공룡들이 대륙의 이동을 과연 감지할 수 있었을까?

물론 산업혁명은 대륙 이동과는 비교할 수 없을 정도로 초고속 사건이다. 그러나 일상에서 느끼기에는 충분히 느린 과정이었다. 두 마리의 공룡 친구가 대륙 이동 때문에 헤어지는 일이 없었던 것처럼 수차를 이용하던 공장이 어느 날 갑자기 사라지고 다음 날 바로 증기기관 공장이 새 시대를 열었던 것이 아니다. 기독교를 박해하던 바울은 계시를 본 후 단번에 열렬한 예수

---

* 이 말은 프랑스의 외교관 루이 기욤 오토(Louis-Guillaume Otto)가 1799년 지인에게 보낸 편지에서 처음 등장한 것으로 알려졌다. 그러나 이것은 영국이 아니라 프랑스에서 사용된 말로, 오늘날과 같은 의미로 쓰인 것은 19세기 후반의 일이다.

지지자로 바뀌었지만, 수차를 이용하던 공장이 증기기관을 들여놓는 일은 그보다 훨씬 더 복잡했다. 기술의 변화는 투자와 숙련의 시간을 요구한다. 최초로 개발된 증기기관이 공장 기계를 가동시킬 정도의 파워와 정확성을 갖추는 데는 무려 100년이 걸렸다.

창조적 파괴는 기존 기술의 전면적이고 근본적인 파괴임에 틀림없다. 증기기관은 수차를, 전기는 증기기관을 역사의 뒤안길로 밀어냈다. 멀찌감치

대륙 이동을 풍자한 만화
자료: Larry Gonik (1990). *The Cartoon History of the Universe*, Vol. 1. Broadway Books. p. 35.

떨어져 큰 그림으로 보면 그렇다. 하지만 가까이 다가갈수록 의외의 디테일이 나타난다. 파괴는 천천히 진행되었다. 10년 혹은 100년 동안 이루어진 일을 한 문장으로 압축하면 오해를 일으키기 쉽다. 우리 시대의 기술 변화를 예측할 때도 이런 점에 주의해야 한다.

격변기의 하루는 평화 시의 1년일까? 그럴 것 같지만 의외로 시간은 균일하게 흘러간다. 창조적 파괴의 과정은 생각보다 덜 파괴적이다. 과거를 되돌아보는 우리들의 눈에는 당시 산업과 기술이 산사태같이 무너져 내린 것 같아도, 그 시대를 살아간 사람들에게는 변화를 느끼기 어려울 정도로 천천히 진행되었다. 단언할 수 있는 것은, 파괴적 혁신의 원조인 증기기관은 수차를 단숨에 파괴하지 못했다는 점이다. 바로 그 이야기부터 시작하기로 한다.

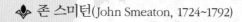

♠ 존 스미턴(John Smeaton, 1724~1792)

존 스미턴의 아버지는 변호사였고 그는 아들 역시 법률가가 되기를 원했다. 그러나 어려서부터 기술, 발명, 과학에 관심이 많았던 존 스미턴은 아버지의 반대를 무릅쓰고 과학기술 분야에 전념하여 24세에 실험기구 상점을 차렸다. 결국 그는 토목건축 기사의 삶을 선택했다. 자신의 적성과 취미가 가리키는 방향을 주저 없이 택한 것으로, 아버지도 아들의 뜻을 받아들일 수밖에 없었다. 당시 영국에서는 전문 과학자와 아마추어 애호가가 함께 어울려 연구를 수행했는데, 그는 엔지니어이자 물리학자로서 영국왕립학회 회원이 되었고 과학 이론과 실제 문제 사이를 넘나들며 연구와 개발을 병행했다. 역사적으로 중요한 업적을 많이 쌓았으며, 최초의 '토목기사(civil engineer)'로 불린다.

존 스미턴,
철제 수차로 산업혁명의
바퀴를 돌리다

증기기관 이전의 산업혁명, '스미턴 혁명'

산업혁명, 즉 영국에서 일어난 최초의 산업혁명은 인류 역사의 전환점으로 여겨진다. 그런데 '전환점'이라는 표현은 혁명이 특정 시점에 일어난 것이라는 느낌을 준다. 이 느낌은 실제에 비해 과장된 것이다. 영국의 산업혁명, 즉 1차 산업혁명은 아무리 간단하게 요약하려 해도 하나의 점으로는 압축되지 않는다. 그것은 최소한 두 번의 도약으로 이루어졌다.

급진적 변화의 당위성을 강조할 때 "골짜기를 두 번에 나누어 뛰어넘을 수 없다"라는 격언이 인용되곤 한다. 단번에 뛰어넘지 않는 한, 중간 지점인 허공에서는 뛰려야 뛸 수 없으니 결국 추락한다는 의미다. 정치나 제도 개혁에서는 이 말이 타당할지 모르겠다. 하지만 적어도 산업에서는 이러한 공중 점프의 비유보다는 '개울 건너기'가 더 정확한 비유일 것 같다. 단 한 번의 도약으로 뛰어넘을 수 없는 개울에는 징검다리를 놓아야 한다.

1차 산업혁명을 짧게 요약하면 증기기관의 혁명이다. 그러나 제임스 와트(James Watt)의 증기기관이 에너지원으로 사용된 것은 빨라야 18세기 말, 본격적으로는 19세기였다. 그러나 산업혁명은 이미 1760년경에 시작되었다. 이것은 무엇을 의미하는가? 산업혁명은 증기기관 없이 시작되었다는 이야기다. 그렇다면 산업혁명의 트리거는 무엇인가? 과연 증기기관 이전에 무엇이 있었을까? 영국의 경제학자 앤드루 틸레코트는 증기기관 혁명과 구별하여 그 이전에 벌어진 혁명을 '스미턴 혁명'이라고 불렀다.[1] 철제 수차 개발자인 존 스미턴의 이름을 딴 것이다. 이런 점에서 1차 산업혁명은 한 번이 아니라 두 번의 도약으로 이루어졌다. 개울을 건너기 위해 징검다리를 놓은 이가 바로 존 스미턴이다.

최초의 '시빌 엔지니어'

스미턴이 처음 명성을 떨친 분야는 등대 건설이었다. 해운이 가장 중요한 운송수단이었던 당시에 등대의 중요성은 오늘날의 공항 관제탑의 중요성을 능가하는 것이었다. 문제는 바닷가 등대가 거친 풍랑 탓에 쉽게 손상되었다는 점이다. 그러므로 튼튼하고 항구적인 등대 건설이 무엇보

---

1 Andrew Tylecote (1992). *The Long Wave in the World Economy*. Routledge. p. 41.

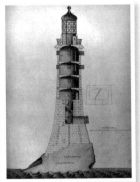

1759년 스미턴이 건설한, 영국해협의 에디스톤 등대

자료: John Smeaton (1791) *A Narrative of the Building and a Description of the Construction of the Edystone Lighthouse with Stone.* London: Printed for the author by H. Hughs.

다 시급한 과제였다. 이를 위해 스미턴은 로마 시대에 사용된 콘크리트 기술을 개량하여 근대적 콘크리트를 제조했다. 그는 석회석을 가열하여 방수 기능을 갖춘 수경성 석회를 개발했는데 이것이 바닷가 등대의 내구성을 크게 높였다. 이 업적만으로도 그는 당대 최고 수준의 엔지니어로 평가받기에 부족함이 없었다.

콘크리트 기술을 바탕으로 스미턴은 등대, 교량, 운하 등을 다수 건설하여 영국 산업 인프라의 초석을 놓았다. 그는 스스로를 '시빌 엔지니어(civil engineer)'라고 불렀는데, 이 말은 이후 '토목기사'를 가리키는 보통명사가 되었다. 스스로를 가리키는 명칭에 '시빌(civil)'을 넣은 것을 생각하면, 스미턴은 자신의 일에 대해 단순히 사리사욕 추구 행위가 아닌 시민 복리에 기여한다는 자부심을 가지고 있었던 것으로 보인다. '토목기사'라는 우리말 번역어에는 원어의 'civil'이 갖는 공공성이 사라져버려 아쉬움이 남는다.

수차 개량에 나서다

스미턴은 영국해협의 에디스톤 등대를 비롯해 기념비적인 인프라를 다수 건설하며 명성을 드높였다. 그러나 그는 만족하지 않고 당시 빠르게 발전하던 기계 산업의 에너지 문제에 매달린다. 시장과 산업이 발달하면서 더 출력 높은 에너지원의 필요성이 점점 커져갔다. 그때까지 인간이 동원할 수 있는 에너지원이라고 해봐야 인력(人力)과 축력(畜力), 그리고 물과 바람의 힘을 이용한 수차와 풍차가 전부였다. 물과 바람은 자연으로부터 얻는 공짜 자원이었지만 공짜인 만큼 통제가 불가능했다. 바람은 불지 않으면 그만이고 물은 겨울이면 꽁꽁 얼었다.

더욱이 수차는 물의 낙차를 이용하는 것이었으므로 급류나 폭포가 있는 산이나 고지를 찾아가야 했다. 이는 물류 측면에 커다란 문제를 초래했다. 공장이 제대로 돌아가려면 원자재와 제품이 끊임없이 유통되어야 하는데, 산지 지형은 그 점에서 매우 취약했다. 만약 위치상 제약이 따

뉴커먼 기관
자료: Louis Figuier (1867). *Les Merveilles de la science ou description populaire des inventions modernes.* Furne, Jouvet et Cie. Tome 1.

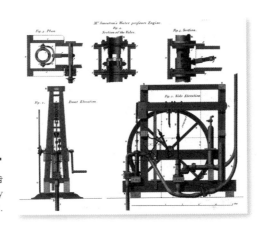

스미턴 수차와 세부 모습
자료: Engraving by W. Lowry
after J. Farey. 1812.

르는 수력으로부터 해방될 수만 있다면 공장은 평지에 자리 잡을 수 있을 것이다. 그런 측면에서 입지에서 자유롭다는 것이 증기기관의 강점이었다. 토머스 뉴커먼(Thomas Newcomen)은 이미 1705년에 근대적 증기기관의 시초인 증기양수기관(뉴커먼 기관)을 개발했으며, 스미턴도 새로운 에너지원인 이 증기기관에 관심이 있었다. 그는 뉴커먼 기관을 설치해본 경험도 있었고 스스로 이를 개량하기도 했다.

그러나 증기기관은 급속도로 확산되지도 않았고 수차를 박물관으로 보내버리지도 못했다. 스미턴은 증기기관을 택하기보다는 수차 개량 작업에 몰두하기로 한다. 신기술을 내버려두고 구기술로 선회한 것이다. 왜 그랬을까?

그는 수차의 디자인을 개선했고 수차의 소재를 나무에서 주철로 바꾸었다. 철제 수차는 목제 수차의 성능을 비약적으로 끌어올렸다. 스미턴은 철의 물성 및 제철 기술을 잘 알고 있었으며, 그래서 철제화의 효과도 충분히 예상할 수 있었다. 그가 기대한 대로 철제 수차의 도입은 1750년 이후 약 30년 동안 에너지 비용을 5분의 1 수준으로 감소시켰다.

스미턴이 수차 개량에 주력한 것은 증기기관을 몰랐기 때문이 아니다. 그는 뉴커먼 기관을 획기적으로 개량하여 제임스 와트로부터 높은 평가를 받기도 했다. 그러나 스미턴의 시대만 해도 증기기관은 아직 공장 동력원이 되기에는 한계가 있었다. 스미턴은 수차를 개선하는 편이 현실적으로는 더욱 효과적이라고 판단했던 것이다.

당시의 산업혁명을 이끈 것은 섬유산업이었다. 섬유산업의 리더, 리처드 아크라이트(Richard Arkwright)는 스미턴의 조언을 들어 더원트(Derwent) 계곡을 따라 방적공장을 짓고 워터프레임(수력방적기)을 가동했다. 아크라이트는 증기기관이라는 신기술 도입을 심각하게 고려했다. 고민하는 아크라이트에게 스미턴은 다음과 같은 절충안을 내놓는다. 당시의 증기기관으로는 안정적이고 정확한 동력 공급이 어려우므로 기계 작동에는 수차를 사용하되 물을 저수조로 끌어올리는 펌프에 증기기관을 활용하라는 것이었다. 이렇게 하면 급류가 없는 곳에서도 물의 낙차를 확보할 수 있다.

스미턴의 조언에 따라 증기기관과 수차가 결합된 융합형 공장이 맨체스터(Manchester) 슈드힐(Shudehill)에 지어졌다. 신구기술 모두에 정통했

더비셔 크롬포드에 아크라이트가 지은 최초의 방적 공장에 설치된 수차 (19세기 영국 화가, 포드 매덕스 브라운의 1878년 스케치) 자료: ⟨http://www.cromfordvillage. co.uk/crom_his.html⟩.

던 스미턴의 창의적 아이디어 덕분이었다. 그는 신기술로 구기술을 몰아내는 것이 아니라 두 기술을 융합했다. "증기기관이 물레방아를 밀어냈다"라는 간명한 도식은 실제 역사와는 상당히 거리가 있는 것이다.

범선과 증기선의 우화

범선과 증기선의 우화, 즉 급진적 혁신의 상징인 증기선이 기존의 범선을 사라지게 했다는 이야기는 경영 혁신을 강조할 때마다 곧잘 동원되는 것으로 지금까지도 신문 칼럼 등에 등장한다.

> 19세기 초반 출현한 증기선은 획기적 기술로 주목을 받았지만 범선을 따라잡기에는 역부족이었다. 당시 기술의 한계로 먼 거리를 이동할 수 없어 주로 내륙 운송에 치중했고, 원거리 해양 운송은 여전히 돛을 펼쳐 바람을 안고 항해하는 범선의 몫이었다. 그렇다 보니 범선에 의존한 운송업체들은 증기선의 출현을 무시했다. 하지만 바다를 주름잡던 범선들은 한 세기 만인 20세기 초반 몰락하고, 그 자리를 고스란히 증기선에 내주었다.[2]

그러나 실제 역사는 이 기사 내용처럼 명쾌하지 않다. 우리는 이미 앞에서 이러한 일방적 도식이 잘 들어맞지 않음을 확인했다. 스미턴의 철

---

2 최연진 (2014. 8. 20). "삼성, 영원한 1위는 없다… 범선 몰락의 교훈", 《한국일보》.

1902년 첫 항해에 나선
토머스 W. 로슨호

제 수차는 너무 많은 돛을 달아서 침몰했다는 토머스 W. 로슨(Thomas W. Lawson)의 범선과는 달리 매우 성공적이었다. 토머스 W. 로슨호는 통상 네 개의 돛대를 달았던 기존 범선과 달리 돛대를 일곱 개나 달았는데 그 결과 배가 불안정해져서 1907년 대서양 항해 중 침몰했다고 한다.[3]

범선에 돛을 하나 더 달 때마다 돛에서 발생하는 효과는 점차 줄어든다. 한계생산력 체감의 법칙이 작용할 것이고, 어느 수준을 넘어서면 역효과를 내기도 한다. 이런 점에서 기존 방식을 양적으로만 늘리는 개선은 한계에 부딪힐 것이 명약관화하다. 이 점에는 이의가 없다.

그러나 역효과가 닥치기 전까지는 그러한 개선이 분명 효과가 있다. 특히 경쟁자의 등장은 그러한 개선 작업에 부채질을 한다. 실제로 증기선 등장 이전에는 범선 개량이 지지부진했으나 증기선이 나타나자 범선의 성능이 급속히 좋아졌다. 성능이 개선되는 한 구기술도 쉽게 밀려나지

---

3 John Batchelor (2013). *100 Historic Ships in Full Color*. Courier Corporation. p. 58.

않는다. 요컨대 범선과 증기선의 우화를 너무 단순하게 해석하면, 구기술을 방어하는 것은 무조건 나쁘고 신속히 신기술을 채택해야 한다는 식의 결론이 나온다. 과도한 단순화다.

만약 스미턴을 위시해 당시의 산업 리더들이 곧바로 수차를 폐기하고 아직 성능이 낮고 불안정한 뉴커먼 기관으로 일제히 옮겨갔다면 어떻게 되었을까? 덜 성숙한 기술로 인한 비효율성과 부정확성 때문에 산업혁명이 지체되었을 것이다. 수차를 활용한 것이 오히려 멋진 한 수가 되었다.

수차 이야기에 범선의 우화를 기계적으로 대입해보자. 수차를 철제로 만든 것은 언뜻 돛을 무한정 많이 단 것과 비슷해 보인다. 돛을 너무 많이 달아 배가 균형을 유지하기가 힘들어졌듯이 철제 수차에도 문제가 생기지 않았을까?

사실 수차 사용에는 큰 문제가 있었다. 앞서 이야기했듯 수차를 쓰려면 급류를 얻기 위해 산이나 고지로 올라가야 했고 이런 상황이 물류 문제를 야기했던 것이다. 당시에는 아직 철도가 없었고 산지 도로는 열악했다. 결국 배를 이용해야 하는데 배가 어떻게 산으로 갈 수 있단 말인가?

그래서 스미턴을 위시한 영국의 엔지니어들은 갑문을 이용하는 운하를 건설해 물류 문제를 해결해보고자 했다. 케닛 에이번 운하(Kennet and Avon Canal)의 케언 힐 갑문(Caen Hill Locks)이 대표적 본보기로, 이는 약 3킬로미터 거리에 29개의 갑문을 설치한 인간 승리의 현장이다. 배는 스물아홉 계단을 힘겹게 올라 70미터를 상승한다. 이러한 물류 시스템이 뒷받침을 해주었기에 수차는 증기기관이 등장하기 전까지 영국 산업의 견인차가 될 수 있었다.

29개의 갑문이 장관을 이루는 케언 힐

자료: Adrian Pingstone, 2007.

연속하는 갑문은 충분히 경이롭지만, 너무나 무리한 노력처럼 보이기도 한다. 토머스 W. 로슨의 범선이 좌초했듯 이 엄청난 물류 인프라도 스미턴 시대의 산업에 큰 부담이 되지는 않았을까? 하지만 개량된 수차의 위력은 상당한 물류비용을 감당해낼 수 있을 정도로 효과적이었다.

점진적 개선보다 급진적 혁신이 더 좋다는 말은 일부만 맞다. 급진적 혁신을 통해 기존 기술과는 차원이 다른 새로운 기술을 고안하는 것은 일단 좋은 시도다. 가솔린차 시대에 전기차를 시도하는 것은 훌륭하고 멋진 일이다. 그러나 이렇게 등장한 신기술이 구기술과 경쟁하려면 그때부터는 점진적 개선을 통해 우위를 확보해나가야 한다. 현재 가솔린차와 전기차가 바로 이 경쟁을 벌이고 있다.

급진적 혁신은, 점진적 개선에 매달릴 필요가 없게 만들어주는 한 방의 시원한 해결책이 아니다. 그것은 또 하나의 출발점일 뿐이며, 그때부터 기존 기술과 힘겨루면서도 기나긴 개선 경쟁을 벌이지 않으면 안 된다. 뉴커먼 기관이 탄광의 배수기로 실용화된 이후에도 증기기관이 확실하게 수차를 이기는 데에는 100년 이상이 걸렸다. 19세기로 접어들어서야 증기기관이 상용화된 것이다. 그 100년 동안 수차와 증기기관은 끝나지 않을 것 같은 시소게임을 벌였다.

우리는 현재의 관점에서 되돌아보기 때문에 녹화방송을 보는 스포츠 팬처럼 증기기관이 승리했음을 이미 안다. 하지만 당시 분위기도 그랬을까? 신기술이 늘 승리하는 것처럼 오해하기 쉽지만 결코 그렇지 않다. 구기술에 도전하는 수많은 신기술 중 극소수만 승리한다. 외려 신기술은 대부분 패배한다고 해도 무방할 정도이다. 신기술이 나타났다는 이유로 구기술을 버리고 바로 투항하는 일은 기대하기 어렵다. 신구 양 진영이 치열한 경쟁을 벌였고, 이때 구기술이 계속 선전해줌으로써 전반적 기술 수준을 높이는 선의의 경쟁자 역할을 해냈다.

"점진적 개선은 구기술에 집착하는 것이고, 급진적 혁신이 항상 옳다." 이런 식의 사고방식은 틀렸을뿐더러 미래를 예측할 수 없는 상황에서는 무의미하거나 심지어 오판으로 이끌 수도 있다.

점진적 혁신은 여전히 중요하다

'큰 바위 얼굴'은 멀리서는 분명 사람 얼굴을 하고 있지만 가까이 가서 보면 그냥 돌무더기들로 보인다. '산업혁명'은 현재를 사는 우리 눈에는 육지가 바다가 되고 대륙이 갈라지는 것 같은 엄청난 지각변동이지만, 그 시대를 사는 사람들에게는 연속적이고 점진적인 변화였을 것이다.

물론 인간사를 수천만 년 걸리는 지각변동에 비유할 수는 없지만 그래도 한 인간에게, 50~70년 정도의 사이클을 지닌 산업혁명은 '평생'에 가까운 시간이다. 산업 패러다임의 변화는 생각보다 느린 속도로 이루어졌으며, 개인이 양자택일할 수 있는 선택지도 아니었다.

스미턴은 증기기관의 가능성과 함께 한계도 보았다. 그 한계가 쉽게 극복될 수 있는 게 아니라는 점도 알았다. 그래서 기존의 동력원인 수차로 방향을 틀었다. 개선 노력이 성공하면서 스미턴은 수차로 가동되는 공장도 고안했다. 그의 후배 와트는 바로 이 시기에 끊임없이 증기기관 개량을 시도하고 있었다. 그러나 스미턴은 수차의 시간이 아직은 더 남아 있다고 판단했다.

모두가 각자의 자리에서 최선을 다해 조금씩 걸어간다. 신구기술 교차의 예로 자주 거론되는 것이 디지털 시대를 만나 몰락한 코닥의 이야기다. 내가 코닥의 직원이라면 어떻게 할 것인가? 필름 카메라를 고집하는 회사의 직원으로서 나의 선택지는 무엇인가? 일단 내가 코닥 안에 있는 한 필름 카메라를 개선하는 일에 최선을 다해야 할 것이다. 대세가 확고하게 자리 잡힐 때까지는 누가 이길지 모르는 싸움이기 때문이다. 어쩌면 필름 카메라의 획기적 개선이 이루어졌다면 디지털 카메라의 공격은 그만큼 늦춰지지 않았을까? 승부는 미리 결정된 것이 아니라 플레이어들이 어떻게 하느냐에 달린 것이다.

각자의 자리에서 점진적 개선에 열중하면 관련 역량이 쌓인다. 설령 필름 카메라가 역사의 뒤안길에 묻힌다 해도 축적된 역량까지 모조리 사라지는 것은 아니다. 같은 필름 카메라 회사였던 후지필름은 코닥과 달리 살아남았다. 디지털 카메라 분야에 뛰어들어 변신한 것도 주효했지만, 더욱 중요하게는 필름 기술을 카메라가 아닌 다른 영역, 즉 화학과 의료 등 기능성 소재 영역에서 구현한 덕분이다. 점진적 혁신의 과정에서 쏟아낸 땀방울은 다른 용도로도 충분히 확장될 수 있다.

구기술 진영과 신기술 진영 사이에서 섣불리 양자택일을 할 필요는 없다. 이미 어느 한 진영에 속하여 상당한 경력과 역량을 쌓았다면, 역사가 자기 편이 아니라고 판단하여 성급하게 진영을 바꾸는 것은 바람직하지 않다. 어느 진영에서든 점진적 혁신은 가능하다.

모든 것이 뒤바뀌는 4차 산업혁명 시대라고 해서 개인의 일생도 극적이고 반전으로 가득 차야 한다고 주장하는 것은 무책임하다. 세상은 뒤바뀌겠지만 일상은 여전히 중요하다. 큰 그림을 보지 못하고 일상에만 파묻힐 위험도 물론 조심해야겠지만 큰 흐름에 너무 신경 쓴 나머지 일상을 소홀히 하다가 오랜 기간 노력이 필요한 내공을 갖추지 못할 수도 있다.

현 시대를 일컬어 패러다임이 뒤바뀌는 '큰 그림'의 시대라고들 한다. 그러나 어떤 시대라도 개인의 역량은 새싹처럼 눈에 보이지 않을 정도로 조금씩 자라나며 천천히 쌓여간다. 세상의 변화에 맞추려고 이리 뛰고 저리 뛰다 보면 역량은 자랄 새가 없다. 《장자(莊子)》에 이런 이야기가 있다. 연나라의 한 소년이 당시 조나라에서 유행하던 걸음걸이를 배우고 싶어 조나라의 수도 한단에 갔다가 배우지 못하고 원래 연나라 걸음걸이마저 잊어버려 기어서 돌아왔다는 것이다. 이곳저곳 갈팡질팡하다가는 아무 데도 이르지 못한다.

최초의 출발점을 이루는 혁신가의 이름은 역사에 남지만, 작은 혁신가들의 이름은 후대까지 기억되기가 어렵다. (…) 그런 사람들 중에 열차 차량을 이어주는 '자동연결기'를 발명한 이도 있다. 그의 이름은 엘리 H. 재니(Eli H. Janney)다. 그는 공학 전공자도, 전문 엔지니어도 아니었지만 두 손을 깍지 낀 모습에 착안해 그와 유사한 구조의 열차 차량 연결 장치를 고안했다. (…) 그는 전 세계적으로 이름을 떨치진 못했다. 그렇지만 그는 분명 대단한 혁신가였다. 그의 업적은 결코 과소평가할 수 없으며 과소평가해서도 안 된다. 이러한 수많은 익명의 혁신가들의 작은 한 걸음이 산업혁명을 만들었기 때문이다.

익명의 혁신가,
개량의 축적이 혁신을 견인하다

'생산성'은 슬로푸드 같은 것

산업혁명의 성적표에 제일 먼저 기록되어야 할 것은 '경이적인 생산성 향상'이다. 이는 압도적이고 논란의 여지가 없는 업적이다. 산업화 이후 인간의 생산력은 비약적으로 늘어났다. 그런데 여기서 '비약적으로'라는 말이 반드시 '빠르게'라는 뜻을 내포하고 있는지는 생각해볼 여지가 있다.

히말라야는 8,000미터라는 높이로 사람들을 압도한다. 그러나 그 높이는 5,000만 년 동안 이어진 융기의 결과이다. 1년에 0.16밀리미터씩 올라간 셈이다. 산업혁명의 생산성도, 비록 5,000만 년은 아닐지라도 사람들의 기대에 찬물을 끼얹기에는 충분할 만큼 더디게 진행됐다. 매년 1% 정도의 성장률이었다고 하니까 말이다. 경제사가들은 1차 산업혁명의 근거를 생산성 통계로 확인하려 했으나 번번이 실패했다. 실망스러운 데이터 때문에 산업혁명이란 것이 정말 있었는지 의심하는 주장까지 나왔다.

비단 1차 산업혁명에만 해당하는 옛날이야기가 아니다. 3차 산업혁명의 아이콘인 컴퓨터의 확산과 함께 디지털 기술에 대한 기대가 고조되었을 때, 노벨경제학상 수상자이자 성장론의 원조인 로버트 솔로 교수는 다분히 냉소적으로 이렇게 말했다.

어디를 봐도 컴퓨터의 시대지만, 생산성 통계만큼은 예외다.[1]

컴퓨터를 위해 여러 가지 변명을 해줄 수는 있지만 적어도 컴퓨터가 도입되고 상당 기간 동안은 생산성 효과가 기대에 못 미쳤던 것만은 분명하다. 신기술 도입이 생산성으로 결실을 맺는 데는 그만큼 시간이 필요하다는 이야기다.

기술 변화의 외양은 빠르고 현란하지만 생산성은 느리게 익어간다. 우리를 깜짝 놀라게 한 신기술일지라도 구체적 성과를 낳기에는 아직 부족한 점이 많다. 전시 부스에서 관람객을 놀라게 하는 것과 시장에서 수요를 창출하는 것은 다르다. 증기기관도 전기도 컴퓨터도 모두 그랬다. 이들이 기존 기술을 능가하기까지는 오랜 단련과 축적의 시간을 거쳐야 했다.

---

1 "You can see the computer age everywhere but in the productivity statistics." Robert Solow (1987. 7. 12). "We'd Better Watch Out". *New York Times Book Review*. p. 36.

아무리 놀라운 신기술이라도 세상에 처음 나왔을 때는 보잘것없기 마련이다. 자체 약점도 많고 현실 검증도 이루어지지 않았으며 시너지를 낼 만한 주변 기술이나 인프라도 미비하다. 말 그대로 도로 없는 자동차요, 공항 없는 비행기, 발전소 없는 가전제품인 것이다. 이들은 무명의 영웅처럼 피나는 훈련으로 내공을 쌓아야 하며 자신을 도와줄 동지와 우군을 만나야 한다. 아무리 광속으로 변하는 시대라 해도 생산성은 와인, 치즈, 된장처럼 숙성이 필요한 슬로푸드다.

길고 험한 단련의 시기

기술혁신과 생산성 향상 간에 시차(time lag)가 생기는 것은 크고 작은 점진적 혁신들이 축적될 시간이 필요하기 때문이다. 점진적 혁신 하나하나는 그다지 창의적이지도 않고 효과도 미미한 것들이 많다. 그러나 경제사학자 네이선 로젠버그는 점진적 혁신의 효과는 누적적이어서 모이면 모일수록 커다란 성과를 이룬다고 주장한다. 생산성 향상의 대부분은 최초의 급진적 혁신이 아니라 후속하는 점진적 혁신에 의해 창출된다는 것이다.

기술의 씨앗에 물을 주고 가꾸는 노력은 파괴적이거나 요란하지 않다. 그것은 말 그대로 점진적이고 또 일상적이다. 철도 산업의 경우를 보자면, 철로를 연철에서 강철 소재로 바꾼 것이나 열차와 열차를 연결하는 자동연결기를 발명한 것이 그러한 경우다. 증기선의 경우를 보자면, 보일러 용량 증가, 고래기름이 아닌 석유 기반 윤활유 사용 등이 해당될 것이다. 또한 정유 공장의 경우에는 열분해, 접촉분해 등의 공정 개선과 공장 운영 효율화 등이 이뤄졌다.[2]

이러한 개선이 꾸준히 쌓여감에 따라 알아채지 못하는 사이에 생산성은 증가하기 시작한다. 오랜 시간이 지나서야 생산성 향상의 절대적인 부분이 바로 이런 부스러기 혁신의 성과가 쌓인 결과라는 것이 통계적으로 입증된다. 평범하고 존재감이 부족한 이런 혁신들은 역사책에 기록되기에는 너무 많았다. 혁신의 주인공들 모두가 돋보이는 자리에 이름을 남길 수는 없었다. 그렇지만 생산성 향상의 공로는 궁극적으로 이들에게 돌아가야 마땅할 것이다.

물론 축적의 시초가 된 급진적 혁신을 폄하할 수는 없다. "급진적 혁신이 기술의 역사를 바꿨다"라는 명제는 여전히 유효하다. 최초의 아이디어가 없었다면 아예 개선 노력의 여지조차 없었을 것이다. 이들은 출발점을 만들어주었다는 점에서 그 의의가 충분하다. 그러나 이것은 어디까지나 출발점에 그친다. 마지막 골인 지점까지 밀고 가는 힘은 후속하는 점진적 혁신의 누적에서 나온다. "시작이 반"이라는 말도 맞고 "가다가 중지하면 아니 간만 못하다"도 맞는 말이다.

아래 그림은 생산성 증가의 궤적이 초기 창업단계에서 성숙단계로 갈 때 중간의 성장단계에서 점진적 혁신을 통해 가장 빠르게 성과를 높이는 모습을 보여준다. 그렇다면 지금 말하는 '일상적 혁신'이란 그저 늘 하던 방식대로 단순히 열심히 일하는 것, 농업적 근면성 같은 것일까? 여

---

2 Nathan Rosenberg (1982). *Inside the Black Box: Technology and Economics*. Cambridge University Press.

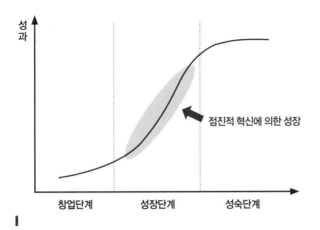

성과

점진적 혁신에 의한 성장

창업단계   성장단계   성숙단계

생산성 증가의 궤적. 점진적 혁신이 누적된 단계에서 생산성이 비약적으로 증가한다.
자료: "Using incremental innovation to grow your business with low risk", Decision
Innovation. 〈https://innovation-management.org/incremental-innovation.html〉.

기서 벗어나야 한다고 많은 경영학 구루들이 말하지 않았던가?

유의해야 할 점이 있다. 점진적 혁신에도 유형이 있다. 우리가 주목하는 것은 골치 아픈 근본적 혁신을 피하려고 익숙한 개선 작업에 안주하는 것과는 다른 종류이다. 의미 있는 점진적 혁신이란 경쟁 기술을 이기기 위한 '치열한 힘겨루기'이다. 한가로운 혼자 놀기가 아닌 것이다. 신기술은 구기술을 극복하려 하고 구기술은 신기술을 밀어내려 한다. 보다 우월한 경쟁력을 보여주지 못하면 패퇴한다. 지금 이 순간에도 전기자동차와 가솔린 자동차는 힘겨운 0.1%의 효율성 싸움을 벌이고 있지 않은가?

전기자동차라는 아이디어가 혁신적이고 단절적이었는지 몰라도 공장을 짓고 제품을 만들어 고객들에게 판매하는 단계로 올라서면 그때부터 아이디어의 혁신성은 핵심이 아니다. 멋지고 성능 좋은 자동차가 하자 없이 제때 출하되는가가 가장 중요한 문제다. 또한 이 지점에서는 위대한 과학자나 발명가가 중요한 것이 아니다. 일을 제대로 빈틈없이 해내야 한다. 작은 문제를 해결하고 작은 개선을 이어나갈 수 있는 티끌 같은 역량이 위대한 아이디어의 생사를 결정한다.

익명의 혁신가, 엘리 H. 재니

최초의 출발점을 이루는 혁신가의 이름은 역사에 남지만, 작은 혁신가들의 이름은 후대까지 기억되기가 어렵다. 예를 들어, 이른바 철도왕이라 불리는 인물 코넬리어스 밴더빌트(Cornelius Vanderbilt)의 이름은 미국 경제사에 뚜렷이 각인되어 있지만 철로의 재질을 바꾸거나 전신을 이용한 철도 통신망을 만들거나 차량 연결 방식을 자동화하는 데 기여한 사람들의 이름은 기억되지 못한다.

그런 사람들 중에 열차 차량을 이어주는 '자동연결기'를 발명한 이도 있다. 그의 이름은 엘리 H. 재니(Eli H. Janney)다. 그는 공학 전공자도, 전문 엔지니어도 아니었지만 두 손을 깍지 낀 모습에 착안해 그와 유사한 구조의 열차 차량 연결 장치를 고안했다. 그의 특허는 비슷한 시기의 수많은 비슷한 특허에 묻혀 시간이 흐른 뒤에는 거의 잊히고 말았다. 그래서 상당수 자료에서 그가 아닌 다른 사람이 이 장치의 발명가로 기록되기도 했다. 그러나 비슷비슷한 장치들 중 가장 확실하게 문제를 해결한 결정적 장치는 재니가 발명한 것이었고 그가 만든 기본 디자인이 오늘날까지도 유지되고 있다.

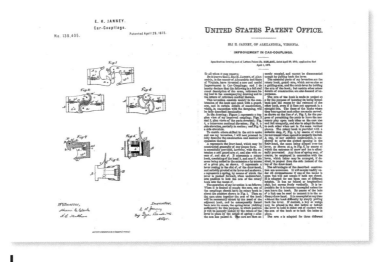

1873년 특허 출원서에 게재된 재니 연결기의 디자인 평면도. 깍지 낀 손에서 힌트를 얻었다고 한다.

　그는 이 특허로 큰돈을 벌지는 못했다. 하지만 그는 자신이 발명한 장치가 모든 열차 차량에서 활용되어 비용 절감은 물론 사람의 생명을 지키는 데 큰 기여를 했음을 분명히 알고 있었다. 그의 발명이 지닌 의의는 단순히 효율 증가가 아니라 사람들의 생명을 지켰다는 사실이었다. 이 장치 발명 이전에는 수동 연결 작업 도중 많은 사람이 큰 부상을 당하거나 사망 위험에 노출되었기 때문이다. 기록에 따르면 그의 장치가 널리 사용됨에 따라 1892년 1만 1,000건에 달하던 사고가 1902년에는 2,000건으로 줄었다고 한다.[3]

---

3 Wirral Model Engineering Society. "The Janney Coupler". 〈http://www.wirralmode-lengineeringsociety.co.uk/Articles/Janneycoupler.pdf〉.

재니 연결기는 효율을 높인 데 그치지 않고 많은 사람들의 생명을 지키는 데 기여했다.
자료: Daniel Schwen.

세상이 뒤바뀌고 있으니 우리도 뭔가 엄청난, 상상을 초월하는 착상을 해내야만 하는 것일까? 주어진 상황에 안주하지 않고 발상의 전환을 시도하는 것은 언제나 옳다. 그러나 발상의 전환이라고 해서 패러다임을 뒤바꿀 정도로 엄청나야 하는 것은 아니다. 같은 패러다임 아래에서도 얼마든지 기발한 혁신을 시도할 수 있다. 한 사람이 자기가 선 자리에서 한 발짝씩만 나아가도 세상은 분명하고 충분한 진보를 이룰 수 있다. 그러면 그 작은 아이디어, 작은 발상의 전환을 고리 삼아 새로운 패러다임이라는 큰 구조가 형성될 것이다.

엘리 H. 재니는 일상적 혁신을 보여주는 두드러진 사례다. 정확히 말하자면, 사실 그는 익명의 혁신가라고는 할 수 없다. 그가 죽었을 때 지역 신문에서 그의 죽음을 추모하며 비행기를 발명한 라이트 형제와 비교했을 만큼 그의 명성은 그 시대에도 드높았다. 그가 살던 미국 버지니아 주의 도시 알렉산드리아의 한 거리에는 '채니'라는 이름이 부여되었다. 물론 그는 전 세계적으로 이름을 떨치진 못했다. 그렇지만 그는 분명 대단한 혁신가였다. 그의 업적은 결코 과소평가할 수 없으며 과소평가해서도 안 된다. 이러한 수많은 익명의 혁신가들의 작은 한 걸음이 산업혁명을 만들었기 때문이다.

급진적 혁신에 대처하기: 바람의 방향을 읽는다

제임스 와트나 빌 게이츠(Bill Gates), 일론 머스크(Elon Musk)와 같이 급진적 혁신을 주도하는 인물이 됨으로써 혁신이라는 거대한 시대적 변화의 꼭짓점이 되는 것은 말로 설명할 필요 없이 분명 멋진 일이다. 한 번뿐인 인생이니 배팅을 크게 하고 싶다는 것도 인간의 자연스러운 욕망이다. "소년이여, 야망을 가져라"라는 경구는 산업혁명의 시대에 잘 어울리는 말이다. 큰 꿈을 품고 도전하라! 그러한 도전이 산업의 발전을 이끌어 왔음은 자명하다.

그러나 그 꿈이 백일몽이 되지 않으려면, 다만 몇 걸음이라도 현실화되려면 상당한 자원과 무기가 필요하다. 마구잡이로 꾸는 꿈은 단 한 걸음도 앞으로 내딛게 하지 못한다. 그 큰 꿈이 현실에서 실현되려면 역량과 시운이 맞아떨어져야 한다. 무엇보다도 급진적 혁신은 그리 자주 일어나는 일이 아니며 그 기회가 모든 사람에게 주어지지도 않는다.

급진적 혁신은 대부분의 사람에게는 참여의 문제로 다가온다. 어느 진영을 택할 것인가? 대기업과 스타트업, 기존 산업과 신흥 산업, 구기술과 신기술, 전통 경제와 공유 경제 등…… 과연 어떤 선택을 하면 좋을 것인가? 우리는 자신이 속한 진영이 미래에 속하는가 아니면 과거에 속하는가에 관심을 갖지 않을 수 없다.

어느 시대든 어떤 진영에 있든 작은 혁신에 매진하는 것은 최선은 아니라도 최악을 피할 수 있는 대안이다. 이는 세상의 트렌드와 담 쌓고 자기할 일만 하라는 그런 의미가 아니다. 진영의 경쟁 판도와 세상의 트렌드를 주시해야 한다. 신구기술을 정확히 이해하고 그 동향을 수시로 모니터해야 한다.

스미턴은 증기기관을 개량할 정도로 신기술에도 조예가 깊었다. 그러나 그는 기계의 동력원으로서는 수차를 택했다. 증기기관의 때가 아직 이르지 않았음을 간파한 것이다. 그러나 스미턴의 아이디어를 발전시켜 실린더와 콘덴서를 분리한 와트는 증기기관에서 미래를 보았다. 와트는 모든 노력과 자본을 투하해 증기기관 개량에 매진했고, 마침내 1769년 개량된 증기기관에 대한 특허권을 따냈다. 이 둘은 모두 올바른 선택을 했다.

이들처럼 옳은 선택을 하려면 어떻게 해야 할까? 승리할 진영을 미리알 수는 없다. 결국 자신이 몸담은 분야에서 점진적 혁신 경쟁에 몰두하며 앞날을 예측할 수밖에 없다. 현재의 장소에서 자신이 몸담은 분야의 기술 발전을 위해 매일매일 최선을 다해야 한다. 그렇게 할 때 시대 변화를 더 먼저 알게 된다. 경쟁 기술의 동향을 주기적으로 체크하고 그보다 한발 앞서기 위해 아이디어를 짜내는 사람이 최종 승패의 징후를 가장 먼저 감지하게 된다. 이름 없는 혁신가는 언제든 큰 꿈의 주인공이 될 수 있다.

큰 변화를 예의 주시하되 작은 변화를 만드는 일에 날마다 매진하라. 때때로 세상을 보고, 매 순간 자신의 일에 몰입해야 한다. 점진적 혁신의 누적 없이 급진적 혁신이라는 신무기로 단칼에 승부를 볼 수 있으리라는 기대는 거두는 편이 현명하다.

크리스텐슨의
파괴적 혁신 모델

'파괴적 혁신' 이론의 구조

'창조적 파괴'라는 인상적 조어를 남긴 조지프 슘페터는 오늘날까지 커다란 영향을 미치고 있는 경제학자다. 현실에 안주하려 하고 변화를 싫어하는 마음에 '파괴'라는 단어는 강한 발음과 함께 준엄한 질책으로 다가온다. 익숙한 것을 따르려는 타성과 게으름은 혁신을 가로막는 장애물임에 틀림없다.

그러나 '파괴'라는 말의 강한 뉘앙스 때문에 한 가지 오해가 생겨났는데, '신속하고 전격적'이어야 한다는 이미지다. 과연 나쁜 습관에서 빠져나오려면 단번에 모조리 해치워야만 할까? 변화란 생각보다 힘든 일이다. 그렇기 때문에 극단적이고 전격적으로 해야 한다는 주장도 나오지만, 정말 중요한 변화는 똑같은 이유로 단기간에 이루어지기가 어렵다.

이런 관점에서 클레이턴 크리스텐슨(Clayton M. Christensen)의 '파괴적 혁신(disruptive innovation)' 이론을 살펴볼 필요가 있다. 크리스텐슨은 슘페터의 '창조적 파괴'에 나오는 '파괴' 개념을 더 깊이 파고들었다. 그의 이론을 제대로 이해하는 데는 실제 경영 사례가 도움이 된다. 넷플릭스와 우버는 모두 기존 업계의 강자들을 위기에 몰아넣으며 스스로 강자가 되었다. 그러나 크리스텐슨은 이 둘 모두가 '파괴적 혁신' 전략을 사용한 것은 아니라고 말한다. 즉 넷플릭스는 파괴적 혁신을 사용했지만 우버는 아니라는 것이다. 왜인가?

파괴적 혁신이 혼란을 일으키는 용어라는 점을 크리스텐슨 본인도 인정한다. 그가 말하는 '파괴적'은 등장하자마자 '파괴적인 것'을 가리키지 않는다('disruptive'는 'destructive'와 다르다. 적정한 번역어를 찾기 어렵다는 이유로 '파괴적'이라는 단어가 된 것이다). 그것이 파괴적일 수 있는 이유는 처음에는 잘 인지되지 않기 때문이다. 즉 파괴적 혁신이란 그 시초에는 잘 눈에 띄지 않던, 요란하지 않은 혁신이다. 이 혁신은 시장의 주변부에 침투해 서서히 중앙으로 세력을 넓혀간다.

넷플릭스가 그렇게 했다. 최신 영화를 비디오로 빌려 보는 대다수 주력 고객이 아니라 영화 마니아라는 주변부 고객을 겨냥한 온라인 스트리밍 서비스를 개시한 것이다. 화질이 좀 떨어져도 되고 시간이 지난 영화를 찾아보는 영화광들('movie buffs')이 타깃이었다. 블록버스터는 기존의 수익성 높은 고객에 전념하느라 이러한 신규 시장을 무시했다. 철지난 옛날 영화들의 방대한 데이터베이스를 바탕으로 영화광들의 마음을 사로잡은 넷플릭스는 점차 다른 세그먼트까지 집어삼켰다. 블록버스터가 뒤늦게 스트리밍 시장에 진출하려 했을 때는 이미 대세가 기울어 있었다.

성공한 혁신이 모두 '파괴적 혁신'은 아니다

주변부 약자가 중심부 강자를 쓰러뜨리는 것이 파괴적 혁신의 스토리다.

크리스텐슨은 파괴적 혁신이란 이렇게 펼쳐지는 이야기이지 특정 기술이나 단 한 번의 의사결정을 말하는 것이 아니라고 강조한다. 앞서 이야기한 바와 같이 '영화광들을 위한 온라인 서비스'는 그저 출발점이었다. 이후 넷플릭스는 최신 기술 동향을 활용한 끝없는 품질 개선으로 '영화광'이 아닌 일반 영화팬들을 끌어들였다. 그렇게 되기까지 오랜 시간이 소요됐다.

이런 기준으로 볼 때 우버는 파괴적 혁신의 사례가 아니다. 물론 우버가 네트워크를 이용한 공유 기술을 적용한 새로운 비즈니스 모델인 것은 분명하다. 그러나 우버는 처음부터 택시의 보편적 고객을 공략했다. 즉 택시는 처음부터 우버의 공격을 온몸으로 느낄 수밖에 없었고 둘은 전면전으로 치달았다. 우버는 편리한 탑승과 결제 등 택시의 핵심 서비스에서 우위를 차지하기 위해 노력했다. 따라서 이것은 '주변부에서 중심부로'라는 파괴적 혁신 이론에 들어맞지 않는다.

애플의 아이폰도 비슷하다. 아이폰은 기존 핸드폰 시장의 보편적 고객을 타깃으로 삼아 터치스크린이라는 신무기로 정면 도전했다. 기존의 핸드폰 시장은 엄청난 충격을 받았으며, 실제로 모토롤라나 노키아 같은 거인들이 무너졌다. 뉘앙스만 보자면 이것이야말로 파괴적 혁신인 듯 보이지만 크리스텐슨의 파괴적 혁신 이론에 딱 들어맞는 사례는 아니다.

크리스텐슨은 시장의 범위를 어떻게 설정하느냐에 따라 파괴적 혁신에 대한 판단이 달라진다고 말한다. 아이폰의 시장을 무선전화기로 국한하면 그건 파괴적 혁신이 아니라 정면 도전에 가깝다. 이 경우 아이폰의 성공 전략은 더 뛰어난 무선전화기를 만들어 기존 업체와 정면 승부를 벌인 것이 된다.

그렇다면 범위를 조금 더 넓혀 인터넷 디바이스 시장에서 아이폰을 바라보자. 오랫동안 이 시장은 PC가 지배하는 세계였다. 아이폰 이전의 무선전화기도 일부 인터넷 접속을 지원했으나 너무 불편해 활용도는 미미한 수준이었다. 아이폰은 바로 이 시장에 뛰어든 것이다. 다시 말해 아이폰은 PC를 통해 인터넷을 장시간 이용하는 유저를 타깃으로 삼지 않았다. 오히려 필요에 의해 간단히 인터넷을 이용하려는 사람들, 이동하면서 빠르고 간단하게 검색, 길찾기, 쇼핑, 일정 확인, 메시지 전송 등을 하고자 하는 이들, 즉 인터넷의 라이트 유저를 조준했던 것이다. PC도 노트북과 같이 경량화나 휴대성 증진 혁신을 하지 않았던 것은 아니지만 아이폰이 새롭게 포착한 인터넷 유저들까지 장악할 수는 없었다. 아이폰은 터치스크린이라는 혁신적 인터페이스와 함께 '앱 스토어'를 통해 새로운 인터넷 생태계를 만들어 브라우저 중심으로 돌아가던 PC 세계를 잠식해나갔다.

신기술로 시장의 중심부를 곧바로 공격하는 것은 가장 간명하고 이해하기 쉬운 혁신이다. 그러나 모든 혁신이 정공법으로 이루어지는 것은 아니다. 우버와 아이폰은 성공한 사례다. 그러나 대다수 신기술은 초기에 우세를 점하기 어려운 처지에 놓인다. 아이폰이나 우버같이 기존 상품이나 서비스를 당장에 위협할 수 있다면 좋겠지만 대다수는 그렇지 못하다. 물론 이렇게 위협적일 경우에는 기존 업체도 가만있지 않는다. 우리나라에서 카풀 서비스나 인터넷 은행이 견제를 당하는 상황을 보면 잘 알 수 있다.

기술 발전의 역사를 살펴보면 신기술이 등장 시점부터 기존 강자를 위협할 만한 경쟁력을 갖추고 있기는 어렵다. 많은 기술적 결함과 활용상의 문제가 있기 마련이다. 산업혁명에 동력이 된 증기기관도 마찬가지였다.

증기기관의 파괴적 혁신 이야기

앞서 말했듯 뉴커먼 기관이 발명된 것은 1705년이며, 증기기관이 산업의 엔진으로 본격 대두한 때는 19세기경이다. 100년이 더 걸렸다. 기술의 착상과 개발 그리고 산업화의 시간은 매우 긴 것이다. 왜 증기기관은 발명되자마자 그때까지의 인력, 축력, 수력 등 기존 에너지원을 단번에 파괴하지 못하고 오래도록 변방의 기술로 남아 있었을까? 이유는 분명하다. 당시 주요 에너지원이었던 수차에 비해 효율성이 훨씬 떨어졌기 때문이다.

당대의 기준으로 경쟁하면 신기술은 기존 기술의 상대가 되지 못한다. 당연하다. 이미 상용된 기술은 장기간의 학습 효과가 축적돼 있고 온갖 문제점이 개선된 상태이며 관련 인프라까지 갖춰져 있다. 반면 신기술은 이용자들에게 낯선 것이고 예상치 못한 문제가 수시로 발생할 것이며 필요 인프라도 구축돼 있지 않다. 도저히 상대가 되지 못한다. 실제로 무수히 많은 신기술이 풍차로 달려든 돈키호테처럼 날아갔다.

그러나 극소수는 살아남는다. 많은 면에서 부족하지만 기존 기술이 갖지 못한 에지(edge)가 있을 때 신기술은 버틴다. 이것이 바로 크리스텐슨이 말한, 주변부에서 중심부로 갈 수 있는 원리다. 이는 페레스가 말한 혁신 사이클의 1단계, 즉 '잠복기' 개념에 상응한다.

증기기관의 에지는 아무 곳에나, 즉 필요한 곳에 설치할 수 있다는 점이었다. 수차의 약점은 위치를 설치하는 사람 마음대로 할 수 없다는 것이었다. 게다가 급류나 폭포는 평지와 멀리 떨어진 산 위에 있었다. 산 위에 공장을 지어야 했고 이것이 심각한 한계로 작용했다. 증기기관은 이 문제를 해결해줄 것처럼 보였다. 증기기관을 사용하기 위해서는 그저 물을 끓였다 식히기만 하면 되었다. 도시나 시장 부근 아무 곳에나 공장을 지을 수 있었다. 이것이 이 기술을 버티게 해준 힘이다. 그 강점이 결정적으로 발휘된 것이 광산이다. 광산은 땅을 파서 나오는 지하수를 처리하지 않으면 안 되었으니, 거기에는 증기기관이 안성맞춤이었다.

광산 근처에 급류나 폭포가 없다면 수차는 이용할 수 없다. 공장이 산으로 갈 수는 있지만 광산은 광맥이 있는 곳을 떠날 수 없다. 따라서 광산은 수차가 증기기관을 제압할 수 없는, 증기기관을 위한 천혜의 요새가 되었다. 광산에서 나오는 석탄을 물 끓이는 데 사용할 수 있다는 점도 그 이상 좋을 수 없는 조건이었다. 넷플릭스가 블록버스터의 지배에도 불구하고 영화 마니아 시장에서 온라인 스트리밍이라는 요새를 발견한 것처럼 말이다.

광산을 거점으로 증기기관은 스미턴과 와트에 의한 끊임없는 개량으로 이어지며 마침내 효율과 안정성 측면에서 수차를 따라잡았다. 그럼에도 1830년이 되어서야 영국의 에너지원에서 수차와 증기기관의 비중이 반반이 되었다고 한다. 신기술이 정착해 지배적 위치에 오르는 것은 이토록 길고 험한 길이다. 이것이 크리스텐슨이 말한 파괴의 스토리다. 이것은 단편소설이 아니라 장편소설이었다. 그리고 이는 넷플릭스나 에어비앤비만의 이야기가 아니라 산업혁명 이래 근본적 혁신을 이룬 모든 사람들의 이야기다.

왜 증기와 전기 그리고 컴퓨터는 기술혁신의 속도와 달리 생산성으로 이어지는 데 그토록 오랜 시간이 걸렸는가? 왜 콘드라티예프 사이클은 50년 이상의 긴 주기를 갖는가? 그것을 이해하는 데 현대의 전략 이론인 '파괴적 혁신' 이론은 중요한 시사점을 던져준다. 그리고 이것은 인공지능, 블록체인, 3D 프린팅 기술 등 오늘날 4차 산업혁명의 핵심이라 일컬어지는 기술들의 향후 진로를 전망하는 데도 시사하는 바가 매우 크다.

 PART 2

규칙을 창조하는
게임체인저

여러분은 여러분의 재능을 자랑스러워합니까?
아니면 여러분의 선택을 자랑스러워합니까?
…… 많은 고민 끝에 나는 열정을 추구하는
덜 안전한 길을 택했습니다.
그리고 나는 그 선택을 자랑스러워합니다.
_ 제프 베조스, 프린스턴 대학 졸업식 축사에서

앞에서 작은 혁신과 이름 없는 혁신가에 대해 살펴보았다. 이들의 노력은 더하기 방식, 즉 한 사람 한 사람의 기여를 모으는 방식이었다. 티끌 모아 태산이다. 혁신이 모두 이런 방식이었다면 산업과 기술의 발전은 늘 연속적이고 점진적이기만 했을 것이다. 그러나 혁신은 때로 급진적이고 파괴적이다. 그렇지 않았다면 원천적 산업혁명이란 아무래도 불가능했을 것이다.

이 두 종류의 혁신은 서로 어떤 관계일까? 급진적 혁신은 점진적 혁신과 완전히 다르며, 이름 없는 혁신가가 아니라 별세계에서 나타난 천재가 이룩하는 것일까? 증기기관을 발명한 제임스 와트나 전기를 발견한 마이클 패러데이, PC 시대와 스마트폰 시대를 이끈 빌 게이츠와 스티브 잡스처럼?

패러다임의 전환이 어디서 시작되는가는 큰 강의 최초 수원지가 어디인지 찾기 어려운 것처럼 쉽지 않은 문제다. 큰 강이 처음부터 큰 강이 아니듯 근본적 혁신, 패러다임의 전환도 작은 계기로부터 출발한다. 주목받지 못하던 한 사람의 아이디어, 작은 한 걸음이 새로운 역사를 격발시키는 뇌관이 되는 것이다.

'뇌관'이야말로 적확한 비유라고 생각한다. '뇌관'은 스스로 엄청난 파괴력을 갖고 있지는 않다. 일정 수준 이상의 파괴력으로 화약 내부에 잠자고 있는 폭발력을 흔들어 깨울 뿐이다. 왜 어떤 작은 행동 하나가 이런 힘을 가질까? 뇌관 안에 이 모든 에너지가 내장되어 있는 것은 결코 아니다. 그것은 에너지를 불러내는 암호 또는 열쇠다.

이 파트에서는 그 암호의 정체를 밝혀보고자 한다. 앞질러 말하자면, 그것은 바로 규칙의 창조다. 대부분의 물리적 성질, 효율이나 속도를 높이는 변화는 점진적이고 연속적으로 일어난다. 그러나 어떤 일의 진행을 지배하는 규칙의 변화는 예상하지 못한 누적적 증폭 효과를 일으킨다. 이것이 바로 게임체인저(game changer)의 위력이다. 규칙의 창조는 평면적이고 연속적인 인과관계를 증폭과 반전의 입체적 관계로 바꿔놓는다. 위대한 혁신가는 바로 게임체인저인 경우가 많았다.

1차, 2차 산업혁명의 핵심적 게임체인저들의 이야기를 따라가보자.

벤저민 마셜(Benjamin Marshall, 1787~?)

스코틀랜드계 이민자로 16세가 되던 1803년에 미국으로 이주했다. 면화 제조업을 시작했으나 미국의 제조업이 아직 성숙하지 못했음을 인식하고 방향을 전환해 미국과 영국 간 해운 사업에 투신했다. 그는 블랙볼 라인(Black Ball Line)이라는 해운회사에 파트너로 참여하여 대서양을 횡단하는 범선들을 관리하였다. 1818년 최초의 정기선 운항을 추진함으로써 해운산업에 큰 변화를 가져왔으며, 오늘날의 뉴욕과 미국을 건설하는 데 적지 않은 영향을 끼쳤다. 이후 제조업으로 되돌아와 뉴욕 인근에 수력을 동력원으로 삼는 공장을 건설하고 면직물을 생산하며 성공적인 비즈니스맨의 삶을 이어갔다.

벤저민 마셜, '시간의 규칙'을 만들다

산업화와 시간관념

산업혁명은 인간의 시간관념을 돌이킬 수 없이 뒤바꿔놓았다. 물론 인간에게 시간이란 언제나 중요한 것이었다. 동식물도 시간관념을 체내에 본능으로 각인하고 있다. 인간이 시간감각을 갖게 된 최초의 계기 중 하나는 밀물과 썰물이었다고 한다. 원시 인류는 바닷가에 정착하는 경우가 많았다. 이들은 썰물 때 갯벌에 나가 많은 식량을 얻을 수 있었다. 그러나 물때를 맞추기란, 오늘날도 그렇듯 여간 힘든 일이 아니었다. 농경시대로 접어들면서 시간은 더욱 중요해졌다. 절기에 따라 필요한 조치를 취하지 않으면 수확을 기대할 수 없었기 때문이다.

그러나 근대가 시작되기 전까지는 오늘날과 같은 분초 단위의 시간관념이란 존재하지 않았다고 말할 수 있다. 인간은 언제나 시간을 의식하며 살았지만 시간을 정확히 맞추는 것, 특히 정시 약속을 지키는 본능 같은 것은 진화시킨 바 없었다.

과거 한국 사회의 빈약한 시간관념을 꼬집어 '코리안 타임(Korean time)'이라는 말이 자주 쓰였다. 하지만 희박한 시간관념은 한국의 고유한 민족성이 아니라 인간의 본성에 가깝다. 시간관념은 사실 산업화의 수준에 비례한다. 시간을 잘 지키기로 유명한 일본인과 독일인도 한때는 "약속을 잘 지키지 않는다"라는 비아냥을 들었다.[1] 현재도 이머징 국가에서는 흐리멍덩한 시간관념이 국가적 이슈로 떠오르고는 한다. 예를 들어, 에콰도르는 시간 지키기 범국민 운동을 벌이기도 했다.[2] 결국 '시간관념'이란 유전자의 문제가 아니라 교육과 사회화의 결과다.

그런데 왜 산업화는 시간 지키기를 규범으로 요구했을까? 산업화는 정교한 협력에 의해 작동하기 때문이다. 공장 내의 협업이든 시장 거래든 협력이 발전할수록 타이밍이 중요한 문제로 부상했다. 산업화 시대에 생산은 원자재 획득부터 최종 제품에 이르기까지 여러 단계를 거치며 많은 참가자들의 협력을 필요로 했다. 모든 것이 제때 제시간에 있어야 했다. 산업화 이전, 생산은 분산되어 있었고 최종 납기를 지키기만 한다면 타이밍을 맞추는 것이 그리 중요한 문제로 여겨지지 않았다. 바쁠 때는 좀 미루고 한가해지면 몰아서 작업해도 되었다. 하지만 산업화 이후의 공장에서는 이것이 불가능하다. 한 작업장에서 차질이 생기면 다음 공

---

1 장하준 (2007). 《나쁜 사마리아인들》. 부키.

2 타일러 코웬 (2008). 《경제학 패러독스(Discover Your Inner Economist)》. 김정미 외 역. 랜덤하우스 코리아.

'국가별 시간관념 차이'를 표현한 것.
일본은 기차가 1분 늦으면 연착으로 간주한다.
그러나 멕시코에서는 회의 시간에 30분 정도 늦는 것은
드문 일이 아니다. 독일에서는 약속 시간 10분 전에
도착하는 것이 기본 예의이다.
자료: Harriet Mallinson (2016. 7. 26). "Be half
an hour late in Greece but bang on time in Japan:
How different nations across the globe value
punctuality revealed". MailOnline. (© Mr Gamez)

정으로 파급효과가 밀려간다. 일사불란한 협력이 이루어지려면 타이밍,
즉 구성원의 행동을 동기화하지 않으면 안 되었다.

흥미로운 것은 산업혁명이 한창 진행되던 19세기 초에는 전쟁에서도
타이밍이 중시되었다는 점이다. 나폴레옹이 그 주인공이다. 아군이 적군
보다 많으면 이기는 게 전쟁이다. 그런데 나폴레옹은 전체 병력이 중요한
것이 아니고 전투가 벌어질 때 전장에 모여 있는 병력이 중요하다고 생각
했다. 전체 병력이 아무리 많아도 여러 곳에 흩어져 있다면 정작 격전지
에는 소수만 있을 수도 있어서다. 나폴레옹은 기동성을 중시했다. 그의
전략을 한마디로 요약한다면 "흩어져서 진격, 모여서 공격"이라고 할 수
있다.[3] 이것은 타이밍, 즉 부대 간의 동기화가 승패의 관건이라는 이야기
다. 비슷한 시기에 산업에서도 유사한 움직임이 나타나고 있었다.

안트러프러너들(entrepreneurs)도 나폴레옹과 마찬가지로 시간이라
는 이슈에 반응하고 있었다. 작게는 공장 직원들의 출퇴근 시간 준수부

터 미래 수익의 현재가치 계산, 더 나아가 전략적 시기 조율까지 말이다. "시간은 돈이다"는 근면하기로 정평이 난 벤저민 프랭클린(Benjamin Franklin)이 남긴 말이다. 이 말은 단순히 시간을 아껴 쓰라거나 빨리빨리 일처리를 하라는 것이 아니다. 시간은 협력의 나침반이다. 정교한 분업은, 다른 협력자와 적시에 상호작용이 일어날 것을 요구한다. 시간은 결정적 순간과 그렇지 않은 시간으로 나뉜다. 자칫 타이밍을 놓쳤다가는 모든 것을 잃게 된다.

미국의 산업화와 해운 사업

영국의 산업혁명은 18세기 말부터 시작되었다. 미국이 영국으로부터 독립한 것이 1776년이다. 영국은 인도를 다루듯 미국을 다뤘다. 농산물 공급처이자 제조업 산물의 수요처 그 이상도 이하도 아니었다. 미국은 독립했지만 미국을 바라보는 틀은 쉽게 바뀌지 않았다. 넓고 비옥한 토지와 좋은 기후 조건은 농업에 어울렸다. 급진적 산업화를 추진하기보다 농업국가를 지향하자는 의견이 적지 않았던 이유다.

그러나 곧 산업화 없이 국가의 발전을 기대할 수 없다는 의견이 대세가 되었다. 정부는 제조업 육성 정책을 세웠고 이에 부응하여 1840년대

---

3 나폴레옹은 이렇게 표현했다고 한다. "전략이란 시간과 공간을 이용하는 기술이다. 공간보다는 시간이 더 중요하다. 공간은 만회할 수 있지만 잃어버린 시간은 만회가 불가능하다(Strategy is the art of making use of time and space. I am less concerned about the later than the former. Space we can recover, lost time never)." Michael B. Colegrove (2005). *Distant Voices: Listening to the Leadership Lessons of the Past*. iUniverse. p. 31.

에는 미국에서도 산업혁명이 궤도에 올라 영국을 좇게 된다. 벤저민 마셜의 이야기는 본격적 산업 정책이 시작되기 이전, 아직 미국이 농업국가이던 19세기 초를 배경으로 한다.

신생국 미국은 과거의 모국 영국과 치렀던 독립전쟁의 앙금을 떨쳐내고 활발히 교역하고 있었다. 미국은 면화 등 원자재를, 영국은 면직물 같은 공산품을 생산해 서로 주고받았다. 영국과 미국 사이에는 대서양이라는 만만치 않은 바다가 있다. 뉴욕에서 리버풀까지는 거리가 5,000킬로미터에 달한다. 아직 범선밖에 없던 시절이라 왕복으로 항해를 하는데 무려 두 달 이상 걸렸다.

당시 미국 동부의 항구도시들은 해운에서 우위를 차지하려고 치열하게 경쟁했다. 주요 경쟁자는 뉴욕, 필라델피아, 볼티모어였다. 뉴욕은 가장 동쪽으로 거리상 우위를 점했지만, 동절기 결빙이 문제였다. 볼티모어는 제일 안쪽에 위치해 결빙 일수가 적다는 강점이 있었다. 항구들만 경쟁한 것이 아니라 해운사 간 경쟁도 치열했는데, 바로 이런 상황에서 대서양 무역 주도권 다툼의 판도를 뒤흔들 '빅 아이디어'가 등장한다.

벤저민 마셜은 젊은 나이에 미국으로 이주했다. 친지들이 이미 미국에서 사업을 하고 있었고 그 또한 젊은 나이에 면직물과 모직물 사업에 뛰어들었다. 하지만 그때만 해도 미국은 제조업 기반이 열악했다. 이런 상황을 파악한 마셜은 과감히 사업을 접는다. 그리고 뉴욕의 해운사 블랙볼라인의 파트너로 참여한다.

당시의 화물선은 항구에 정박하고 있다가 화물이 일정 수준 선적되면 출발하는 방식이었다. 모든 선사가 예외 없이 이 방식을 따랐다. 이 관행은 당연시되었다. 지금도 그렇지만 배의 출항은 보통 일이 아니다. 항해

대서양을 놓고 해운 주도권을 잡으려고 경쟁하던 미국의 항구도시들

에 소요되는 비용도 막대했지만 바다의 조건이나 날씨 상황에 따른 위험이 너무도 컸다. 이런 비용과 위험을 감수하며 빈 배로 출항한다는 것은 상상도 할 수 없는 일이었다. 오늘날 버스가 승객이 일정 수가 될 때까지 정류장에 서 있는다면 어떨 것 같은가? 그러나 당시에는 화물주들도 선사를 이해했다. 그때는 그때대로 나름의 공감대가 있었던 셈이다.

이때 마셜이 지정된 시간에 출발하는 '정기선' 아이디어를 제안했다. 당시로서는 대담한 발상이었다. 배가 빈 채 바다로 떠난다면 그 손실은 누가 책임질 것인가? 어쨌든 마셜의 제안에 따라 정기선의 역사적 첫 출항 날짜가 1818년 1월 5일로 정해졌다.[4] 춥고 바람도 거센 날이었다.

---

4 WPA Federal Writer's Project (2004). *A Maritime History of New York*. Going Coastal, Inc. p. 123.

보통의 경우라면 출항이 취소될 만한 상황이었다. 그러나 블랙볼라인 소속의 제임스먼로호는 정시 출항했다. 여덟 명의 승객과 사과, 밀가루, 목면, 크랜베리, 홉, 양모 등을 적재했는데, 최대로 실을 수 있는 양의 4분의 3밖에 안 되는 양이었다. 악조건 속에서도 블랙볼라인은 약속을 지켰다.

규칙을 정하다

적진에 침투한 두 특공대원이 서로 다른 곳에 낙하했다. 쌍방이 어디 있는지 모른다. 낯선 지역이라 익숙한 지형지물도 없다. 문제는 각자 움직이면 만날 확률이 더욱 줄어든다는 점이다. 한 사람은 정지해 있는 것이 낫다.[5]

정기선이 없던 시절, 해운사와 화물주의 상황이 어땠을지 생각해보자. 해운사는 배에 화물이 가득 차기를 기다린다. 화물주는 배가 언제 떠날 수 있을지 저울질을 해본다. 먼저 가서 짐을 실었는데 뒤를 이어 누군가가 짐을 싣지 않으면 좀 더 오래 기다려야 한다. 따라서 화물주는 이미 짐이 많이 찼을 때 자기 짐도 가져가고 싶다. 하지만 그러다 용량이 넘치면 그 배를 놓칠 수도 있다. 고약한 상황이다. 앞서 예로 든 두 특공대원과 비슷한 경우다.

그러나 해운사가 출항 시점을 미리 공표한다면 어떨까? 한 대원이 무전기로 자신의 위치를 밝히는 것처럼 말이다. 왜 이 간단한 일을 아무도

---

5 토머스 셸링 (1992). 《갈등의 전략(The Strategy of Conflict)》. 최동철 역. 나남출판. p. 89.

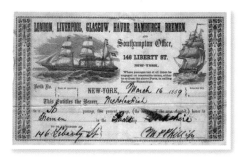

블랙볼라인 사의 승선표

시도하지 않았던가. 출항 시점이 정해지면 화물주들은 더는 눈치를 보지 않을 것이고 모두 정해진 시각에 모일 것이다. 이런 간단한 생각은 단지 그런 생각을 진지하게 해본 전례가 없다는 사실 때문에 억제되었다.

누구도 실행해보지 않은 전략을 시도하기란 사실 두려운 일이다. 왜 그동안 아무도 시도하지 않았을까? 그 전에 아무도 시도하지 않았다는 것 외에는 딱히 어떤 이유도 없다. 즉, 시도한다면 어떻게 될지 모른다는 이야기다. 그러나 막상 시도하려면 불안하다. 좋은 전략이라면 왜 그동안 아무도 시도하지 않았을까? 내가 모르는 이유가 있는 건 아닐까? 더구나 내가 시도했다가 실패하면 그 책임은 온전히 내게 떨어진다. 남들이 쓰는 전략을 따라하면 실패해도 묻어갈 수가 있지 않은가……

이 모든 우려에도 불구하고 마셜은 어떻게 이 일을 단행할 수 있었을까? 그가 자신의 선택에 대해 어떤 판단을 했는지 스스로 언급한 기록은 남아 있지 않다. 한 가지 단서는 그에게 제조업에 대한 남다른 열정이 있었다는 점이다. 그는 영국의 발달한 제조업을 목격했으며 미국에 오자마자 면직·모직 사업을 시도했다. 그의 이런 제조업 마인드가 여타 해운사 동료와는 다른 시각을 갖게 해준 것은 아닐까? 그는 해운사가 아니라 화물주 입장에서 상황을 그려보았을지도 모른다.

산업혁명 이후 제조업은 근대적 경영이 꽃피는 장이었다. 근대 경영의 가장 큰 특징 중 하나가 시간과 타이밍에 대한 고려다(동시대의 영웅 나폴레옹도 타이밍을 중시했던 것은 앞서 보았다). 원자재를 적기에 조달하고 생산한 제품을 적기에 출하하지 않으면 생산의 흐름을 안정적으로 유지할 수 없다. 일이 있으면 하고 없으면 노는 가내수공업이 아니다. 기계가 설치되고 자본이 묶이고 이자와 기계 운전 비용이 꾸준히 지출된다. 적정 조업 규모가 평탄하게 유지되지 않으면 상황은 바로 악화된다.

제품 출하 시점을 모른다는 것은 합리적 경영자에게는 치명적인 문제다. 경영의 핵심은 '계획'이다. 시간이 정해지지 않으면 계획을 세울 수 없다. 물론 이것은 해운사가 신경 쓸 문제가 아니다. 그럼에도 마셜은 제조업자의 입장을 잘 이해했고 그 교감이 새로운 발상의 씨앗이 되었다. 마셜은 정기선을 성공시킨 뒤 1825년 해운사를 떠나 기어코 제조업을 시작했다. 서서히 미국의 산업혁명이 궤도에 오를 때였다.

그는 제조업으로도 큰 성공을 거두고 활발한 사회공헌 활동으로 사회적 존경까지 얻었다. 이제 화물주가 된 그는 아마도 자기 자신이 만들어둔 정기선의 혜택을 야무지게 누렸을 것이다.

하나의 전략이 가져온 변화

마셜의 '정기선' 전략은 블랙볼라인의 승리를 가져왔다. 배는 가득 찬 채 출항했으며 그가 소속된 해운사는 경쟁우위를 차지했다. 그러나 정기선 전략은 모방하기 어려운 전략이 아니다. 당연히 우위를 지키기가 어렵다. 실제로 3년 만에 경쟁사인 레드스타라인이 따라붙었다. 그러나 정기 운항은 비용과 위험부담이 높았던 탓에 추가 경쟁자가 생기지는 않아, 이들은 출항 일자를 조율해 시장을 나누었다. 블랙볼라인은 월초와 월말에, 레드스타라인은 매달 중순에 출항했던 것이다. 두 회사의 경쟁은 독점일 때보다 오히려 회사를 튼튼하게 만들었다. 극히 소수의 예외를 제외하고는 결항이나 지연 운항이 없었다고 한다.[6]

그 결과 특정 회사를 넘어 항구도시 뉴욕의 경쟁력이 높아져 뉴욕은 볼티모어와 필라델피아를 제치고 대서양 무역의 창구가 되었다. 이뿐만이 아니다. 뉴욕의 해운 경쟁력은 미국 역사에도 큰 영향을 미치게 된다. 뉴욕이 해운 분야를 장악하면서 남부는 면화 등 농업 생산에 치중하게 된 것이다. 북부가 집중한 상업에 비해 공급이 과잉된 남부의 농업은 교섭력을 잃고 큰 이익을 북부에 헌납했다. 남부도 한때 별도의 교역 채널을 만들고자 시도했으나 뉴욕을 중심으로 한 북부의 상업에 대항하기에는 이미 격차가 너무 컸다.

'영국의 제조업-미국 북부의 상업-미국 남부의 농업'이라는 삼각관계에서 남부는 점차 경쟁력을 잃어갔다. 이것은 후일 남북전쟁이 발발했을 때 남부의 결정적 취약점으로 작용했고, 산업화된 북부가 승리하는 결과를 낳았다. 정기선이 이 모든 일의 원인이라고는 말할 수 없겠지만, 커다란 역사적 흐름에서 작은 출발점이 되었다는 점만큼은 인정할 수 있을 것이다.

---

6 Seija-Riitta Laakso (2007), *Across the Oceans: Development of the Overseas Business Information Transmission 1815~1875*, Helsinky; Finnish Literature Society(SKS).

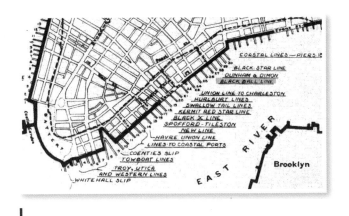

1851년 맨해튼 섬 남쪽 끝의 뉴욕 항구지도. 항구도시로 번창했던 당시의 상황을 잘 보여준다.

새로운 것은 위태롭다. 그러나 위태롭지 않으면 뇌관이 아니다. 기존에 시도된 전략은 그 효과와 부작용이 다 알려져 있다. 안전할지는 몰라도 반전은 없다. 시도되지 않은 새로운 전략, 새로운 규칙은 예기치 않은 가능성을 품고 있으므로 어느 정도 위태로울 수밖에 없다.

급진적 혁신의 진정한 의미는 그것이 기존의 기술로부터 얼마나 더 멀리 뛰었는가가 아니다. 단번에 출력을 백배로 늘리거나, 비용을 100분의 1로 줄이는 묘수는 극히 드물다. 급진적 혁신이란 기존의 전략 대안과는 차별화된 새로운 대안을 만들어내는 것이다. 하지만 그 대안은 '정기선' 아이디어가 그러했듯이 엄청난 발견이나 발명이 아닌 경우가 많다. 어이없을 정도로 간단한, 규칙의 작은 변형이 도화선에 불을 붙인다.

그런데 그 '작은 한 걸음'은 일상적 선택과는 분명히 다르다. 그것은 조금 덜 안전하고 조금 더 두려운, 그리고 회피해도 비난받을 염려가 없는, 그렇기에 온전히 자기 의지로 단행한 그런 선택이다.

◈ 존 H. 홀(John H. Hall, 1781~1841)

미국의 총기 제작자로, 메인 주 포틀랜드에서 태어났다. 아버지는 가죽 공장을 경영했는데, 기록에 따르면 하버드 신학대학을 졸업했다고 한다. 그는 아버지 회사에서 경험을 쌓은 후 독립하여 목공 및 선박 제조 공장을 창업했다. 이후 미국 군수성의 의뢰로 라이플총(rifle) 납품 계약을 맺었다. 이 과정에서 그는 당시 이슈이던 부품 표준화 방법을 고안하는 데 성공했다. 그가 1819년에 개발한 라이플총은 성능과 품질을 인정받았으나 대량 수주 불발로 사업적 성공은 거두지 못했다. 그러나 그의 표준화 방식은 이후 미국의 제조업 발전에 깊은 영향을 미쳤다.

존 H. 홀,
산업의 알파벳을 창시하다

표준화 이전의 기계

산업혁명은 인류사의 대사건이고 그 핵심은 기계의 발명이다. 기계는 인간보다 정확하고 변덕부리지 않으며 지치지 않는다.[1] 동력과 연결된 기계는 인간의 생산성을 놀라울 정도로 끌어올렸다. 기계의 발명은 세계사에서 가장 경이로운 사건 중 하나라고 단언할 수 있다. 그러나 최초의 기계에는 치명적 한계도 적지 않았다.

기계는 온갖 제품을 만들어내지만 기계를 만드는 것은 무엇인가? 기

---

1 David Landes (2003). *The Unbound Prometheus: Technological Change and Industrial Development in Western Europe from 1750 to the Present*. Cambridge University Press.

계를 만드는 기계가 있겠지만, 계속해서 그 기원을 찾아가면 결국에는 사람의 수작업이 근원에 있을 것이다.

현대의 기술은 기계가 기계를 만들고 이 과정은 순환한다. 이것은 단선적 연결이 아니고 네트워크를 이룬다. 오늘날 수작업으로 만드는 기계는 극히 적다. 그러나 19세기 초까지 기계는 사람이 만들었다. 이것이 문제였다. 소비재를 기계가 만들었는데, 기계를 만드는 작업은 궁극적으로 수작업에 의존했다. 기계공업은 곧 노동집약 산업이었다. 기계의 품질이 결국 사람 손에 달려 있었던 것이다.

무엇보다도, 기계를 이루는 부품들의 규격이 제각각이라는 게 문제였다. 자동차를 수리해야 하는데 부품이 단종된 그런 상황이 전체 산업에 만연했던 셈이다. 내 차에 맞는 부품 하나를 제조하기 위해 제조설비부터 다시 만들어야 하는 식이었다. 수요가 급증하여 기계가 갑자기 많이 필요해졌을 때에도 곤란했다. 대량생산이 불가능했기 때문이다. 표준화된 물품과 대량생산에 익숙해진 오늘날의 시각으로 보면 이런 문제의 심각성을 헤아리기가 쉽지 않다.

고대 중국의 이야기가 떠오른다. 전국시대 사상가 장자(莊子)는 수레바퀴 장인 윤편(輪扁)의 이야기를 전한다. 수레바퀴 장인은 제(齊)나라 환공(桓公)에게 자기 직업의 어려움을 토로한다. "수레바퀴를 깎을 때 많이 깎으면 헐렁거리고 덜 깎으면 빡빡해서 굴대가 들어가지 않습니다. 더 깎지도 덜 깎지도 않는 것은 손의 감각으로 터득해 마음으로 느낄 뿐 입으로 말할 수 없으니 바로 그 사이에 비결이 존재합니다. 저도 이를 제 자식에게 일깨워줄 수 없고 제 자식도 저에게 그것을 받을 수 없습니다." 호랑이 담배 먹던 시절의 이야기라고 생각할지 모르나, 근본적으로 장인의 이런 고민은 1차 산업혁명이 다 끝나도록 해결되지 않고 있었다.

기계마다 부품이 제각각이란 것은 기계의 제작, 보수, 유지가 결국 사람에게 달렸음을 뜻한다. 어떤 사람일까? 기계를 잘 알고 부품을 다듬어 끼워 맞출 수 있는 사람, 바로 숙련된 기계공이다. 기계는 산업혁명 이후 러다이트 운동을 불러일으킬 정도로 방직공, 방적공 같은 기존의 기능공들을 대체해나갔다. 반면 숙련된 기계공은 더 중요한 존재로 만들었다. 말하자면 당시의 기계공은 지금의 IT 전문가 같은 지위를 누렸다. 이들은 줄(file)을 가지고 다니며 기계를 관리하고 수리했다.

그런데 역설적으로 이런 점이 제조업 발전에 결정적 장애물이 되었다. 근대 산업은 제 발로 일어서지 못하는 거인과 같았다. 기계가 숙련공으로부터 해방되지 않는 한 제조업은 낙후된 전통 기술에 계속 의존하는 절름발이 신세를 면할 수 없었다.

'교체 가능 부품'을 찾아서

기계가 사람의 손길을 벗어나는 유력한 대안은 '부품 표준화'였다. 부품 표준화란 동일 부품의 규격을 통일하는 것으로 한 기계의 부품이 다른 기계의 부품과 교체될 수 있음을 뜻한다.

이런 아이디어는 그 누구보다도 총기 제조공(gunsmith)들을 사로잡았다. 그 무렵 총은 전쟁의 승패를 좌우하는 중요한 무기로 점점 더 부상하고 있었다. 따라서 총기를 쉽고 빠르게 생산하는 것, 더 나아가 전투 중 파손된 총을 용이하게 수리할 수 있느냐 여부가 군사력과 직결되었다.

따라서 '부품 표준화'는 다른 어떤 산업보다도 총기 산업에서 빠르게 진전되었다. 그중 프랑스가 앞서갔으며, 오노레 블랑(Honoré Blanc)이라는 기술자가 그 선두에 있었다. 그러나 그의 프로젝트를 프랑스 정부는 달가워하지 않았다. 민중들이 바리케이드를 치고 시가전을 벌이는 혁명의 나라에서 권력자들이 조립이 쉬운 총기를 반길 리 없었다. 결국 블랑의 시도는 좌초된다.

그런데 1784년, 훗날 미국의 세 번째 대통령(1801~1809년 재임)이 되는 토머스 제퍼슨(Thomas Jefferson)이 프랑스 공사로 부임한다. 제퍼슨은 블랑의 작업을 알게 되고 이것이야말로 갓 독립한 신생국 미국에 꼭 필요한 기술임을 알아챈다. 귀국 후 제퍼슨은 초대 대통령 워싱턴에게 건의하여 총기 개선을 국가적 프로젝트로 추진하기로 한다. 민중의 저항을 두려워한 프랑스와 달리 미국은 독립전쟁으로 국민이 단합돼 있었고 자발적 무장의 전통도 있었기에 총기 혁신에 대한 거부감이 없었다.

미국의 병기 공장은 버지니아 주의 스프링필드(Springfield)와 웨스트 버지니아 주의 하퍼스 페리(Harpers Ferry)에 자리를 잡고 있었다. 두 산업단지는 모두 미국 군수성이 직접 운영했다. 그러나 건국 초기의 미국 정부는 연구개발이나 제조 능력을 갖추지 못한 상태였다. 당시 군수성은 관급 계약을 맺는 방식으로 민간의 기계공과 엔지니어를 끌어들였다.

1819년 존 H. 홀이라는 인물이 1,000정의 라이플총을 납품하는 조건으로 하퍼스 페리에 입주한다. 그는 셰넌도어(Shenandoah) 강변에 작업장을 설치하고 총기 제작에 들어간다. 당시에는 누구도 눈치 채지 못했으나, 이 계약은 미국과 세계의 제조업을 근본적으로 바꾸어놓는다.

19세기 미국의 양대 병기 제조창이었던 스프링필드와 하퍼스 페리

홀은 이전부터 총기 부품의 교체 가능성 문제를 해결해야겠다는 포부가 있었다. 이 계약은 그에게 절호의 기회였다. 부품 표준화는 대규모 설비와 노동력, 원자재가 수반되는 고비용의 프로젝트였다. 그는 하퍼스 페리에 입주하기 몇 년 전부터 라이플총 개발을 진행 중이었는데, 정부와 계약을 맺지 못해 2만 달러에 이르는 비용을 사비로 감당하고 있었다. 아마 어느 정도 재력이 뒷받침되는 가문이었던 것 같다. 그러나 언제까지나 집안 재산에만 의지할 수는 없는 노릇이었다. 이런 상황에서 1819년에 이뤄진 15만 달러짜리 관급 계약은 가뭄에 단비와도 같았다.

미국에서 본격적인 산업화는 1840년대에야 이뤄진다. 홀이 라이플총 개발에 전념하던 1810년대만 해도 미국의 산업 기반은 매우 취약했으며, 농업과 상업이 주력이었다. 제조업 기틀을 잡고 발전을 촉진하는 데 정부의 역할은 절대적이었다. 정부는 국방 강화를 위해 민간 기업에 기

I
1859년경 하퍼스 페리 모습을 그린 그림(위, 하퍼스 페리 국립공원 브로셔)과
당시의 실제 전경(아래 왼쪽) 및 병기 공장(아래 오른쪽)

회를 주었고 이것이 미국의 산업 발전에 결정적 계기를 만들었다.

표준틀(gauge): 손감각에서 정밀한 손도구로

그러나 홀이 처한 상황은 수레바퀴 구멍을 굴대에 맞추어 깎아야 하
는 고대 중국의 장인과 본질적으로 같았다. 측정기술이 발달하지 않은
이 시기에 정밀한 규격을 유지하기란 사실상 불가능에 가까웠다. 과연

어디서 돌파구를 찾을 것인가?

해결의 단서는 손감각을 손도구로 대체한다는 아이디어였다. 정확한 직선을 그리는 것은 어른도 어렵지만 정확한 자가 있다면 아이라도 그릴 수 있다. 철 기술의 발달로 공구가 철제화되어 손도구를 만들기 좋은 여건도 형성되었다. 또한 정밀 가공 기술 및 소재의 내구성 향상도 이를 뒷받침해주었다.

손감각에서 손도구로의 전환은 표준화에 중대한 전기였다. 부품의 규격을 징밀화하려는 이전의 노력에는 한 가지 치명적인 결함이 있었다. 즉, 정밀한 규격을 달성하더라도 그것이 숙련공의 손감각에 의한 것이라면 아무 소용이 없는 것이다. 아무리 부품이 표준화된다 해도 표준화 작업에 장인 수준의 숙련공이 필요하다면 모든 것이 제자리걸음이다.

홀은 '표준화'란 숙련공이든 미숙련공이든 누구나 수행할 수 있는 작업 방식이 되는 것을 의미한다고 처음부터 생각했다. 바로 그러한 표준화를 위해 작업자가 손쉽게 이용할 수 있는 도구를 개발하기 시작한다. 대표적인 예가 게이지(gauge)이다. 게이지는 사전에 정밀하게 규격을 맞추어볼 수 있도록 만들어둔 표준틀이다. 최초의 게이지는 대포의 포탄 제조에서 기원한 도구다. 포탄을 만들 때 포신과 맞추기 전에 먼저 직경을 알아내려고 대보던 둥근 틀이 게이지다. 게이지는 포탄만이 아니라 다양한 부품의 치수와 모양을 확인하는 데 유용했다. 홀은 각각의 목적에 맞는 정교한 게이지를 제조하고자 애썼다.

홀은 게이지의 정밀도 유지를 위해 다단계의 검증 시스템까지 만들었다. 그는 세 벌의 게이지를 만들었는데 하나는 각 부품을 대조해보는 작업자용, 또 하나는 이를 검사하는 감독자용, 마지막은 비상시를 대비해

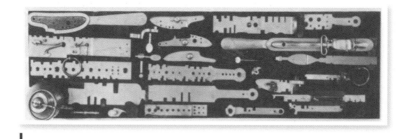

Model 1841 라이플총을 검사하는 데 사용된 게이지. 홀이 표준화를 위해 게이지를 개발하기 시작한 이후 총 제조에 다양한 게이지들이 적극 활용되었다.

자료: National Museum of American History, Smithsonian.

보유해두는 마스터용이었다. 1793년 프랑스 정부가 척도와 중량의 원기(原器)인 표준자와 표준 저울추를 파리 지하금고에 보관했다는 이야기가 떠오른다. 프랑스 정부가 척도 원기를 보관했듯 홀 역시 실제 사용하는 게이지들이 마모되어 오차가 누적되는 현상을 막고자 이런 검증 시스템을 마련했던 것이다.

고도의 정밀한 측정기술이 없던 시절, 홀은 일관성 있는 기준의 유지와 지속적 검증을 통해 가능한 한 최선의 정밀도를 구현했다. 표준틀의 세심하고 신중한 관리는 중국 고대 수레바퀴 장인의 해묵은 고민에 대한 최초의 의미 있는 해결책이었다.

산업의 알파벳: 100년 후를 위한 발명

표준화된 부품은 모든 것을 만들 수 있는 레고블록과 같다. 또한 모든 단어와 문장을 만들 수 있는 알파벳에 비유할 수도 있다. 이제 기계는 나사, 볼트, 너트, 기어 등 여러 부품이라는 단어로 쓰인 다양한 문장이 되는 것이다. 홀은 머릿속으로 상상만 해보던 산업의 알파벳을 현실에서 구현한 사람이다. 이 알파벳은 홀의 관심 분야인 총기 산업에서 처음으로 구현되었지만 다른 모든 산업의 기계에도 충분히 확장 적용할 수 있었다. 하지만 그 가능성은 여러 사정으로 기약 없이 미뤄지게 된다.

홀이 만든 'M1819 라이플'의 계약은 두 가지 의미에서 대성공이었다. 첫째는 총의 품질이 탁월했다는 점에서, 그리고 둘째로는, 이것이 아마 훨씬 더 중요한 사항으로, 교체 가능한 부품을 최초로 제공했다는 점에서 그러했다.

그러나 모든 제조업을 뒤바꿔놓을 폭발력을 가진 그의 표준화 방식은 라이플총의 추가 주문부터 삐걱거리기 시작한다. 표준화가 숙련공의 입지를 약화시킬 것이라는 두려움에서 기존 총기공들이 일제히 그를 공격한 것이다. 품질 면에서 트집을 잡을 것이 없자 총기공들은 "좋은 물건이지만 너무 비싸다"라고 비판했다. 과도한 지출을 우려한 미국 정부도 홀의 기대에 미치지 못하는 규모로 발주했다.

60여 종에 달하는 게이지의 생산 및 관리로 인해 고정비용이 높아지

홀이 민든 라이플총, M1819
자료: Antique Military Rifles.

는 것은 사실이었다. 그러나 홀의 방식은 대량생산에서 강점을 발휘한다. 홀이 정부에 보낸 편지에는 "라이플 1,000정이나 2,000정이나 설비 비용은 똑같다"라는 구절이 있었다. 오늘날에는 상식이 된 '고정비 분산의 원리'다. 홀이 그 이른 시기에 규모의 경제를 정확히 이해하고 있었음을 보여준다.

생산 대수가 원가와 직결되었으나 당시에는 이런 점이 제대로 이해되지 못했다. 혹시 전쟁이 발발해 총기 수요가 급증했다면 표준화의 진가가 드러났을지 모른다. 그러나 홀에게는 유감스럽게도 독립전쟁 이래 몇 차례 전쟁이 지나간 뒤로 19세기 말 남북전쟁이 일어나기 전까지 큰 전쟁은 일어나지 않았다.

소규모 생산 단계에서는 숙련공을 이용하는 기존 생산체제가 홀의 방식에 맞서 충분한 경쟁력을 가질 수 있었다. 결국 숙련공의 기득권, 정부의 몰이해, 그리고 모든 사람에게 다행스러운 평화 지속이 홀의 도전을 실패로 만들었다. 정부 역시 홀의 라이플총이 "탁월하지만 비싸다"라고 결론 내렸다.

홀은 이 사업에서 실패했으며 혁신가로서도 이름을 남기지 못하는 듯 보였다. 그의 표준화 기술도, 그의 이름을 기억하는 사람도 사라지는 것 같았다. 홀의 아내 스타티라(Statira)는 세상을 원망한다. 그녀는 남편이 조국을 위해 모든 것을 바쳤다고 회고한다. "남편이 다른 나라로 이주했다면 부와 명예를 누렸을 것"이라고 푸념하기도 한다. 홀은 사업이 어려울 때면 서슴없이 사재를 투입했다. 스타티라의 회고가 단순히 남편의 역성을 든 것만은 아니라는 생각도 든다.

망각이 이중이었던 만큼 홀은 훗날 이중으로 부활한다. 사실 오랫동안 부품 표준화의 영예는 일라이 휘트니(Elias Whitney)가 차지하고 있었다. 일라이 휘트니는 1801년 1월 대통령과 관중들 앞에서 머스켓총 여러 개를 분해한 뒤 무작위로 재조립하는 전설적 시연을 벌였다. 사람들의 경탄을 받은 이 시연은 오랜 시간이 지나 엄밀한 조사 끝에 조작이었음이 드러났다. 휘트니가 부품과 총에 미리 표식을 해두었던 것이다.[2] 사기라고 불러도 무방한 행각이지만 역사는 거의 200년 동안 그를 표준화된 부품을 만든 위대한 혁신가로 기억했다. 미국의 역사가 메리트 스미스(Merritt Smith)는 철저한 연구 끝에 표준화의 진정한 창시자는 홀이었음을 밝혀냈다.[3]

명예의 부활보다 중요한 것은 그의 혁신이 부활했다는 점이다. 그의 표준화 기술은 사실상 죽은 적이 없으니 어쩌면 '부활'은 정확한 표현이 아닐 수도 있다. 당시 기계공들은 매우 희소하고 귀중한 인력이었다. 그들은 애사심이 별로 없었고 더 좋은 조건을 제시하면 업종까지 바꾸며 옮겨 다녔다. 그 덕분에 그들의 노하우가 산업 간에 전파될 수 있었다.[4] 당대에 주목받지 못했던 홀의 '부품화' 혁신은 시계, 재봉틀, 자전거 산업을 거쳐 20세기 초 자동차 산업에서 헨리 포드의 오토메이션으로 완성된다. M1819 라이플총이 납품된 지 꼭 1세기가 흐른 뒤의 일이었다.

홀은 표준화가 시대의 대세라고 판단했다. 그러나 그의 전략이 확산

---

2 Richard Shenkman (2013). *Legends, Lies & Cherished Myths of American History*. Harper Collins. p. 11.

3 Merritt Roe Smith (1980). *Harpers Ferry Armory and the New Technology: The Challenge of Change*. Cornell University Press.

4 David R. Meyer (2006). *Networked Machinists: High–Technology Industries in Antebellum America*. JHU Press.

04. 존 H. 홀, 산업의 알파벳을 창시하다 **101**

되기까지는 오랜 시간이 걸렸다. 사람들은 그의 전략을 당장 추종하지는 않았다. 왜 그랬을까? 궁극적으로 표준화가 대세라 해도 그것이 자리 잡는 데는 시간이 걸린다. 때로 그 시간은 한 사람의 일생보다도 길 수 있다.

홀의 이름은 오랫동안 잊혔고 그의 전략 역시 장기간 수면 아래에 가라앉아 있었다. 예술가가 종종 당대에는 외면당하듯 홀 역시 사후에야 인정을 받았다. 예술가라면 그런 소외가 오히려 감동적인 이야기가 된다. 하지만 홀은 사업가였다. 사업가가 생애를 초월하는 장기적 마인드를 가진다는 것은 훨씬 어렵고 드문 일일 것이다. 현대 경영학의 창시자 피터 드러커(Peter Drucker)의 말을 믿는다면 "경영은 예술이다." 그렇다면 사업가도 사후에 인정받는 것을 결코 실패라고 말할 수는 없을 것이다.

아무리 옳은 전략이라도 확산되는 데는 시간이 필요하고 누구도 그것은 마음대로 조절할 수 없다. 분명한 것은 표준화가 근대 산업이 반드시 통과해야 할 혁신의 길이었다는 점이다. 세상이 이해하지 못할 정도로 홀은 시대를 앞서갔다. 그것은 그의 위대함과 탁월함을 보여주는 것이지 그의 무모함이나 치밀하지 못함의 증거가 아니다. 그는 제조업을 뒤바꿀 한 걸음을 걸었다. 그것이 성공이 아니라면 도대체 무엇을 성공이라고 하겠는가.

'급진적 혁신'과
'진화적으로 안정적인 전략'

이기적 전략이 모두 진화적으로 안정적인 것은 아니다

게임이론으로 '급진적 혁신'이라는 문제에 접근해보자. '죄수의 딜레마'에는 분명 모두에게 좋은 해결책이 있다. 두 공범이 동시에 협조하는 것이다. 그러나 나는 협조했는데 상대가 협조하지 않으면 나만 위험에 빠진다. 이것이 문제다. 상대가 배신하더라도 나는 의리를 지키겠다고 마음먹고 실제로 그렇게 행동하는 의인이 손해를 보는 것이다.

진화론에서 한 개체의 손해는 그 개체의 도태로 이어진다. 이것은 협조하지 않고 배신하는 전략을 '진화적으로 안정적인' 것으로 만든다. 진화적으로 안정적이란 말은 돌연변이가 나타나 다른 전략을 행한다고 해도 이것이 한때의 파란으로 끝나고 차츰 도태되어 다시 배신 전략이 우세하게 되는 것을 말한다. 이 이론에 따르면 자신과 가족을 돌보지 않는 의인들은 유전자를 퍼뜨리지 못한다.

선이 악을 이기는 것은 어린이 만화에서나 등장하는 이야기라고 많은 사람들이 생각한다. 총잡이의 싸움처럼, 또 죄수의 딜레마 예처럼 단기적 이익만 중시하고 남을 배려하지 않는 전략이 '진화적으로 안정적인' 경우를 쉽게 생각할 수 있고 또 그런 사례가 실제로도 많기 때문이다.

그러나 반드시 그런 것은 아니다. 그렇지 않은 예가 있다. 전쟁에서 포로를 붙잡았을 경우를 생각해보자. 항복한 적의 운명은 완전히 아군의 손아귀에 있다. 조금 전까지 아군을 살상하다가 포로가 되었으니 이 적군은 증오의 대상이다. 게다가 포로를 죽이지 않고 관리하는 것은 대단히 성가신 일이다. 지켜줘야 하고 먹여줘야 하고 온갖 수발을 들어줘야 한다. 귀찮고 밉살스러운 데다 자기 수중에 들어온 존재이니 모조리 죽이는 게 간편하고 자연스러운 전략 같아 보인다. 그래서 모든 포로를 참살하는 것이 진화적으로 안정적인 전략이라고 여겨졌다. 구석기 시대에는 인간 집단 간의 전쟁이 이런 양상을 띠었다고 한다. 과연 '포로 살해'는 진화적으로 안정적인 균형일까?

마음씨 착한 돌연변이 지휘관 하나가 포로를 죽이지 않고 돌봐준다면 어떤 일이 벌어질까? 포로를 관리하느라 전력이 분산되고 식량이 분산되고 그 결과 전쟁에서 패하여 도태되었을까? 그런데 생각지도 못한 반전이 일어난다. 전투에서 죽음은 누구나 가장 두려운 것이다. 죽음을 피할 수만 있다면 피하고 싶다. 이제까지는 패배해도 죽음, 포로가 되어도 죽음이었다. 그런데 이제는 항복을 하면 패해도 죽지 않는다는 것이 알려졌다. 그 관대한 지휘관을 상대로 전투를 벌이게 된 군대는 그 지휘관이 포로를 죽이지 않는다는 것을 안다. 이전에는 패색이 짙은 부대도 결사항전을 벌였다. 포로가 되어도 어차피 죽으니까. 그런데 이제는 사정이 다르다. 전세가 기울면 패색이 짙은 부대의 병사들이 하나둘 항복하기 시작한다. 그러면 전투가 더 빨리 끝나고 승리한 군대의 사상자는 줄어든다. 이는 생각지 못한 이점이었다.

만약 빠른 항복으로 인한 이점이 포로 관리에 따른 불리함보다 크다면, 포로 살해가 더는 진화적으로 안정적이지 않다.

국제법인 제네바 협정에 따라 포로 살해는 이제 엄격하게 범죄로 인정된다. 이것은 전쟁의 비인도적 측면을 막기 위한 제도적 개선 노력의 결과다. 그러나 만약 포로 살해가 진화적으로 안정적인 균형이었다면 제네바 협정은 사문화되었을 가능성이 크다. 이것이 죽은 조문이 아니라 실제 효력을 미치는 규정으로서 살아남은 것은, 앞서 설명한 대로 포로를 죽이지 않는 것이 현실적 이점을 가지기 때문이다. 이러한 구조로 인해 제도적 노력이 효과를 발휘하는 것이다.

진화적으로 안정적인 전략이 불안정하게 바뀌는 경우
- 또 다른 전략을 부가하라

재산권의 진화 사례 역시 진화적으로 안정적인 전략이라는 문제에 매우 시사적이다. 어떤 종의 동물들이 집터를 찾다가 같은 집터를 놓고 마주쳤을 때 택할 수 있는 전략은 싸우는 것과 회피하는 것, 즉 매 전략과 비둘기 전략으로 나뉜다. 매 전략은 상대도 같은 전략으로 나올 경우 패할 위험이 있고 이기더라도 다칠 위험이 있다. 그렇다고 비둘기 전략으로 물러난다면 집을 차지하지 못한다. 어떻게 하는 것이 최선일까?

두 전략 중 하나를 택해봐야 둘 다 이롭지 못하다. 두 전략을 혼합하는 것이 가장 유리하다. 예를 들어 확률적으로 어떨 때는 매 전략을 어떨 때는 비둘기 전략을 쓰는 것이다. 그래서 운이 좋으면 싸우지 않고 집을 차지하고, 어떤 때는 둘 다 도망쳐 남 좋은 일을 하기도 하지만, 여러 번 시행해본 뒤 얻은 기댓값은 둘을 혼합하는 경우가 가장 높았다. 즉 확률적 전략이 진화적으로 안정되었다는 뜻이다. 오로지 매 전략만 쓰는 돌연변이나 비둘기 전략만 쓰는 돌연변이는 오래가지 못한다.

그런데 이렇게 확률적 전략을 쓰던 집단에 새로운 종류의 개체가 나타났다. 그는 전혀 다른 전략을 쓴다. 바로 '조건부 전략'이다. 그는 이렇게 한다. 내가 먼저 집터에 도착했으면 싸운다. 그러나 상대가 먼저 집터에 도착해 있으면 물러난다. 이것은 무엇인가. 바로 '영역 행동'이다. 영역 행동 전략은 홈 그라운드 어드밴티지 전략이라 할 수 있다. 내가 홈그라운드에 있으면 적극 공격하고 어웨이 그라운드에 있으면 소극적 태도를 보이는 것, 즉 물러나는 것이다.

모두가 매와 비둘기의 혼합 전략을 쓰고 있을 때 한 개체가 영역 행동 전략을 써서 이익을 본다. 주사위를 굴려 전략을 택하기보다는 조건을 정해서 행동한 것이 더 나은 결과를 가져온 것이다. 더욱이 다른 이들이 추종하지 않아 혼자 돌연변이 노릇을 하더라도 이익을 얻는다. 안중근 의사가 후손을 남기지 못해 도태되는 것과는 상황이 다르다. 나는 남들이 가지 않는 길을 간다. 그런데 그것은 희생자의 길이 아니라 내가 잘되는 길이다. 그런 나를 보고 누군가가 나의 전략을 따라 한다. 그러면 그도 이익을 본다. 이렇게 되면 이 집단 전체에 영역 행동 전략이 확산되기 시작한다. 그리고 결국 영역 행동 전략이 모든 개체의 행동을 지배한다. 이제는 영역 행동 전략이 진화적으로 안정적인 것이 된다.

그 전까지만 해도 매-비둘기 혼합 전략이 진화적으로 안정적인 전략이었다. 왜 그랬을까? 영역 행동 전략이라는 대안이 없었기 때문이다. 전략 대안이 하나 추가됨으로써 게임의 규칙이 바뀐 것이다. 전략의 추가는 이처럼 안정성에 변화를 준다.

전략은 결코 완전하게 열거될 수 없다, 즉 전략은 무한하다

앞서 예로 든, 포로를 살려준 지휘관의 이야기는 착한 행동은 희생이 뒤따른다는 오랜 관념에 의문을 제기한다. 착한 행동으로도 과연 이익을 볼 수 있을까? '착하다'와 '악하다'의 구분만 생각하면 문제가 쉽게 풀리지 않는다. 왜 더 이익이 되는 전략이 뒤늦게 나타났을까? 전략이란 개체들이 만들어 내는 것이고, 개체들의 진화가 전제되어야 하기 때문이다. 진화는 가죽, 털, 이빨, 발굽, 꼬리와 같은 신체만 만들어내는 것이 아니다. 진화는 전략을 만들어낸다.

모든 종류의 동물이 영역 행동을 하는 것은 아니다. 영역 행동을 하려면 조건부 전략이라는 것을 이해할 수 있어야 한다. 상황을 판단하고 그 상황에 따라 행동을 바꿀 수 있어야 하는 것이다. 아예 눈이 없는 미생물의 경우라면 누가 집터에 먼저 왔고 늦게 왔는지를 판단조차 할 수 없을지 모른다. 그렇다면 영역 행동은 나타날 수 없다. 영역 행동이라는 전략을 수행하려면 누가 먼저 도착했는지를 인지할 수 있어야 하고, 그 인지 판단에 따라 자신의 행동을 결정하는 프로그래밍 능력이 있어야 한다. 만약 기억력이 없는 동물이라면 자신이 이전에 집터에 먼저 도착했을 때 어떻게 했는지도 기억 못하고 또 조건에 따라 어떻게 행동하기로 했는지도 잊어버릴 것이다. 이래서는 조건부 전략을 구사할 수 없다.

분명한 것은 전략은 결코 완전히 열거될 수 없다는 것이다. 매 전략과 비둘기 전략, 이렇게 두 전략이 있을 때는 세상에 전략이 두 가지뿐인 것으로 보였다. 그러나 조건부 전략이 등장하자 또 다른 전략이 있음을 알게 된다. 포로 살해가 대다수 선택이었을 때 포로를 살려준다는 것은 아예 머릿속에 떠오르지도 않았을 수 있다. 즉 이 경우에는 살해가 너무 당연한 것으로 선택의 여지가 없었다. 그러나 살해하지 않는 일을 하는 사람의 등장으로 의외의 이익이 발견되면서 이것이 새로운 전략으로 인지된다.

아무리 모든 경우의 수를 생각하고 망라해보아도 전략 대안을 미리 다 열거하고 확정할 수는 없다. 전혀 생각지 못한 전략이 나올 수도 있지만 대개의 새로운 전략은 기존 전략을 조합함으로써 불어난다. 영역 행동 전략도 매 전략과 비둘기 전략을 조합해서 나온 것이다. 이러한 조건부 전략은 무한히 많을 수 있다. 예를 들어 몸의 크기를 대보아 더 크면 매 전략을, 작으면 비둘기 전략을 택하는 식이다(상어가 이런 행동을 한다고 한다). 전략의 조합에는 끝이 없다.

이익을 가져오는 돌연변이, 혁신
- 새로운 전략의 창조

'진화적으로 안정적인 전략' 개념을 '혁신'이라는 문제에 적용해보자. 정치적·군사적 의인들은 자신의 목숨과 재산 등을 희생해 전체를 위해 행동하는 경우가 많았다. 그러나 혁신가들은 좀 다르다. 그들은 기존의 안정적 전략을 불안정한 것으로 바꾸면서 자신 또한 이익을 보는 전략을 창조해낸다. 새로운 진화적 안정 전략의 후보들을 만드는 것이다. 그것이 바로 혁신이다.

산업에서 혁신은 혁신가를 불이익에 처하게 만들지 않는다. 혁신은 애초 전체의 이익을 위해 자신을 희생하는 행동이 아니다. 자기가 잘되자고 하는 이기적 행동이다. 그런데 혁신은 기존의 전략 대안이 고정된 상태에서 승리를 얻기 위해 힘을 기르는 방식이 아니다. 혁신은 새로운 전략 대안을 추가해 게임의 틀 자체를 바꾸는 행동에 가깝다. 아마도 이렇게 구분할 수 있을 것이다. 기존의 전략 대안 아래서 승리하기 위해 힘을 길러나가는 것이 점진적 혁신이라면, 새로운 전략 대안을 창조해 게임의 틀 자체를 바꾸는 것이 급진적 혁신이다.

그런 면에서 벤저민 마셜의 정기선 전략은 전략 대안 창조의 좋은 예다. 포로를 살려주는 전략처럼 얼핏 보면 자기에게 해가 될 것 같던 이 전략은, 화물주들에게 정확한 출발 시간을 미리 알려준다는 새로운 발상으로 경쟁 우위의 원천이 되었다. 이 새로운 전략으로 게임의 틀이 바뀌었고 이후 모든 해운사의 보편적 전략, 즉 진화적 안정 전략으로 굳어졌다.

정치에서 전체를 고려하는 방식과 경제에서 전체를 고려하는 방식에는 차이가 있는 것 같다. 전 국민에게 좋은 일을 함으로써 공공의 이익을 높일 수 있을 때 정치는 리더를 선발하여 그에게 강제력을 부여한다. 그렇게 하지 않으면 현재의 진화적 안정 전략인, 사람들의 이기적 행동을 극복할 수 없기 때문이다. 정치 권력은 죄수의 딜레마를 극복하기 위해 모두에게 협조를 강요하고 교육하고 사회화한다. 그래도 따르지 않는 개체는 벌한다.

경제는 전체를 해치는 이기적 행동을 하지 않으면서도 자신에게 이익이 되는, 새로운 전략을 모색하는 방식을 택한다. 만약 모든 전략 대안이 미리 주어져 있다면 자기에게도 이익이 되고 전체에도 이익이 되는 전략이 이미 진화적 균형으로 자리 잡았을 것이다. 그러나 전략 대안은 시간의 전개에 따라 점차 다양화한다. 이 다양화는 혁신하는 주체들의 노력으로 가능하다. 전략을 하나 더 갖는 것은 그 집단의 역량에 달렸다. 전략은 수고와 노력의 결과물이다. 영역 행동이 나타날 때, 포로 수용이 나타날 때, 그리고 정기선이 나타날 때 모두 최초의 대담하고 용감한 전략 창조자가 있었다.

급진적 혁신이 급진적이기만 할까?
- 역량 강화와 게임체인징

그런데 이렇게 생각하면 급진적 혁신과 점진적 혁신이 칼같이 구분되는 것 같다. 그러나 생각해볼 점이 있다. 새롭게 창조된 전략이라고 해도 외계에서 떨어진 듯 전혀 새로운 것은 아니었다. 앞서 게임이론의 사례로 살펴보았듯 조건부 전략은 기존 전략의 재구성이다. 즉 기존 전략의 조합을 통해 나타난다.

이처럼 구성적 혁신이라는 것도 있다. 세상에 없던 것을 만들어내는 근원적 혁신과 달리 기존의 혁신들을 결합해 새로운 것을 만들어내는 것이다. 보는 관점에 따라서는 이것을 점진적 혁신이라고 볼 수도 있겠다.

이렇게 전략이 무한히 많다는 것, 그리고 새 전략이 과거 전략의 조합으로부터 온다는 것은 점진적 혁신과 급진적 혁신 간의 거리가 생각보다 가깝다는 의미일지 모른다. 화물이 가득 차야 출발하던 배를, 정해진 시간에 출발시키는 것은 과연 얼마나 혁신적일까? 그저 한 걸음 진전했을 뿐이라고 생각할 수도 있다.

전략의 창의성은 새 전략이 기존 전략과 얼마나 다르냐 하는 것으로 평가할 수 없다. 오히려 새 전략이 기존 전략과 얼마나 다른 성과를 내느냐가 더 중요한 기준이다. 그런데 새로운 전략은 생각해내기도 힘들지만, 그것이 어떤 효과를 낼지 상상하기는 더더욱 어렵다. 아마도 벤저민 마셜은 정기선 운항의 결과가 어떨지 매우 노심초사했을 것이다. 여러 명의 플레이어가 참여하는 게임 상황이라 다른 이들이 무슨 생각을 하는지, 어떻게 반응할지 예측하기가 쉽지 않아서다.

그나마 정기선 혁신은 성과가 즉시 나타난 경우이고, 부품 표준화는 아주 오랜 시간이 걸렸다. 결과를 미리 판단하기가 어렵다. 지나놓고 보면 이런저런 이유를 붙일 수 있다. 그러나 막상 전략을 선택하는 입장에서는 그것을 미리 확실히 예측하고 실행에 옮기기란 불가능에 가깝다.

내가 새로운 전략을 구사했을 때 상대방이 어떻게 반응할지 추적하는 것은 가장 고차원적인 상상력을 요한다. 이것은 바둑의 수읽기와 통한다. 생각이 계속 가지를 쳐나가기에 힘들다. 이런 수읽기가 힘들기 때문에 사람들이 기존 전략에 순응하는 것일 수 있다.

정기선 전략을 창안할 때 벤저민 마셜은 화물주가 정해진 출발 시간에 결집할 것으로 보았고 그의 예상은 틀리지 않았다. 존 홀은 표준화가 대량생산으로 이어질 것으로 생각했으나 여러 가지 여건상의 제약으로 인해 그의 예상은 빗나갔다. 부품 표준화에 기반한 대량생산은 100년 뒤에야 이루어졌다. 그 시기를 정확하게 예측하는 것은 불가능하다. 새로운 규칙의 창조가 새로운 산업과 경제와 체제를 만들어내더라도 이처럼 그 방식과 속도에는 큰 차이가 있다. 이런 면에서 홀은 너무 앞서간 선구자로서 역사의 희생자처럼 보인다. 그러나 그의 아이디어가 미국의 산업, 더 나아가 2차 산업혁명을 견인한 핵심 요인이었음에는 의심의 여지가 없다.

 PART 3

혁신이 실패할 때

: 안트러프러너와 사회 :

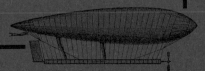

우리가 계획대로 무사히 화성에 도착한다면 우리는 인류 역사에서
가장 흥분되는 과학 탐사의 새로운 단계를 시작할 것입니다.
만약 우리가 실패한다고 해도, 우리는 어둠 속으로 사라지겠지만,
여러분은 (우리의 뒤를 이어) 다시 빛을 찾을 수 있을 겁니다.
_ 넷플릭스 드라마 〈인류의 새로운 시작, 마스(MARS)〉에서 화성 탐험대장 벤 소여의 대사

우리는 늘 신기술이 등장해 구기술을 역사의 뒤안길로 사라지게 하는 과
정 속에 살아왔다. 흔한 예로 범선 대 증기선, 마차 대 자동차, 필름 카메라
대 디지털 카메라의 대결에서는 신기술이 이겼다. 그렇지만 신기술이 늘 이
길까? 헬륨가스를 이용한 비행선, 초음속 여객기 콩코드, PDP TV는 한때
급속도로 확산되던 신기술이었으나 얼마 못 가 모두 소멸하고 말았다.

시장에 등장했던 수많은 신기술 중 대부분이 도중에 좌초하여 퇴출된다.
사람들은 익숙한 것을 지루해하지만 새로운 것은 경계한다. 새로운 것을 창
조하기란 정말 어렵다. 그뿐 아니라 그렇게 만들어진 새로운 것이 사람들에
게 받아들여지기는 더욱 어렵다. 온갖 물리적·사회적·심리적 장벽이 신기
술을 막아선다. 그래서 그토록 오래 인간은 경제적·기술적 정체 상태에 머
물렀던 것이다.

산업혁명 이후 혁신이 대세가 된 뒤로도 새로움이 겪어내야 할 어려움은
사라지지 않았다. 새로운 것의 창조가 쉬운 일이 되지도 않았고 익숙한 것
을 편애하는 우리 성향도 그대로였다. 그런데도 왜 혁신은 멈추지 않았을
까? 특허나 지적재산권 같은 인센티브 덕분일까? 물론 그것도 하나의 요인
일 것이다. 그러나 새로움의 위험, 실패로 인한 추락을 모두 보상할 정도였는

지는 의문이다.

산업혁명의 동력 중 가장 중요한 것이지만 합리적 설명이 통하지 않는 그 혁신의 동기에 대해 이야기를 좀 해봐야 할 것 같다. 새로움에 대한 열정과 몰입이 그것이다. 실패의 고통을 극복하는 데 돈이나 명예 같은 외적 보상은 결코 충분하지 않다. 여기에는 어떤 비범한 캐릭터, 즉 인생을 성공이나 실패라는 결과의 잣대가 아니라 그 일이 흥미로운가 아니면 지루한가 하는 과정의 잣대로 보는 독특한 성격이 필요하다. 실패의 결과가 굴욕과 고통이라면, 그리고 이것이 지켜보는 사람에게까지 부정적 영향을 미친다면 아마 인류는 산업혁명을 뼈아픈 과오로 인식하고 다시는 시도하지 않았을지 모른다.

봉준호 감독의 2013년 영화 〈설국열차〉에는 열차를 벗어나 새로운 기회를 찾으려다 그대로 얼어 죽은 사람들의 이야기가 나온다. 열차는 1년에 한 번씩 이들의 시신을 지나치는데, 승객들은 이들을 비웃고 조롱하면서 아무것도 시도하지 않으면서 열차 안에 머물러 있는 스스로의 지혜로움을 뿌듯해한다. 인간의 역사도 이렇게 되었을 수 있다. 혁신에 실패한 사람이 겪는 굴욕과 회한은 상상 이상이다.

이제 우리는 라이트 형제보다 먼저 동력 비행에 도전했던 새뮤얼 랭글리의 이야기를 통해 실패가 얼마나 쓰디쓴 것인지 다시 확인해볼 것이다. 그러나 〈설국열차〉의 얼음동상과 달리, 랭글리는 뒤를 이은 혁신가들을 좌절시키기에 충분한 경고가 되지 못했다. 불과 몇 년도 지나지 않아 라이트 형제가 항공기 시대로 가는 문을 활짝 열었으니 말이다. 뒤를 이어, 마틴 스콜세

영화 〈설국열차〉의 한 장면. 차창으로 얼음동상이 된 사람들이 보인다. 선생님은 학생들에게 이 광경을 가리키며, 경멸하듯이 또는 경고하듯이 "겨우 저기밖에 못 갔어요"라고 말한다.

지 감독의 2004년 영화 〈에비에이터(The Aviator)〉의 실제 주인공인 미국 항공업의 기인 하워드 휴스를 다룬다. 그는 영화 〈아이언맨〉의 히어로 토니 스타크의 현실 모델로서, 실패보다 지루함을 훨씬 더 두려워하던 인물이다. 그는 자신이 저지른 실패를 부끄러워하거나 거기에 위축되지 않고 공개적으로 당당하게 변호했다. 대중도 그에게 호응했다.

　도전적이지만 위태로우며 예측 불가능한 이런 캐릭터들을 어떻게 받아들일 것인가? 이들의 위태로운 행보는 성공보다는 실패로 더 자주 이어진다. 실패를 빌미로 사회로부터 이들을 축출해야 할까? 아니면 감싸 안아야 할까? 말썽 없이 우수한 성과를 내는 모범생들만 있었다면, 주어진 경계선을 위태롭게 넘나드는 문제아들이 없었다면 산업혁명은 일어나지 않았으리라고 단언할 수 있다. 모범생보다는 문제아를 위해 더 고민이 필요하듯 급진적 혁신가, 특히 그들이 저지른 실패를 어떻게 다룰 것인가 하는 문제야말로 근대 산업사회의 가장 중요한 과제다. 이제 그들의 실패 이야기와 그 실패에 대한 사회의 대처가 어땠는지 살펴보기로 하자.

새뮤얼 랭글리(Samuel Langley, 1834~1906)

미국 매사추세츠 출신의 저명한 천문학자다. 1867년 알레게니 천문
대장 및 현 피츠버그 대학의 교수가 되었다. 20년간 재직하면서 태양
의 적외선 스펙트럼 등 천문학적 연구 업적을 다수 쌓았다. 1887년 스미스
소니언협회 소장이 되었다. 말년에 동력 비행기 연구에 몰두하여 개발 비용 일부를 정부로부터 지
원받기까지 했으나 1903년 두 번의 시험비행에서 실패했다. 정부는 유인 비행기가 시기상조라 판
단하고 지원을 종료했으며, 랭글리는 3년 후 심장마비로 사망했다.

새뮤얼 랭글리,
은발의 혁신가

저명한 과학자의 마지막 도전

라이트 형제가 무명의 자전거포 주인일 때 새뮤얼 랭글리는 저명한 과학자로서 스미스소니언협회(Smithsonian Institution) 소장이었다. 라이트 형제와는 비교조차 할 수 없을 정도로 명성이 자자한 인물이었다. 그가 비행기에 관심을 가진 것은 나이 쉰이 넘어서였으며, 비행기 엔진을 개발한 것은 예순이 가까울 때였다. 랭글리를 직접 만나고 자서전에 기록을 남긴 영국의 문호 러디어드 키플링(Rudyard Kipling)은 그의 나이에 놀랐던 모양이다. 자서전에서 키플링은 랭글리를 "한 노인(an old man)"이라고 지칭한다.[1]

이미 혁혁한 과학적 업적을 달성한 그가 은퇴할 시기에 순수과학이 아

랭글리의 증기 구동식 에어로드롬(Aerodrome) No. 5가 1896년 5월 6일 무인 비행에 성공한다. 오른쪽은 벨이 촬영한 사진이다.

닌 기술적 테마에 몰입했다는 점이 이채롭다. 아니나 다를까, 저명한 과학자의 도전은 당시에도 사회적으로 많은 관심을 끌었다. 과학과 문명에 대한 낙관론이 팽배하던 19세기 말 '비행'은 인류사회의 큰 화두였다. 《뉴욕타임스(The New York Times)》는 한 기사에서 "유인 비행은 이제 공상에서 현실적 가능성의 세계로 들어왔으며 1900년 이전에 성공한다면 이는 19세기의 가장 위대한 업적이 될 것"이라고 쓰고 있다.[2] 당시 분위기를 짐작할 수 있다.

이미 폭발력 있는 이슈에 국가대표급 과학자가 개발 리더로서 선두에

1 Stephen B. Goddard (2009). *Race to the Sky: The Wright Brothers Versus the United States Government*. McFarland. p. 90.

2 Norriss S. Hetherington. "The Langley and Wright Aero Accidents: Two Responses to Early Aeronautical Innovation and Government Patronage". in Roger D. Launius (Ed.) (1999). *Innovation and the Development of Flight*. Texas A&M University Press.

나섰으니 스포트라이트가 집중되는 것은 당연한 일이었다. 랭글리는 수차례 무인 비행 실험을 한 끝에 1896년 드디어 성공을 거두었다. 전화기의 발명자로 알려진 알렉산더 그레이엄 벨(Alexander Graham Bell)이 이 실험을 지켜보았다고 한다. 온 사회의 이목이 랭글리의 일거수일투족에 쏠렸다. 곧 1900년이었고 랭글리는 이미 예순을 넘긴 나이였다.

성공에 대한 기대와 압박

'저명한 과학자'라는 이미지는 랭글리에 대한 신뢰감을 쌓기에 충분했으며 성공하리라는 기대감도 고조되었다. 그러나 무인 비행기와 유인 비행기는 차원이 다른 이야기였다. 훨씬 집중력이 요구되는 작업이었고, 이미 60대 중반을 바라보는 랭글리로서는 체력적으로나 재정적으로나 부담스러운 일이었다. 비행의 성공 가능성을 확신하지 못하는 정부로부터 재정 지원을 얻을 수 있을지도 미지수였다.

이 시기, 미국과 스페인 사이에는 전운이 감돌고 있었다. 이것이 상황을 급변시켰다. 조종사를 태운 비행기가 적진 위로 날아갈 수 있다는 전망이 정부의 구미를 당긴 것이다. 정부 측과 랭글리 측 가운데 누가 먼저 제안했는지는 확실치 않으나 막후 접촉이 이루어졌고 회의적이던 정부는 마침내 랭글리의 프로젝트를 지원하기로 결정했다. 후일 대통령이 되는 시어도어 루스벨트(Theodore Roosevelt)는 당시 해군장관으로 재직 중이었는데 그가 이 결정에 중요한 역할을 했다고 한다.

이제 막 무인 비행기를 1마일 정도 날리는 데 성공했을 뿐이었다. 빠른 시일 안에 사람을 태우고 몇 시간 이상 비행할 수 있는 기체를 개발해야 했다. 그러나 너무 일찍, 너무 큰 기대를 품고 정부는 5만 달러를 지원금으로 책정했다. 이 결정이 내려졌을 때 이미 미국과 스페인의 전쟁은 시작되었다.

5만 달러는 당시에 어느 정도 가치를 지닌 금액이었을까? 사실 이 금액은 국방 예산의 0.1%에 불과한 것이었다. 언론의 관심과 달리 정부가 실제로 감당한 위험부담은 미미했다. 액수가 적어서였는지, 이 예산은 의회의 승인 절차도 거치지 않고 곧바로 집행되었다. 하지만 그것이 후일 문젯거리가 된다.

유인 비행기 개발에서 손을 떼려 했던 랭글리는 예산 확보를 계기로 다시 전면에 나서게 된다. 그러나 애초 유인 비행기에 대한 기대감을 촉진했던 스페인과의 전쟁은 너무 빨리 끝나버렸고, 어느새 19세기도 지나가버렸다. 유인 비행이 19세기의 가장 위대한 업적이 될 것이라던《뉴욕타임스》의 논조는 비관적 톤으로 바뀌어 있었다. 보통 사람들이야 두말할 나위도 없었다. 당시 일반인들은 인간이 하늘을 난다는 것 자체를 망상으로 여겼다.

대중은 변덕스럽다. 저명한 과학자 랭글리를 믿어보자는 의견도 있었지만, 되풀이되는 실패로 냉소적 분위기가 커졌다. 1903년 8월 8일, 무인이긴 했지만 실물의 4분의 1 크기인 동력 비행기가 27초 동안 300미터 비행 끝에 포토맥(Potomac) 강에 추락했다. 랭글리의 조력자였던 찰스 맨리(Charles Manly)는 이를 두고 '성공한 실험'이라고 주장했다. 얻고자 하는 데이터를 모두 얻었고 비행기의 주요 부위가 전혀 파손되지 않았다는 것이다. 그러나 신문의 헤드라인은 "잠수함이 된 비행선(Airship

AIRSHIP AS A SUBMARINE

Langley Machine Makes Brief
Flight Over the Potomac.

Defect in Steering Gear Sends It Below
Surface of River—Outsiders
View Device.

Special to The New York Times.
WASHINGTON, Aug. 8.—The model of
the Langley flying machine was launched
into the air and landed in the water
at 9:35 o'clock this morning at Wide-
water, Va. The flight was a failure,
but the machine was in the air thirty sec-
onds and traveled 1,000 feet. It had been
calculated that the power generated would
carry the machine three miles in an ab-
solutely straight line. A defect in the steer-
ing gear sent the machine downward and
into the Potomac River with great force.
The flight was made against the wind,
which was blowing four miles an hour.
The Government photographer made more
than twenty snapshots of the machine in
the air. When the tug and row boats were
sent out to drag for the wreck and raise
it out of twenty feet of water, the soldier

1903년 8월 8일, 랭글리는 실물의 4분의 1 크기 모델로 비행 실험에 나서지만, 다음 날
《뉴욕타임스》에는 "잠수함이 된 비행선"이라는 제목의 기사가 실린다.

as a Submarine)"이었다.

랭글리는 이때부터 강한 심리적 압박을 느꼈던 것으로 보인다. 공중
을 빠른 속도로 날아가는 비행체는 균형을 잡기가 대단히 어렵고, 이 문
제를 개선하려면 장기간에 걸친 수없이 많은 실험이 필요했다. 개발 초
기부터 대중의 관심에 노출된 랭글리의 프로젝트는 일거수일투족이 신
문 기사가 되는 상황이었고, 이는 개발자로서는 달갑잖은 환경이었다.
더구나 국가 예산까지 투입된 상황이라 정부가 그저 제3자로만 머물 수
도 없게 되었다. 언론의 비난은 정부 입장에서도 민감한 문제였다.

위대한 과학자의 위험한 도전

8월 8일의 실험 이후 10월 7일 전격적으로 유인 비행이 시도되었다. 이번에는 랭글리의 조력자 찰스 맨리가 직접 조종간을 잡았다. 맨리는 지난 8월 실험이 성공적이라고 언론에 강변한 바 있다. 불과 2개월 만에 일정을 다시 잡았다는 것은 어쩌면 지난번 실험이 실패가 아니었음을 가능한 한 빨리 입증하고 싶은 조바심 때문이었을 것이다. 그러나 과연 두 달 만에 모든 것이 완벽하게 준비되었을까?

이 비행은 당시 대중·언론·정부 모두의 최고 관심사였다. 마침내 10월 7일, 호기심은 고조되었고 전국의 이목이 포토맥 강변에 쏠렸다. 맨리는 시동을 걸었다. 비행기가 힘차게 트랙을 달려나갔다. 그러나 트랙 끝에 다다르자마자 비행기는 수직으로 추락하며 강물에 빠졌다. 다행히 맨리는 기민하게 비행기를 빠져나와 물 위로 떠올랐다. 배에서 대기하던 신

1903년 10월 7일, 전국의 이목을 포토맥 강변으로 집중시킨 최초의 유인 비행 실험은 실패로 끝나고 말았다. 오른쪽은 조종을 맡았던 찰스 맨리와 랭글리가 함께한 모습이다.

문 기자가 그를 구했다.

간신히 목숨을 건진 맨리는 정신을 차릴 새도 없이 몰려든 취재진을 상대해야 했다. 맨리는 일단 논평을 거절했다. 그러나 취재진은 아무 말도 하지 않으면 자신들이 내린 결론을 기사화하겠다고 위협했다. 그제야 맨리는 이것이 최초의 유인 시험비행이며 비행체 균형에 관한 자신들의 가설이 틀린 것은 사실이지만, 이 결과를 기초로 다음에는 성공할 수 있다고 말했다. 신문은 다시 이를 "비행 기계의 참사"라는 제목으로 기사화했다. 맨리의 변명에도 불구하고 실험은 완벽한 실패였다.

《워싱턴포스트(The Washington Post)》는 "10년 동안 정부 지원을 받은 과학자의 하늘을 나는 기계는 결코 날 수 없을 것"이라고 썼다.[3] 랭글리는 과학자였을 뿐 언론을 어떻게 다뤄야 할지 몰랐다. 그는 조수 맨리에게 언론을 상대하도록 했고 자신은 언론과 직접 접촉을 하지 않았다. 참을성 없고 전문성이 부족하며 악의적 비난과 풍자를 가볍게 던지는 언론에 랭글리는 이내 정나미가 떨어졌다. 그는 언론을 무시하는 태도를 보였으며, 이것이 결국 그에게 독이 되었다. 시험비행이 얼마나 오랫동안 꾸준히 지속되어야 하는지를 대중에게 이해시키며 시간을 벌 필요가 있었으나 그는 그렇게 하지 않았다. 그 때문에 언론의 타깃이 되고 말았다.

타깃이 된 것은 랭글리만이 아니었다. 예산을 지원한 정부 역시 책임을 피해 갈 수 없었다. 국방 예산의 극히 일부분에 불과한 금액이었지만 국고가 투입된 것은 분명한 사실이었다. 정부의 조바심은 다시 돈을 받은 랭글리에게 압박 요인으로 작용했다.

---

3 Roger D. Launius (Editor) (1999). Ibid. p. 7.

랭글리는 최초 유인 비행 실험 실패 후 2개월 뒤인 12월 8일 재도전에 나선다. 랭글리는 지난번 실패의 원인을 알았다고 생각했으나 그것이 확신이 되기에는 역시 너무나도 시험비행이 부족했다. 확인해야 할 가설이 많았으나 이를 검증할 데이터는 너무 적었다. 시험비행 당일, 겨울철 포토맥 강에는 거대한 얼음덩이들이 떠다니고 있었다. 이날도 취재진이 몰렸으며 랭글리 스스로 아마 이것이 마지막 시도임을 예감했을 것이다. 국방부로부터 받은 지원 자금도 바닥이 나서 그는 스미스소니언협회를 통해 조달한 돈으로 비용을 충당하고 있었다.

결국 처참한 실패가 다시 반복되었다. 비행기는 솟구치자마자 바로 추락했으며, 이번에도 맨리는 간신히 비행기를 벗어나 물 밖으로 나올 수 있었다. 맨리는 또다시 대기하고 있던 보트에 의해 구조됐다. 대중의 신뢰는 무너졌다. 모든 노력과 연구가 물거품이 되었다. 혹시나 하고 지켜보던 언론은, 연속된 실패를 근거로 이 모든 시도가 처음부터 헛된 것이었다고 혹평했다.

이것이 마지막 실험이 되어서는 안 되었다. 오히려 더 많은 실험이 필요했다. 반복된 실패를 바탕으로 가설의 폭을 좁히고 더 올바른 비행 방법과 구조 개선이 모색되어야 했다. 그러나 언론의 관심과 정부의 조바심은 검증 과정에서 겪어야 할, 피할 수 없는 수많은 실패 중 하나를 돌이킬 수 없는 참사로 만들어버렸다.

언론의 공격은 랭글리를 완전히 탈진시켰다. 그는 좌절했고 정부는 문제가 더 커지기 전에 서둘러 연구 지원을 중단했다. 《뉴욕타임스》는 "랭글리는 쓸데없는 실험과 예산 낭비로 과학자로서 자신의 위대함을 위태롭게 만들었다"라고 썼다.[4] "끝이 좋으면 다 좋다"라고 하는데, 그렇다면

1903년 12월 8일, 랭글리는 서둘러
재도전에 나서지만 그의 에어로드롬은
또다시 포토맥 강으로 추락하고 말았다.
결국 이것이 그의 마지막 실험이 되었다.
자료: Library of Congress.

랭글리는 이 격언의 정반대 사례가 된 셈이다. 그는 실험이 끝난 지 3년
도 안 되어 1906년 심장마비로 사망했다. 그의 노력이 재평가될 기회를
얻지 못한 채 실패자의 모습으로 세상을 떠난 것이다.

혁신의 실패에 대처하는 사회의 자세

언론의 관심과 정부의 지원은 랭글리에게 득이 아니라 독이었다. 이것
은 동일한 실험에서 성공한 라이트 형제의 경우와 대조적이다. 누구도
주목하지 않은 라이트 형제는 실패의 부담 없이 마음 놓고 실험을 반복
했다. 물론 동력 비행을 하지 못하고 글라이더를 이용했으므로 실험상

---

4 Roger D. Launius (Editor) (1999). Ibid. p. 8.

의 한계는 있었다. 그러나 일단 공중에 뜬 뒤 균형 잡기는 글라이더 실험으로도 많은 것을 확인할 수 있었다.

랭글리의 동력 비행 실험과 라이트 형제의 글라이더 실험은 경영 사례로서도 자주 인용된다. 글라이더 실험은 '빠른 실패(fast failure)', 즉 간단한 시제품(prototype)을 통해 빈번하게 실험하고 실패를 빨리 겪어 제품을 개선하는 전략의 좋은 예다. 반면 랭글리는 흠이 없고 완벽하게 짜여 있고 실패를 피하는 실행 중심 전략의 안 좋은 예시로 쓰인다.[5]

옳은 얘기다. 그러나 더 생각해볼 점이 있다. 랭글리는 왜 실패했을까? 랭글리는 사회와의 소통에서 실패했다. 그의 시도가 실패할 때마다 사회와의 관계가 악화되었다. 실패는 사회적 실망으로 이어졌고, 그러다 보니 랭글리 입장에서는 성공을 시급히 보여줘야 했다. 이것이 사태를 돌이킬 수 없는 파국으로 몰아갔다. 분명 랭글리의 잘못이다. 언론을 그런 방식으로 다루면 안 되었다. 그는 언론과의 소통에서 실패함으로써 언론을 적으로 만들었다. 오직 결과로만 말하겠다는 듯 그는 완벽한 성공으로 사태를 반전시키려 했으나 무리수를 둔 결과를 낳고 말았다.

그러나 랭글리를 둘러싼 이해관계자들에게도 문제는 있었다. 언론은 자신을 무시하는 발명가에게 앙갚음이라도 하듯 자극적인 보도를 했으며, 정부는 예산 지원에 대한 비판만을 걱정했다. 이들에게는 실패를 혁신의 과정으로서 기다려줄 인내심이 없었다. 예컨대 인디애나 주의 국회의원 로빈슨은 "10만 달러 국민의 혈세가 한 교수가 꿈속에서 방황하느라 낭비되었다"라고 말했다. 군수방어위원회(the Board of Ordnance and

---

5 네이선 퍼 (2017. 1). "완벽한 솔루션은 한 번에 안 나와. 일단 만들고 실험하고 부딪혀라". *DBR*.

Fortification)는 과오를 씻어버리려는 듯 1904년 비행 개발 예산 지원을 중단했다.[6]

한치 앞을 내다보지 못하는 여론은 중력이 있는 한 인간의 비행은 불가능하다고 호언장담했고, 무모한 계획을 덜컥 후원했다는 비난 속에 정부 역시 후퇴했다. 혁신과 발명의 시대였던 20세기 초 미국의 정가는 혁신적 프로젝트가 논의될 때마다 "랭글리를 기억하라"라는 한마디로 싸늘히 얼어붙었다. 랭글리는 설국열차가 1년마다 마주치는 얼음동상처럼 혁신에 대한 영원한 경고의 아이콘이 될 것만 같았다.

같은 실패, 다른 대응: 라이트 형제의 경우

그러나 비행을 향한 인간의 도전은 멈추지 않았다. 랭글리의 실패 후 불과 9일 뒤인 1903년 12월 17일 라이트 형제는 신문기자도, 정부나 군 관계자도 없이 역사적인 시험비행에 성공했다. 차츰 세간에 이들의 성공이 알려졌으나 정부와 군은 적극적으로 나서지 않았다. 랭글리의 실패 후유증이 너무도 심각했던 것이다.

하지만 유럽의 경쟁자들도 빠르게 움직이고 있었고 비행기의 군사적 중요성을 무시할 수 없었던 미군으로서도 언제까지나 무관심으로 일관할 수는 없었다. 반면 랭글리의 유령에 사로잡혀 있던 의회는 실패로 인한 책임 문제를 감당할 생각이 추호도 없었다. 혁신의 역사에서 이는 매

---

6 Roger D. Launius (Editor) (1999). Ibid. p. 8.

우 중요한 순간이었다. 임기마다 선거로 평가받는 정치인이 과연 장기적 혁신을 지원할 수 있는가? 근본적 질문이 던져진 것이었다.

한 가지 타협책으로 나온 것이 후불제였다. 즉 민간 개발자들로부터 입찰을 받되 최종 제품에 대해서는 엄격한 요건을 설정하고 이를 충족시킨 제품에 한해서만 비용을 지불한다는 것이었다. 개발자에게 모든 위험을 떠넘기는 불공정한 후불제 R&D였다. 이에 대해 당시의 한 항공 저널은 이렇게 꼬집었다. "이 어려운 요건을 모두 충족시키는 개발자가 누군가 한 사람이라도 있다면 그가 많은 나라의 정부로부터 경쟁입찰을 받게 될 것이다."

정곡을 찌르는 지적이긴 하지만, 당시 미국이 처한 상황을 이해할 필요도 있다. 랭글리의 그림자가 그만큼 길고 짙었다. 실패의 트라우마를 뚫고 이루어진 라이트 형제의 성공은 단지 비행기 개발의 성공만을 의미하지 않는다. 이는 혁신을 다루는 과정에서 실패 트라우마에 빠진 정부와 언론, 그리고 사회를 정신적으로 치유하는 이야기이기도 하다.

당시 미군이 제시한 요건 중 하나는 동승자를 한 사람 태우고 한 시간 이상 연속 비행을 하는 것이었다. 시험비행의 날은 랭글리의 실패 후 5년 뒤로 잡혔다. 마침내 1908년 9월 17일, 오빌 라이트(Orville Wright)는 토머스 셀프리지(Thomas Selfridge) 중위를 태우고 시험비행을 시작했다. 그러나 곧 비행기는 중심을 잃고 추락했다. 오빌은 왼쪽 다리와 몇 개의 갈비뼈가 부러졌으나 셀프리지 중위는 머리에 부상을 입어 끝내 깨어나지 못했다. 확실히 랭글리의 경우는 이에 비하면 매우 경미한 사고였다. 그러나 불과 5년 만에 미국 사회는 실패에 대처하는 다른 모습을 보여주었다.

언론은 이번의 실패가 실수의 결과가 아니라 개발 과정 중의 불가피한 사고라면서 그동안의 노력과 성과를 강조했다. 호의적 여론 속에서 정부는 랭글리가 실패했을 때와는 반대로 라이트 형제에게 추가 실험 기회를 허용했다. 이듬해인 1909년 시험비행이 다시 이루어졌고 이때의 성공으로 미군은 라이트 형제의 비행기 구매를 결정한다.

물론 라이트 형제는 랭글리보다 기술적으로나 처세로나 더 뛰어났다고 볼 수 있다. 랭글리가 한 번의 시험비행으로 모든 것을 증명하려 했다면, 라이트 형제는 공식 테스트 이전에 공개 비행을 통해 대중들에게 비행 모습을 미리 보여주었다. 이로써 대중의 막연한 의심과 불신은 상당히 완화되었다. 또한 정부의 돈을 받지 않았던 것이 이들의 입장을 좀 더 떳떳하게 만들었다. 국고 탕진이라는 비난을 듣지 않아도 되었던 것이다. 유럽 각국의 비행기 개발 경쟁도 이들에게 유리하게 작용했다. 라이트 형제는 유럽, 특히 프랑스에서 기회를 모색했는데, 이는 미군을 조바심나게 만들었다.

혁신가도 성장했지만 사회도 성장한 것이다. 랭글리의 유령에 사로잡혔다고 할 정도로 혁신 노이로제에 걸렸던 미국 정부와 의회는 5년 만에 놀라울 정도로 성숙했다. 이런 점은 경쟁입찰 과정에서도 드러난다. 개발자 중 성공 가능성이 가장 높은 것은 누가 봐도 라이트 형제였다. 그러나 이들의 입찰가는 세 번째로 낮았으며 최저 입찰가 기준으로는 탈락이었다.

당시 육군장관 윌리엄 태프트(William Howard Taft)는 라이트 형제를 구제하고 싶었으나 그렇게 하려면 개발자를 세 팀이나 선택해야 했다. 세 팀이 모두 개발에 성공할 경우 모두에게 비용을 지급해야 하므로 예산이 세 배로 증액되어야 했다. 추가 예산이 동원되지 않으면 라이트 형제가 배제될 수밖에 없는 상황에서 대통령 시어도어 루스벨트가 나섰다. 그는 대통령이 임의로 전용할 수 있는 예산을 동원해 지급을 보증했다. 해군장관 시절 랭글리를 지원했던 루스벨트가 대통령이 된 뒤에는 라이트 형제를 지원한 것이다. 랭글리의 지원을 자신의 과오나 실수로 여겼다면 루스벨트가 또다시 이런 일을 감행할 수 있었을까? 무슨 생각이 었든, 라이트 형제가 성공을 거둔 결과만 놓고 보자면, 그는 대통령으로서 혁신의 지원자 역할을 톡톡히 한 셈이다.

셀프리지 중위의 죽음에 대한 언론의 대응은 놀랄 만한 것이었다. 랭글리의 시험비행과 비교해 많은 것이 달라지긴 했지만 언론의 변화가 가장 인상적이다. 언론의 붓은 혁신의 성패를 결정짓지는 못한다 해도 그 속도를 높이거나 늦출 수 있고 심지어 방향을 틀어놓을 수도 있다. 언론은 셀프리지 중위의 사망을 애도하면서도 이를 라이트 형제에 대한 칼날로 쓰지는 않았다.

앙트러프러너에게는 조력자가 필요하다

혁신가는 약자다. 기존의 지배적 기술 시스템과 맞지 않는 생소한 신기술을 제안한다는 점에서 그는 마이너리티다. 외부 조력이 없으면 살아남을 수 없다. 문제는 수많은 신기술 제안 중에서 참된 것, 즉 옥석을 가려내야 한다는 점이다. 이때 사회가 선구안을 발휘해야 한다. 기술과 씨름하며 밤을 새는 혁신가들이 있다면, 이를 매의 눈으로 검토하여 거부

할지 받아들일지를 결정하는 사회, 구체적으로는 정부·언론·투자자가 있다. 혁신가도 성공과 실패를 겪지만, 사회도 그렇다. 훌륭한 기술을 거부하는가 하면 가짜 기술에 열광해 엄청난 버블을 만들기도 한다.

랭글리는 세상을 속인 가짜 혁신가가 아니었다. 랭글리가 라이트 형제와 경쟁했고 여기서 패배한 것이라는 해석도 사실이 아니다. 이들은 함께 달린 경쟁자가 아니라 이어달리기 팀에 가까웠다. 라이트 형제는 스미스소니언협회의 초청을 받아 기존의 비행 관련 자료를 접했을 때 랭글리의 연구와 실험 결과를 보고 충격을 받았다. 상상 이상으로 엄청난 연구가 이루어져 있었던 것이다. 라이트 형제는 이러한 기존 연구를 바탕으로 한 걸음 더 나아갈 수 있었다.

랭글리를 패배자로 낙인찍은 사회가 라이트 형제를 포용한 것은 지나칠 만큼 빠른 시간 내에 일어난 반전이다. 사회는 랭글리에 대해 오판을 했다. 그 오판은 라이트 형제에게 이르러 교정되었다. 그런 태도가 오늘날의 혁신 국가 미국을 만들었다 해도 과언이 아니다. 모든 것을 혁신가가 이룩하는 것이 아니다. 마지막 열쇠는 사회가 쥐고 있다.

✦ 하워드 휴스(Howard Hughes, 1905~1976)

성공한 재벌 2세 기업가였던 하워드 휴스는 평생 모험적 투자를 그치지 않았으며 중대한 고비를 여러 차례 맞았다. 스스로를 위기에 몰아넣고 문제 해결을 위해 필사적으로 몸부림치는 것을 즐겼던 셈이다. 그는 아버지가 물려준 기계 공장을 모태로 영화, 항공, 전자, 매스컴, 석유 탐사 등 신흥 산업에 과감히 진출했다. 무리한 투자로 번번이 곤경에 빠지면서도 그는 자신의 기업제국을 끝까지 유지했다. 그가 세상을 떠날 때 남긴 유산은 당시 기준으로 15억 달러 규모였다고 한다.

영화 산업의 큰손이었던 그는 공중전 장면을 직접 촬영했고, 항공 산업에 뛰어든 뒤로는 직접 파일럿으로 나서 비행 속도의 세계기록을 경신했다. 그 와중에 여러 번 추락 사고를 당해 목숨을 잃을 뻔했다. 평생 결벽증에 시달렸으며 결혼생활도 행복하지 않았다. 대인기피증도 심해 아내인 진 피터스(Jean Peters)조차 미리 약속을 해야 남편을 만날 수 있었다. 사회적 교류를 일체 끊고 극소수 측근을 통해서만 소통하던 휴스는 멕시코의 한 호텔에서 은둔하다 위독해져 로스앤젤레스의 병원으로 이송되던 중 숨졌다.

06

하워드 휴스,
은둔의 혁신가

세상에서 가장 빠른 파일럿

이미 탄탄한 기업들을 거느린 총수였던 하워드 휴스는 사무실을 지키는 비즈니스맨이 아니었다. 그는 세계 최고 수준의 파일럿이었다. 그가 제작한 영화 〈지옥의 천사들(Hell's Angels)〉(1930)에는 실제 전투기를 사용한 공중전 장면이 등장한다. 2년간의 촬영 기간 중 세 명의 조종사가 사망했고, 휴스 역시 직접 비행기를 몰다가 추락해 뺨 부분이 함몰되는 큰 사고를 당했다.

이후 그는 영화 산업을 떠나 항공기 제조업에 뛰어든다. 자신이 조종할 비행기를 직접 만들기로 결심한 것이다. 그는 1935년 'H-1 레이서(H-1 Racer)'라는 경주용 비행기를 개발했는데, 이 비행기를 타고 시속 563킬

하워드 휴스가 제작한 영화 〈지옥의 천사들〉의 포스터(왼쪽)와
영화 속 공중전 장면들(오른쪽)

로미터로 날아 세계신기록을 수립한다. 뒤이어 북미 대륙 횡단을 시도하
여 기존 10시간이 넘던 기록을 9시간 27분 10초로 경신했다.

　3년 뒤인 1938년, 그는 더욱 야심찬 모험을 시작한다. 찰스 린드버그
(Charles Lindbergh)가 1927년 대서양 무착륙 횡단에 성공한 후 1931년
에 세계 일주 비행이 시도되었는데, 8일과 반나절이라는 기록으로 성공
했다. 2년 후에는 기록이 더 줄었다. 이 시기 항공의 역사는 기록 경신의
경연장이었다. 휴스는 L-14 슈퍼 엘렉트라(L-14 Super Electra)라는 비행
기에 4명의 승무원과 함께 탑승해 뉴욕을 출발한 지 91시간 만에 세계
일주를 완수했다. 이로써 휴스는 각 분야에서 역사를 새로 쓴 선구적 비
행사가 된다.

휴스는 마치 '하늘을 나는 속도광'처럼 점점 더 빠른 속도를 추구했다. 그는 이러한 속도 중독으로부터 평생 벗어나지 못했다. 파일럿만이 아니라 사업가로서, 기술자로서, 투자자로서 그는 쉬지 않고 아찔한 속도감을 느낄 수 있는 모험을 벌인다.

2차 세계대전, 군과의 협력

미국의 기술혁신은 국가, 특히 군대를 빼놓고는 이해하기 어렵다. 총기 제작자 존 홀, 비행기 개발자 라이트 형제가 모두 군수성과 계약하며 혁신의 기회를 잡았다. 파일럿이자 항공기 제조사 사장 휴스 역시 군대와 관계를 맺었는데 이는 어찌 보면 당연한 일이다. 더구나 그가 세계신기록을 세우면서 세계 일주에 성공한 1938년은 2차 세계대전이 발발하기 한 해 전이었다.

1939년 전쟁이 일어났을 때 미국은 즉시 참전은 하지 않았으나 이후 진주만 습격을 계기로 1941년 추축국에 대한 선전포고를 단행한다. 미군은 유럽에 지원 물자를 수송선으로 보냈으나 복병이 나타났다. 나치의 잠수함 U보트(U-boat)가 대서양을 가로막고 미국의 수송선을 무차별로 격침했던 것이다.

이때 새로운 아이디어가 나왔다. U보트가 바다를 가로막고 있다면, 물자를 하늘로 실어 나르면 되지 않는가? 모험을 즐기는 휴스조차 처음 이 아이디어를 들었을 때는 머뭇거렸다.[1] 그러나 모험적 기질이 발동하면서 그는 대형 항공수송기 구상에 몰두하게 된다.

후일 그가 이 일을 벌인 것이 이익 때문인가 하는 문제가 중요한 이슈가 되는데, 적어도 몇 가지 증거는 그의 순수성을 지지한다. 계약 금액은 1,800만 달러로 책정됐는데 개발자 이익을 감안하지 않은 액수였고, 휴스 또한 액수에 연연하지 않았다. 당시는 전시였기 때문에 전략자원으로 분류된 강철과 알루미늄 사용이 제한되었다. 휴스의 수송기는 우선순위에서 밀려 자재 확보가 곤란해졌는데, 휴스는 불평하지 않았다. 그는 목재를 써서 기체를 제작하겠다는 파격적인 아이디어를 낸다.

국가에 부담을 끼치지 않고 헌신하려는 애국심의 발로라고 할 수도 있지만, 불리한 조건이 그의 승부사 기질을 자극했다고 보는 편이 더 자연스럽다. 이젠 돈이 문제가 아니었다. 그는 세상을 깜짝 놀라게 할 기상천외한 아이디어를 실행할 기회를 얻은 것이다. 그리고 이것이야말로 그를 동기부여할 수 있는 유일한 조건이었다.

펼치지 못한 거대한 날개, '멋진 거위'

결론부터 말하면 휴스의 거대 수송기 H-4 허큘리스(H-4 Hercules)는 실패했다. 이 수송기는 2차 세계대전이 끝나고 2년이 되어가도록 완성되지 못했다. 전쟁이 끝났으니 이 거대한 비행기는 이미 무용지물이었다. 정부는 프로젝트를 중단하려 했으나 휴스는 미련이 남았다. 그는 적극적 로비로 수송기가 완성될 때까지로 프로젝트를 연장시켰다. 최초에 책

---

1 Milton L. Schwartz (1983). *The Howard Hughes Flying Boat*, Scenic Art, Inc. p. 21.

정된 예산 1,800만 달러는 이미 소진된 상태였다. 휴스는 프로젝트 연장을 위해 사재 700만 달러를 투자했다.

기한이 연장되었으나 이 역사상 최대의 목조 비행 구조물은 책임 문제를 불러일으켰다. 떠오르지 못한 하늘의 골리앗은 도대체 누구의 잘못인가? 역시 국가 예산이 투입된 것이 문제였다. 국민의 혈세를 낭비한 혁신가를 어떻게 할 것인가? 상원의원 오웬 브루스터(Owen Brewster)가 행동을 개시했다. 1947년 7월 28일, 브루스터는 휴스에 대한 비난 여론을 등에 업고 허큘리스 프로젝트에 대한 의회 청문회를 개최했다.

전쟁에는 사용하지도 못한 어처구니없는 '멋진 거위(Spruce Goose)'에 1,800만 달러의 혈세가 탕진되었으니 휴스로서도 무슨 할 말이 있겠는가. 물론 프로젝트가 끝난 것은 아니었다. '멋진 거위'는 여전히 바다 위에 거대한 몸뚱이를 띄운 채 이륙을 기다리고 있었다. 그러나 과연 이 육중한 나무 비행기가 떠오를 수 있을 것인가.

평소 사람과의 접촉을 피해 집안 깊숙이 은둔하면서 최측근 몇 명 말고는 대화조차 하지 않는 휴스에게 청문회는 엄청난 시련이었다. 그러나 자신의 주장을 펼쳐야겠다고 결심하자 그는 송곳 같은 의원들의 질문에 단호하고도 의연하게 맞선다.

그는 국가 예산을 쓴 것은 사실이지만 단 한 푼의 유용도 없었고 오히려 적지 않은 사재를 쏟아 부었다고 항변한다. 또한 이 비행기가 전시에 활용되지 못했다 해도 미국의 항공 기술 발전에 큰 도움이 되었으며 규모의 한계를 극복한 의미 있는 성과였다고 주장했다. 휴스의 삶을 그린 영화 〈에비에이터〉(2004)에서 그는 청문회 마지막 날 다음과 같이 열변을 토한다. 이는 실제 청문회 기록의 요지와 거의 일치한다.

나는 그리 칭찬받지 못할 일들을 했을지도 모릅니다. 너무 변덕스럽고 바람둥이, 때로는 괴짜라고 불렸죠. 그러나 나는 거짓말쟁이라는 말은 듣지 않았어요. 말할 필요도 없이 허큘리스는 기념비적인 사업이었습니다. 지금까지 만들어진 것 중 가장 큰 비행기죠. 4층 건물 높이에 축구장보다 더 긴 날개를 가졌습니다. 도시의 한 블록보다도 큽니다. 내 인생의 모든 땀, 내 모든 평판을 여기에 쏟아 부었습니다. (…) 브루스터 상원의원, 당신은 나를 소환할 수 있고 체포할 수 있고 내가 모든 것을 말아먹었다고 주장할 수 있어요. 그러나 나는 이런 말도 안 되는 비난에는 넌더리가 납니다.

휴스를 두고 한 점 흠 없는 혁신가라고는 말할 수 없을지 모른다. 무엇보다도 그는 계약을 이행하지 못했다. 또한 군 관계자에게 부적절한 향응을 제공하는 등 불미스러운 일을 벌인 혐의도 있었다. 그러나 그는 파격적 아이디어를 냈고, 대담하게 프로젝트를 추진했다. 허큘리스급의 거대 항공기를 이륙시킨다는 것은 무리한 발상이었다. 그러나 어떤 혁신도 사전에 무리한지 혹은 가능한지를 정확히 예측할 수 없다.

휴스가 기대 이상으로 자신을 잘 방어한 가운데 8월 2일 청문회는 석연치 않은 이유로 연기되었다. 그동안 휴스는 허큘리스를 이륙시키기 위해 마지막 시도를 한다. 그는 청문회장에서 허큘리스가 날지 못하면 이 나라를 영원히 떠나겠다고 공언한 바 있었다. 1947년 11월 2일 휴스는 캘리포니아로 날아가 롱비치에서 직접 허큘리스의 조종석에 앉았다. 그는 이륙을 시도했고 비행기는 물위에서 21미터쯤 떠올라 1.6킬로미터를 날았다. 비행기는 다시 물위로 내려왔고 휴스는 몰려든 기자에게 "실험

2차 세계대전 중 대서양 횡단 수송기로 만들어진 H-4 허큘리스는
1947년 11월 2일 휴스의 조종 아래 처음이자 마지막으로 날아올랐다.

은 성공적"이라고 말했다. 하지만 그는 이 비행기가 하늘을 날 수 없음을
깨달았다.

3일 후 청문회가 재개되어 몇 가지 추가 의혹이 폭로되었지만 결국 청
문회는 11월 22일 종료되었다. 사실상 실패가 분명한 허큘리스의 비행
이 오히려 휴스에게 유리하게 작용했던 것으로 보인다. 그는 명예를 지
켰다. 아마 당시의 미국 사회 역시 낭비된 국가 예산보다 휴스의 대담한
시도에 더 큰 가치가 있음을 인정한 것이 아닐까?

포토맥 강가에서 랭글리가 시험비행을 한 이래로 미국은 끊임없는 혁
신가들의 시도를, 그리고 그들의 성공과 실패를 목격해왔다. 미국의 혁
신 역사는 실패로 점철되어 있으며, 이 나라는 천천히 그리고 꾸준히 실
패에 대처하는 방식을 성숙시켜왔다.

혁신가와 사회의 파트너십

랭글리, 라이트 형제, 휴스는 혁신을 주도하고 그 결과를 대중에게 평가받으면서 영광과 굴욕을 맛보았다. 올림픽에서 금메달을 획득하면 그 선수의 나라 국기가 게양되고 국가가 연주된다. 개인의 영광이 곧 국가의 영광과 연결되는 것이다. 국가대표 선수의 승패는 국민적 반응을 불러일으키는데, 이겼을 때야 별로 문제가 없지만 졌을 때는 그 대응이 까다롭다. 패배한 선수를 질책하고 비난할 것인가? 무조건 감싸 안을 것인가? 선수와 감독을 교체할 것인가? 온 나라가 시끄럽다.

혁신은 스포츠보다 더 심각하고 막중한 문제다. 랭글리의 실패 이후 비행기에 대해 부정적으로 돌아선 미군 때문에 라이트 형제는 많은 어려움을 겪었고 이때 프랑스가 그들에게 접근해왔다. 라이트 형제는 프랑스 공군을 창설하는 데 도움을 줄 수도 있었다. 라이트 형제와 계약하려고 루스벨트 대통령이 전용 예산을 동원하지 않았다면 이들은 프랑스로 갔을지도 모른다. 그렇다면 항공 산업의 판도가 어떻게 바뀌었을지 아무도 모른다. 프랑스인 오노레 블랑의 부품 표준화 아이디어가 미국으로 건너간 것처럼 말이다.

소수의 혁신가가 아이디어를 내고 이를 개발한다. 혁신가는 무대 위의 공연자이고 사회는 관객과 같다. 그러나 이때 관객은 단지 수동적 존재가 아니다. 정부·여론·대중으로 이루어진 사회는 혁신의 또 다른 파트너다. 이들은 혁신가를 살릴 수도 있고 죽일 수도 있다. 그런 의미에서 혁신가는 인큐베이터에서 보호받아야 하는 미숙아라고도 할 수 있다. 기존의 지배적 기술은 신기술을 일종의 병원균으로 취급하고 제거하려 한다. 따라서 외부 조력 없이는 신기술을 살릴 길이 없다.

영국 서섹스 대학의 마리아나 마추카토(Mariana Mazzucato) 교수는 기존의 관료적 정부와 혁신가적 기업이라는 이분법에 이의를 제기한다. 그는 저서 《기업가형 국가》에서 역사적으로 중요한 혁신을 조사해보면 국가는 시장의 실패를 보정하는 정도의 소극적 역할이 아니라 시장 자체를 창출하는 훨씬 적극적인 역할을 해왔다고 주장한다.[2] 시장의 마이너리티인 안트러프러너들은 혼자서 해낼 수 있는 일에 한계가 있다. 시대를 바꿀 성도의 근본적 혁신이 초래하는 리스크는 국가가 아니면 감당하기 어렵다.

이 주장에 완전히 동의하지 않는다 하더라도 '혁신'이라는 이름의 무대를 지켜보고 있는 관객, 즉 사회와 정부가 중요하다는 점에는 이론의 여지가 없다. 그들은 안트러프러너의 공연을 보고 단순히 반응을 보일 뿐이지만, 이것이 결국 혁신의 경로를 좌우한다. 이는 국가대표 선수의 스포츠 경기보다도 더 중요하다. 경제와 산업의 미래를 결정짓기 때문이다.

혁신가의 파트너로서 사회의 첫 번째 임무는 가짜 혁신가를 구별해내는 것이다. 진정한 기술 없이 세상을 교묘하게 속이는 사기꾼이 의외로 많다. 몇 년 전 피 한 방울로 200여 가지 질병을 진단해낸다는 메디컬 스타트업 테라노스(Theranos)가 화제를 일으킨 바 있으나 이는 결국 사기로 판명 났다. 저명한 언론과 투자자들이 모두 속았다. 경영 전략이라는 핑계로 정보를 선별적으로 공개하는 방식으로 진실을 가리기는 점점 더힘들어질 것이다. 대중은 기술과 비즈니스에 대해 더 많은 것을 알아내

---

2 마리아나 마추카토 (2015). 《기업가형 국가》. 김광래 역. 매일경제신문사.

야 하고 터무니없는 거짓말이 통용될 수 없도록 공부를 해야 한다.

　그러나 이에 못지않게 중요한 것이 있다. 진짜 아이디어를 가진 혁신가가 실패했을 때의 반응이다. 실패했을 때 진짜 혁신가와 사기꾼은 외관상 구별하기가 매우 어렵다. 약속을 지키지 못했다는 점에서는 똑같다. 오빌 라이트가 추락했을 때, 이것이 말도 안 되는 아이디어의 처참한 말로인지, 비행 기술을 테스트하는 과정에서 어쩔 수 없이 감수해야 할 오류인지 판단하기란 결코 쉬운 일이 아니다. 이 어려운 판단을 사회의 막중한 임무로서 받아들일 필요가 있다. 신기술의 소비자이든 투자자이든 협력업체이든, 아니면 정부의 산업정책가이든 입법가이든 우리는 이제 점점 더 다양한 신기술과 만나게 될 것이다. 그리고 크든 작든 신기술에 대한 판단과 대응을 해야 한다. 신기술 벤처에 투자를 할 것인가, 말 것인가? 신기술을 반대하는 캠페인에 찬성할 것인가, 말 것인가? 특정 신기술을 후원하는 정책에 찬동할 것인가, 그 반대 진영을 지지할 것인가?

　구매나 투표를 통해 시장 또는 사회의 일원으로서 하나의 의견을 낼 수도 있고, 더 나아가 주도적으로 캠페인을 벌이거나 전문가로서 의견을 표명하거나 정책을 결정할 수도 있다. 이 모든 일이 혁신 활동 그 자체만큼 중요하다. 혁신은 '미래' 외에는 의지할 곳이 없다. '현재'는 혁신에 적대적이거나 최소한 비호의적이다. '현재'는 우리 눈앞에 있지만 '미래'는 아직 오지 않았다. 미래는 오직 미래를 상상하고 연구하고 원하는 우리들의 마음속에 있다. 이러한 마음만이 혁신가의 실패를 이해하고 손실을 나누며 지속적 후원을 이끌어낼 수 있다.

　안트러프러너가 안전하고 신중한 혁신에만 치중했다면 산업혁명은 없었을 것이다. 그와 똑같이 우리가 성공에만 환호하고 실패를 냉대했다면 우리 시대의 산업혁명 역시 없었을 것이다. 혁신가와 사회는 같은 밧줄에 묶인 두 알피니스트와 같다. 이익을 함께 나누려면 위험도 함께 감당해야 한다.

기존 기술에 익숙해져버린 사회는 어떻게 엉뚱하고 대담한 안트러프러너의 상상력을 이해하고 후원할 수 있을까? 외계어처럼 들리는 미래의 비전을 어떻게 알아들을 것인가? 아무리 비약적이고 급진적인 기술 혁신이라도 그 뿌리는 기존의 기술 속에 있다. 끊어지지 않는 연속성을 사회 전체가 놓치지 말아야 한다. 랭글리를 후원했다가 실패를 맛보았던 대통령 루스벨트가 다시 한 번 라이트 형제를 후원했듯이, 기술이 발전하는 경로를 놓치지 않고 추적할 수 있는 관심과 노력이 절대적으로 요청된다. 이 점은 이 책의 "Part 6. 산업혁명과 과학"에서 다시 논의해볼 것이다.

 PART 4

산업혁명의
정치학

아이디어는 길과 같다……
새로 발견된 오솔길의 통행권을 최초 발견자가 독점한다면,
큰길은 결코 생겨나지 않을 것이다.
_ 루이 루아느(Louis Rouanet)[*]

'시장'은 경제 문제를 해결하는 가장 효율적이고 이상적인 메커니즘으로 알려져 있다. '정부' 같은 특정 의도를 가진 주체가 억지로 만들기보다는 각자 알아서 하도록 방임하는 것이 가장 좋다는 이야기다. 여기까지는 인정할 수 있다. 그렇다. 시장은 경제 문제를 해결한다.

그러나 시장이 없는 경우에는 어떻게 할까? 근세 이전에는 시장이 거의 없었고 지금도 상당수 개도국들은 시장 시스템이 취약하다. 여기서 중요한 질문은 이것이다.

"시장을 시장에서 살 수 있을까?"

아쉽게도 시장은 시장에서 살 수 없다. 즉, 시장 원리를 가지고 시장을 만들 수 없다. 자유방임이 최선이라는 '보이지 않는 손'의 교리는 이미 시장이 잘 기능하는 경우에는 타당하다. 하지만 시장이 없으면 이 교리는 성립하지 않는다. 시장이 미발달한 상태에서는 각자 이익을 추구하도록 방임한다 해

---

[*] Louis Rouanet (2015), "Michel Chevalier's Forgotten Case Against The Patent System", *Libertarian Papers*. Vol. 7, No. 1. pp. 71~92. 저자가 파리 정치대학 석사과정 때 쓴 것으로, 현재는 조지메이슨 대학 박사과정에 재학 중이다.

도 시장이 저절로 형성되지 않는다. 왜 그럴까?

장터만 펼쳐주면 저절로 시장이 형성될 것 같지만 시장은 그러한 물리적 공간보다 눈에 보이지는 않지만 훨씬 중요한 인프라를 요구한다. 바로 재산권의 보장이다. 재산권이 보장되지 않기 때문에 동물 세계에는 시장이 없는 것이다. 치타가 애써 잡은 영양을 하이에나가 강탈해가도 치타는 신고할 경찰이 없다. 그냥 막 빼앗아도 되는 세계라면 어떻게 물건을 진열해놓고 거래를 할 수 있겠는가? 정정(政情)이 불안한 저개발국에서 시장이 잘 형성되지 못하는 이유다.

불명확한 재산권을 확정하는 과정 그 자체가 정치다. 무엇이 누구의 것인가를 맨 처음 정할 때, 다툼은 피할 수 없다. 애매한 것을 결정하려는 힘겨룸이 있는 곳에는 어디에나 정치가 있다. 일단 확정이 되면 이의를 제기하기가 힘들어지기 때문에 모든 정치 현장은 치열할 수밖에 없다. 갖가지 수단과 방법이 동원되는 것이다. 게임의 룰이 뒤바뀌는 산업혁명도 바로 그런 전장이었다고 볼 수 있다.

산업혁명의 전장에서 특히 중요한 역할을 한 것은 유형의 재화에 대한 권리보다 지식에 대한 권리, 즉 지적재산권이었다. 산업혁명은 기술혁명이자 과학혁명이다. '항해 중에도 정확성을 유지하는 시계' 개발에 현상금을 내건 것이 서구 산업화의 출발이었다는 이야기가 있을 정도로 발명과 혁신에 대한 인센티브는 결정적 요소였다. 그러나 지식과 정보를 재산으로 보는 시각은 지식의 발전을 제약하기도 한다. 왜냐하면 지식을 재산으로서 보호해 주는 것은 지식의 가장 큰 무기인 외부효과,[**] 즉 네트워크 효과를 억제하기 때문이다. 지식에서 재산권 보호와 네트워크 효과는 트레이드오프로 맞물려 있다. 네트워크 효과를 장려하면 지식의 재산권이 약화되어 최초 개발자의 인센티브가 저하된다. 반대로 지적재산권 보호를 강화하면, 지식의 교류와 시너지를 통한 새로운 지식의 창출 효과가 저하된다.

이 파트에서는 지적재산권을 둘러싼 논란과 갈등의 한복판에 있던 두 사람을 다뤄보려 한다. 한 사람은 산업혁명 최대의 발명에 대한 특허를 보장해주고자 의회에서 싸웠다. 또 한 사람은 특허가 지식 소통을 가로막아 기술 발전에 저해가 된다는 주장을 펼쳤다. 산업혁명이 태동하던 순간부터 지

[**] 어떤 행위의 수행이 의도치 않게 다른 사람에게 영향을 주기도 하지만 그에 따른 대가 지급이 상호 간에 이루어지지 않는 것을 말한다.

적재산권이라는 문제는 '태풍의 눈'이었다. 실제로 재산권의 경계를 어떻게 설정하느냐는 한두 명 발명가의 성패를 가르는 것에 그치지 않고 산업혁명 전체의 행로를 뒤바꿔놓을 수 있었다. 기술혁신이 성공하기 위해서는 그에 부응하는 제도의 혁신이 요구되는 까닭이 여기에 있다. 특허 제도의 초창기부터 뜨거웠던 지적재산권 논쟁의 현장을 찾아가보자.

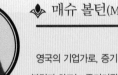

🔹 매슈 볼턴(Matthew Boulton, 1728~1809)

영국의 기업가로, 증기기관을 발명한 제임스 와트의 사업 파트너다. 볼턴과 와트는 증기기관을 개발하고 이를 수백 개의 공장에 설치함으로써 산업혁명을 본격화했다고 평가된다. 그 결과 볼턴은 와트와 함께 영국의 최고액권인 50파운드 지폐의 도안 인물이 되었다.

버밍엄의 중소 제조업자의 아들로 태어난 볼턴은 타고난 사업가였다. 장식재 사업 등에서 성공을 거두었으며 당시로서는 선구적으로 마케팅에 탁월한 감각을 보였다. 그는 증기기관의 미래를 간파하고 1775년 제임스 와트와 파트너가 되었다. 1800년 증기기관 특허가 만료되면서 와트와 함께 은퇴하였으나 주화 제조업에 매진하여 만년에도 바쁜 나날을 보냈다. 신장결석으로 고통을 겪다가 61세 나이로 사망했다.

매슈 볼턴,
산업 로비스트의 원조

산업혁명의 관포지교, 매슈와 제임스

매슈 볼턴은 역량과 수완을 겸비한 사업가였다. 버밍엄 소호(Soho)에 위치한 그의 대규모 공장은 오늘날의 '기업 전시장'과 유사한 개념으로 사람들이 관람할 수 있도록 디자인되었다. 공장을 방문한 사람들 중에는 유력 인사도 많았는데, 그중에는 당대 최고 권위의 영어사전을 편찬한 영국의 대표 지성 새뮤얼 존슨(Samuel Johnson)도 있었다. 존슨과 함께 전시장을 방문했던 제임스 보즈웰에 따르면, 볼턴은 예의 바르면서도 자신감 넘치는, 산업 세계의 새로운 리더로서 존슨에게 강렬한 인상을 남겼다고 한다.[1]

그런데 사실 기업 외부에서 이루어지는 소통은 상당수 안트러프러너

매슈 볼턴의 소호 공장
자료: by Francis Eginton, 1773.

에게 어려운 일이었다. 볼턴은 이 방면에서 타고난 커뮤니케이터였다. 오늘날의 마케팅 또는 대외관계 관리의 원조라고도 할 수 있겠다. 그런 그가 제임스 와트를 만난 것은 와트의 행운이자 더 나아가 산업혁명의 행운이라 할 수 있을 것이다.

볼턴과 와트의 동업은 우여곡절 끝에 이루어졌다. 와트는 이미 1769년에 증기기관의 특허를 얻었으며 존 로벅(John Roebuck)이라는 발명가 겸 사업가가 이 특허권을 공동 소유하고 있었다. 와트의 증기기관 기술의 가능성을 확신한 로벅이 와트를 재정적으로 지원하는 대신 특허로부터 얻는 수익을 공유하기로 했던 것이다. 그런데 로벅이 광산 투자에 실패하면서 빚더미에 올라앉았다. 로벅의 채권자였던 볼턴은 전부터 주목

---

1 James Boswell, John Wright (Ed.) (1853). *The Life of Samuel Johnson: Including a Journal of His Tour to the Hebrides*.

볼턴 & 와트 사의 증기기관이 설치된 소호 공장 안의 모습
자료: Louis Figuier (1867). *Les Merveilles de la science ou description populaire des inventions modernes*. Furne, Jouvet et Cie. Tome 1.

하던 증기기관 특허권을 요구했다. 이렇게 해서 볼턴은 와트의 새로운 파트너가 되었으며 1775년 '볼턴 & 와트(Boulton & Watt)' 사를 설립했다. 산업사에 길이 남을 우정이 시작되는 순간이었다.

그러나 문제가 있었다. 와트는 증기기관을 획기적으로 개량했으나 이것이 양산되고 실용화되려면 더 많은 연구와 노력이 필요했다. 당시의 제철 및 제조 기술로는 와트가 의도한 정도의 정밀성을 확보하기가 어려웠다. 그런 이유로 시장에서 증기기관의 제품화는 지연되고 있었다.

1769년 발효된 특허는 만료 기간이 15년으로 볼턴 & 와트 사가 설립된 1775년 시점에서 보자면 남은 기간이 10년도 채 되지 않았다. 볼턴이 보기에 추가적 제품화 기간을 빼고 나면 특허 혜택을 볼 수 있는 기간이 없는 것이나 마찬가지였다. 볼턴은 당시 자신이 주도하던 단추 사업이 상당히 잘되고 있어서 증기기관 따위는 잊어버리고 본업에나 전념할까 잠시 고민하기도 했다. 심사숙고 끝에 그는 증기기관에 베팅하기로 결단을 내린다. 세계사를 뒤바꿀 결단이었다. 그러나 사업가인 볼턴이 싸우러 나선 전장은 시장이 아니었다. 그의 전장은 의회였다.

특허 논쟁: 매슈 볼턴과 에드먼드 버크

1775년 2월, 볼턴은 의회에 와트의 증기기관 특허 연장을 위한 법안 도입을 요구한다. 이것은 '특허 전쟁'이라 불릴 정도로 뜨거운 논란을 야기한다. 이미 15년이라는 기간을 보장받은 특허에 대해 또다시 기간을 연장해달라는 것은 특례를 인정해달라는 요구로 비쳐 논란을 일으킬 수밖에 없었다.

지식은 누군가 개발했다는 점에서는 사적 재산이지만 공유되고 교류되어야 할 공통의 가치이기도 하다. 이 두 측면을 모두 감안하여 일정 기간 동안만 독점권을 인정하는 특허제도가 등장한 것이다. 발명가에게 일정 기간 동안은 수익을 보장해주지만 기간이 끝나면 그 지식이 모두에게 공유되는 방식이다. 그렇게 해서 정해진 보호 기간이 15년이었으며, 이는 산업혁명을 가능하게 한 중요한 제도적 결정이었다. 제도란 한번 정해지면 안정성과 그에 따른 신뢰성이 중요하다. 그런데 이것을 각 사람의 필요나 이익에 따라 임의로 고무줄처럼 늘인다면 어떻게 될 것인가? 대의명분상 볼턴의 주장은 논리적으로 취약할 수밖에 없었다.

예상대로 의회에서는 반대의 목소리가 높았다. 그중 저명한 정치가로 더블린 출신 휘그당(Whig Party) 의원인 에드먼드 버크(Edmund Burke)가 대표적이었다. 이미 수많은 정책 이슈에서 선명한 자기주장으로 명성을 떨치던 인물이다. 그는 볼턴을 사정없이 힐난했다. 이 시기는 사회적으로 자유주의 사상의 영향력이 강했던 때로, 이듬해인 1776년에는 애덤 스미스가 《국부론》을 출간했다. 버크가 보기에 볼턴과 와트는 중세 길드가 누리던 보호와 특권을 다시 요구하는 것이나 마찬가지였다.

그러나 대세는 볼턴에게 유리한 방향으로 움직였다. 버크의 웅변도 이를 뒤집지 못했다. 버크는 그저 법안 통과를 5월로 미루는 데 만족해야 했다. 결국 볼턴은 1784년에 만료될 예정이었던 특허 기간을 1800년까지 연장시키는 데 성공했다. 볼턴은 어떻게 버크의 공세를 감당하며 자신의 목적을 성취했을까? 이 승리는 결코 거저 얻은 것이 아니었다. 막후에서 볼턴의 치밀한 전략이 가동되고 있었다.

비시장전략의 원조, 볼턴[2]

특허 연장 1년 전인 1774년 말, 영국과 식민지 미국 사이에 갈등이 고조되고 있었다. 미국 독립전쟁이 발발하기 불과 1년 전이니 이상할 것 없는 일이다. 이때 사사건건 저항하는 식민지를 압박하기 위해 거의 교역

---

2 B. D. Bargar (1956). "Matthew Boulton and the Birmingham Petition of 1775". *The William and Mary Quarterly*. Vol. 13, No. 1. pp. 26~39.

금지에 가까운 대대적 통상 제재 조치가 취해졌다. 이것은 물론 미국 경제에 타격을 주려는 것이었으나 대미 교역에 종사하던 런던 상인들에게도 여파가 미쳤다. 도산과 실업 사태에 직면한 런던 상인들은 해를 넘긴 1775년 1월 23일 의회에 대미 통상 제재 철회를 요구하는 의회 청원을 제출한다. 런던 상인들의 모임은 의회 입장에선 결코 무시할 수 없는 강력한 압력 단체였다. 이들은 미국에 대한 정치적 이슈와 상업적 이슈를 분리해달라고 요구했다.

이때 유력 정치인 에드먼드 버크가 상인들을 대표하여 이 문제를 들고 나왔다. 그는 단순히 상인들이 입는 경제적 피해 때문이 아니라 자유로운 무역이라는 대의명분을 내세워 통상 제재 철회를 요구했다. 과연 상업적 이익은 정치와는 무관한가? 국가가 어떤 정치적 목적을 추구할 때 상업도 이에 협조해야 하지 않는가? 복잡하고도 미묘한 문제였다.

그런데 런던 상인들이 제재 철회를 요청한 지 불과 이틀 뒤인 1월 25일 버밍엄 상인들의 이름으로 또 다른 의회 청원이 올라온다. 이것은 최초 런던 상인의 요청과는 정반대로 제재를 지속해달라는 내용이었다. 상인들이 지역에 따라 서로 다른 목소리를 낸 것이다. 버크는 이에 대해 버밍엄 상인들이 국가 시책에 더 잘 따라서가 아니라, 대미 교역 비중이 작기 때문에 런던 상인들을 골탕 먹이려는 "피에 굶주린(blood-thirsty)" 동기가 있다며 분노했다. 그러나 과연 그런 의도였을까?

매슈 볼턴이 버밍엄 지역의 대표 사업가란 사실은 이미 말한 바 있다. 버밍엄 상인들의 청원에는 분명 볼턴의 입김이 작용했을 것이다. 볼턴의 노림수는 무엇이었을까? 증거는 없지만 하나의 가설을 구상해볼 수 있다. 당시 영국과 미국의 갈등은 폭발 직전 상황까지 치달았고, 영국 국왕

조지 3세(George III)의 분노 역시 절정에 달해 있었다. 조지 3세는 미국과의 통상을 당장 중단하라고 행정부에 압력을 넣었으며, 수상 프레더릭 노스(Frederick North) 경은 왕의 명령에 토를 달 수 없는 형편이었다.

런던 상인들의 청원과 에드먼드 버크의 주장은 노스 수상을 상당히 곤란하게 만들었을 것이다. 바로 이 시점에 버밍엄 상인들이 제재를 지속해달라는 정반대 청원을 한 것이다. 상인들끼리도 서로 입이 맞지 않는다는 증거였고, 자유로운 무역과 상업적 이익이라는 명분이 크게 약화된 셈이었다. 그 덕분에 딜레마에 빠졌던 노스 수상은 숨 쉴 구멍이 생겼다.

이것이 볼턴의 '큰 그림'이었을 수도 있지 않을까? 런던 상인들의 청원에 찬물을 끼얹은 볼턴은 얼마 지나지 않아 와트의 증기기관 특허 연장 신청을 한다. 과연 대미 무역 제재와 특허 연장이 서로 무관한 이슈일까? 볼턴이 당시의 정치 판세를 정확히 읽고 특허 연장을 위해 정교하게 겨냥된 로비를 했다고 보는 것이 더 합당한 추론일 것이다.

상인 전체의 입장에서는 일종의 배신이라고 볼 수 있는 행위였으며, 자유무역을 지지하던 에드먼드 버크의 분노를 일으키기도 했으나, 볼턴은 일개 의원의 반대보다는 수상의 지지를 얻는 것이 유리하다는 계산을 했던 것으로 보인다. 볼턴을 위해 변명하자면, 대미 교역이 별로 없는 버밍엄 상인들의 입장에서 국왕의 의지에 반하는 청원에 반드시 참여해야 할 의무가 있다고 보기는 어려운 측면도 있다.

어쨌든 볼턴의 탁월한 정치 감각과 상황 판단이 와트의 특허를 연장시켰다. 와트는 앞으로 25년 동안 특허를 보호받을 수 있게 됐고, 증기기관을 '세계를 움직이는 기계'로 만들 시간을 벌었다.

와트의 특허 연장은 독이었나, 약이었나?

와트의 특허 연장이 과연 산업혁명을 앞당겼는가, 아니면 뒤처지게 했는가? 이는 오늘날까지도 논쟁거리다. 특허를 반대하는 쪽에서는 특허 만료로 와트의 기술이 외부로 확산되었다면 더 빠른 혁신이 일어났을 것이라고 주장한다. 그러나 역사에서 가정이란 무의미하다. 특허 연장이 이루어지지 않았을 경우 산업혁명이 어떻게 되었을지 정확히 예측할 방법은 없다.

그러나 분명한 사실은 있다. 만약 와트가 특허를 연장한 직후 대가를 챙기는 데 급급할 뿐 추가 혁신을 게을리했다면 그의 기술을 공개해 다른 혁신가들을 참여시키는 편이 더 나았을 것이다. 하지만 와트는 혁신 작업에 매진했다. 다른 혁신가들이 가세했더라도 와트만큼 해내기는 힘들었을 것이다. 이는 단순한 가정이 아니다. 와트가 특허를 연장하고 나서 그 연장된 기간 동안 지속해서 매우 중대한 혁신을 달성했다는 사실 자체가 이를 증명해준다.

와트는 특허가 연장되자마자 사업에 박차를 가하여 광산에서 원활히 작동되는 엔진을 1년 만에 완성해냈다. 특허가 연장되었다고 해서 결코 해이해지지 않았다는 증거다. 그런데 이야기는 여기서 끝나지 않는다. 증기기관이 광산에서만 활용되었다면 그 시장은 그리 크지 않았을 것이다. 볼턴은 와트에게 증기기관의 범용화를 위한 기술을 개발하라고 조언한다. 상하운동만 가능한 기존의 증기기관을 원운동이 가능하도록 개량하자는 것이었다. 광산에서 물을 끌어올리는 용도로 쓸 때는 상하운동만으로 충분하다. 그러나 그 외 대다수의 공장에서 필요한 동력은 회

뉴커먼 기관을 개선하고자 연구 중인 와트의 모습을 그린 삽화
자료: Louis Figuier (1867). *Les Merveilles de la science ou description populaire des inventions modernes*. Furne, Jouvet et Cie. Tome 1.

전력이었다. 예를 들어, 방적공장과 방직공장 모두 회전운동이 필요했으며 증기기관차와 증기선은 말할 필요도 없다. 볼턴은 증기기관의 수익을 극대화하려면 사용 범위를 더 넓혀야 함을 정확히 꿰뚫어 보았던 것이다.

상하운동을 회전운동으로 전환시키는 장치는 이미 있었다. 고대로부터 이어져온 크랭크(crank)가 그것이었다. 문제는 제임스 피커드(James Pickard)라는 인물이 크랭크를 뉴커먼 기관에 연결해 이에 대한 특허를 받아두었다는 점이다. 만약 피커드의 특허가 없었다면 와트는 바로 크랭크를 장착한 회전용 기관을 시판할 수 있었을 것이다. 그러나 피커드의 특허 때문에 이는 불가능했다. 그 결과 와트는 크랭크를 우회하기 위한 별도의 장치를 개발하지 않으면 안 되었다.

회전식 증기기관은 산업혁명을 본격적인 궤도에 올려놓을 트리거였다. 만약 볼턴의 특허 연장이 의회에서 거부되었다면, 특허 기간 만료 시점인 1784년에 '크랭크식 와트 증기기관'이 만들어졌을 것이다. 반면 특허 연장 후 와트가 아무 일도 안 했다면, 늘어난 특허 기간으로 인해 1800년이 되어서야 크랭크식 와트 증기기관이 나올 수 있었을 것이다. 즉, 혁신이 무려 16년이나 늦춰지는 셈이다.

그러나 이러한 역사적 가정과는 달리 현실의 와트는 놀고 있지 않았다. 그는 피커드의 특허를 우회하기 위해 완전히 새로운 장치를 개발한다. 바로 '태양-행성 기어' 시스템이다. 이것은 2개 기어를 맞물리게 하되 하나가 행성이 되고 다른 하나가 태양이 되어 행성 기어가 태양 기어를 회전하는 방식이다. 이렇게 피커드 특허를 회피한 와트의 회전식 증기기관이 공장에 처음 설치된 해가 1784년이다. 공교롭게도 와트의 첫 번째 특허가 만료되는 해와 같다. 굳이 해석하자면 와트의 특허 연장은 회전식 증기기관을 개발하는 데 플러스도 마이너스도 되지 않은 것이다.

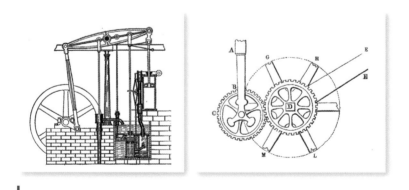

크랭크를 이용한 증기기관(왼쪽)과 와트가 개발한 태양-행성 기어 시스템(오른쪽)
자료: 〈https://commons.wikimedia.org〉; Louis Figuier (1867). *Les Merveilles de la science ou description populaire des inventions modernes*. Furne, Jouvet et Cie. Tome 1.

볼턴(왼쪽)과 와트는 2011년
영국 50파운드 지폐
인물로 선정되었다.

특허 연장의 효과에 대해서는 오늘날까지 논란이 있지만, 적어도 와트
자신은 특허 연장이 기술 진보에 저해가 되지 않도록 최선을 다했다. 이
상의 논의로만 보면, 특허 연장이 기술 진보에 미친 득실을 따지더라도
적어도 실은 아니었다고 말할 수 있다. 백번 양보해도 볼턴과 와트의 특
허 연장이 비난까지 받아야 할 일은 아니라는 생각이다.

모든 재산권이 다 그러하듯 지적재산권을 규정할 때도 정치는 불가피
하게 끼어든다. 그 측면에서 와트는 감각이 무뎠다. 반면, 볼턴은 탁월한
정치적 센스를 발휘했다. 그는 상황 판단에서 예리했고 자신의 행동이
일으킬 정치적 파장을 정확히 예측했다. 그것이 영국 경제와 산업혁명에
큰 이익을 가져왔다. 영국 은행이 50파운드 지폐의 도안 인물을 이 두 사
람으로 선정한 것은 결국 이들의 업적에 대한 공식적 지지로도 볼 수 있
다. 이들은 자신의 이익을 보호하는 데 열심이었던 만큼 그 시대 최고의
기술을 개발하고 구현하는 일에도 전혀 게으르지 않았다. 어떻게 보면
교활하다고도 할 수 있는 볼턴의 의회 로비도 그런 의미에서 탁월한 비
시장전략의 원조 사례로 받아들일 수 있을 것이다.

COURS

D'ÉCONOMIE POLITIQUE

COLLÈGE DE FRANCE,

MICHEL CHEVALIER

TROISIÈME VOLUME

LA MONNAIE

◆ 미셸 슈발리에(Michel Chevalier, 1806~1879)

프랑스의 저명한 엔지니어, 경제학자, 정치가다. 에콜 폴리테크니크를 졸업한 후 생시몽주의 운동에 투신하기도 했으나 이후 자유주의 경제학자로 변신, 콜레주 드 프랑스의 경제학 교수가 되었으며 제2제정기에는 황제의 자문관으로서 정치에도 관여했다. 프랑스의 경제 및 외교정책에서 중요한 의사결정을 내렸으며, 영국과의 통상조약 체결 등 굵직한 업적을 남겼다.

사회를 하나의 유기체로 보는 생시몽주의의 영향으로 네트워크 사회의 비전을 평생 견지했다. 전 세계를 연결하는 다양한 아이디어를 구상하고 추진했으며, 그가 제시한 유럽연합, 화폐통합, 수에즈·파나마 운하, 도버해협 해저터널 등은 그의 사후 모두 실현되었다.

미셀 슈발리에,
네트워크 사회를 꿈꾸다

네트워크 사회의 비전

미셀 슈발리에는 프랑스 최고의 엔지니어를 육성하는 명문 에콜 폴리테크니크(École Polytechnique)를 졸업한 수재였다. 혁명 이래 프랑스 정치는 19세기 내내 격동의 시기를 거쳤는데, 그는 엔지니어, 경제학자, 정치가, 외교관으로서 시대의 최전선에서 한평생 자신의 비전을 추구했다.

그는 에콜 폴리테크니크의 학생 시절부터 공상적 사회주의의 원조라 불리는 생시몽(Saint-Simon)에게 심취하여 약관의 나이에 진보적 잡지 《글로브(Le Globe)》의 편집장으로 활동한다. 과격한 운동권 학생이었던 그는 투옥되기까지 하였다. 이후 19세기 전반 미국 방문의 기회를 얻어 신생국 미국의 인프라 건설 현장을 목격하게 된다. 이를 계기로 슈발리

슈발리에는 젊은 시절 생시몽(왼쪽)에게 심취하여 생시몽주의자들이 주도했던
잡지 《글로브》(오른쪽)의 편집장으로 활동하기도 했다.

에는 평생을 이끌어갈 비전, 즉 '네트워크 사회'에 눈뜨게 된다.

네트워크 사회란 생시몽이 제시한 '유기체로서 사회' 개념과 연결된다. 생시몽은 한 사회가 인체와 마찬가지로 긴밀하게 연결된 유기체라고 생각했다. 우리의 신체 부위들이 신경, 혈관, 근육으로 연결되어 있듯 한 사회도 각 구성 부분이 유기적으로 연결되며 조화를 이루고 있다는 것이다.

슈발리에는 스승의 사상을 조금 더 구체화해나간다. 엔지니어답게 그는 인체의 혈관, 신경, 근육에 해당하는 것이 바로 통신과 교통 인프라라고 생각했다. 이러한 인프라가 단순히 정보와 물자를 실어 나르는 데 그치지 않고 각각의 부분들을 연결해 한 사회의 정체성을 이룬다고 생각한 것이다.[1] 미국의 활발한 인프라 건설 현장을 방문했을 때 그는 스승이

---

1 Juraj Kittler (2014). "Michel Chevalier and the Saint-Simonian Legacy: Early Roots of Modern Cross-National Comparative Communication Research". *The International Communication Gazette*. 76(3): 296~315.

말한 유기체 사회가 실현되는 광경을 직접 목격한 듯했다.

인프라를 통한 네트워크 사회의 건설이라는 비전은 슈발리에가 급진적 사상에서 벗어나 점진적 노선으로 전향하는 계기가 된다. 그는 생시몽 운동 진영을 이탈하여 정부의 요직을 맡기도 했다. 30대에 들어선 그는 경제학의 필요성을 느껴 공부를 시작했고, 30대 중반이 되던 1841년에는 콜레주 드 프랑스(Collège de France)의 경제학 교수로 부임한다. 이 학교는 시장 원리의 근간을 이루는 '세이의 법칙(Say's law)'[2]을 창안한 장 바티스트 세이(Jean-Baptiste Say)가 교수로 재직했던 곳이다. 생시몽주의 엔지니어가 자유주의 경제학자로 변신한 것이다.

그러나 그가 완전한 시장주의자가 되었던 것은 아니다. 그는 생시몽 사상의 일부 유산, 즉 유기체 모델로부터 받은 영향을 버리지 않았다. 그에게 시장이란 단순히 구매자와 판매자가 원하는 재화를 거래하는 곳에 그치지 않았다. 그에게 시장은 혈관이 각 신체 부위를 연결하고 성장시키듯 경제를 하나로 만들고 성장시키는 정보와 자원의 공급원이었다. 이는 경쟁을 통한 균형이라는 순수 경제학 이론과는 다소 거리가 있는 것이다. 그는 사상을 교체한 것이 아니라 융합해가고 있었다.

슈발리에는 40대 중반이 되던 1852년 나폴레옹 3세(Charles Louis Napoléon Bonaparte)에 의해 제2제정이 출범하면서 현실정치에 참여한다. 제정 정부는 국가경제와 산업을 육성하는 일에 적극적으로 개입하고자 방안을 모색하고 있었다. 그로 인해 정책 기조는 사회주의와 거리

---

2 공급(생산)이 스스로의 수요를 창출한다는 말로, 경제 전체의 총공급이 필연적으로 동일한 양만큼의 총수요를 만들어낸다는 법칙.

가 있었으나 산업 발전을 강조했던 생시몽 사상의 일부 주장을 받아들였다. 이런 측면에서 슈발리에는 적임자였을 것이다. 그리하여 제정 정부에 초빙된 그는 국회의원, 황제 자문관 등을 역임하게 된다.

그는 자신의 정치적 영향력을 발휘하여 평소 소신이었던 '네트워크 사회 구현' 정책을 펼치기 시작한다. 국가 이기주의가 네트워크 형성에 가장 중대한 장애물이라 생각한 슈발리에는 나폴레옹 전쟁 이후 계속 적대 관계에 있던 영국과 프랑스의 관계 개선을 적극 추진한다. 그 결과 영국의 정치인 리처드 콥든(Richard Cobden)과 담판을 벌여 1860년 영·프 통상조약을 체결한다. 이것은 국가 간에 맺어진 최초의 통상조약으로, 이후 모든 조약의 모델이 되었다. 특히 이때 적용된 최혜국 대우 조항은 이후의 국가 간 조약에서 기본적으로 따라야 할 글로벌 스탠더드로 자리 잡는다.

영·프 통상조약의 두 주역,
콥든(가운데)과 슈발리에(오른쪽)
자료: John Atkinson Hobson (1919).
Richard Cobden, the International Man. New York: H. Holt and Company; University of California Libraries.

'최혜국 대우'란 한 나라가 다른 나라와 외교 관계를 맺을 때 항상 그 나라가 줄 수 있는 최상의 대우를 보장해준다는 의미다. 이를테면 A국이 B국을 최혜국으로 대우한다는 것은, A국이 만약 C국에 대해 B국보다 유리하고 우호적인 조처를 취했을 때 그 조처가 B국에도 동일하게 적용되도록 하는 규정이다. 이는 국가 간 관계를 네트워크로 이해한 슈발리에의 사상이 반영된 제도라 할 수 있다. 이로써 국가 간 관계가 일대일에 국한되지 않고 다자간으로 확장되며, 모든 국가 간의 상호 관계가 동등해지는 것이다.

슈발리에는 왕정복고, 혁명, 쿠데타 및 제정이라는 정치적 격변 속에서 운동권 리더, 경제학 교수, 고위 각료의 삶을 두루 거쳤다. 때로는 변절이라 비난받을 정도의 급격한 노선 전환을 하기도 했으나 그의 인생은 일관된 목표와 방법론으로 설명될 수 있다. 모든 사회구성원의 삶을 개선하려는 것이 그의 목표였고, 제도와 인프라 구축을 통한 네트워크의 발전이 그의 방법론이었다. 지중해 연합, 유럽의 화폐통합, 수에즈·파나

1832년 발표한
《지중해 시스템(Système de la Méditerranée)》이라는 글에서
슈발리에는 네트워크 사회와 유럽 통합의 비전을 제시한다.

슈발리에가 추진했던 영불해협터널(Channel Tunnel) 사업이 오랜 지연 끝에
재개되어 1994년 마침내 양국이 터널 중간에서 만나는 순간을 포착한 사진
자료: 〈https://www.bechtel.com/〉.

마 운하 구상 등이 모두 그의 이러한 방법론에 기반을 두고 있다.

그는 죽기 1년 전인 1875년 도버해협 해저를 관통하는 터널 사업의 프
랑스 측 대표를 맡았다. 그가 사망한 뒤 여러 가지 이슈로 사업이 중지되
었다가 100년도 더 지난 1994년에야 이 터널은 완공되었다. 그가 구상
한 것들은 상당수 그의 사후에 실제로 이루어졌다. 그의 진정한 꿈인 네
트워크 사회는 여전히 진행형이다.

"지식은 재산이 아니다": 특허에 대한 반대

관세를 반대하고 자유무역을 옹호한 슈발리에가 또 하나 열정을 쏟은
정책 이슈가 있다. 그는 특허에 대해 강력하고도 일관되게 반대 입장을

표명했다. 재산권 확립이 서구 사회에 발전을 가져왔다는 것은 널리 알려진 대로 제도학과 경제학의 주장이다. 슈발리에는 지적재산권을 보호해야 혁신 인센티브가 형성된다는 주장에 동의하지 않았다. 앞서 지식을 일반적 재화로 보기 어려운 점을 이야기한 바 있다. 지식은 긍정적 외부효과를 갖는 일종의 공공재다. 이를 완전히 사유화하면 외부효과가 사라진다. 외부효과는 지식의 생명이다. 외부효과 없는 지식이란 슈발리에가 보기에는 무의미한 것이었다.

19세기는 발명과 발견의 시대로 특허 논쟁이 오늘날 못지않게 뜨거웠다. 슈발리에는 이 시기 가장 열정적인 반특허론자였다. 당시 부르주아 경제학자들이 대체로 재산권을 중시했다는 점에서 이는 이채롭다. 슈발리에는, 특허는 자유로운 경제활동과 인간관계에 중대한 장애물이라고 주장하며 특허제도 폐지를 노예제도 폐지에 견주기까지 했다.

이런 비판은 그의 비전 '네트워크 사회'라는 관점에서 보면 이해하기 쉽다. 슈발리에는 인간이 정보, 지식, 자원, 에너지 등 모든 것을 나누면서 서로가 서로에게 연결됨으로써 개인의 한계를 극복해 보다 나은 인류사회가 된다고 생각했다. 만약 특정 지식과 정보를 해당 개인의 소유로 한정하고 이용할 때마다 제한을 둔다면 네트워크의 활성화란 기대할 수 없을 것이다.

슈발리에는 이러한 문제의식을 더 근본적으로 파고들어 "지식이 과연 재산인가?"라는 질문을 던진다. 슈발리에는 특허제도 자체가 지식은 재산이 아님을 증명하는 것이라고 말한다. '특허'는 일정 기간이 지나면 권리가 만료된다. 일정 기간 뒤 소유권이 사라지는 그런 재산이란 세상에 없다. 특허 만료라는 말 자체가 지식이 재산이 아님을 증명한다는 것이다.

슈발리에는 그 어떤 지식도 누군가의 소유물이라고 말할 만큼 개인적 노력만으로 이루어질 수 있는 것이 아니라고 주장한다. 새로운 지식이란 수많은 사람들이 함께 쌓아올린 기존의 지식과 정보 위에서 만들어지기 때문이다. 상대적으로 내가 조금 더 노력했다고 해도 그 비중은 얼마되지 않으며, 빙산의 일각을 만들었다고 해서 빙산 전체의 소유권을 주장할 수는 없다는 것이다.

지식이란 네트워크 사회를 형성하는 중요한 연결고리인 동시에 그 자체가 네트워크다. 지식은 독립적 지식들의 모임이 아니다. 오히려 서로서로 연결되어 더 큰 네트워크를 이룰수록 더 가치 있고 의미 있는 지식이 된다. 살아 있는 생명체와도 같은 지식을 분할하여 각 부위별로 소유권을 명확히 한다면 그것은 곧 지식 전체를 죽이는 일이 될 것이다.

또한 그는 특허의 폐해를 실증적으로도 증명하고자 했다. 예컨대 당시 화학 산업에서 인정된 아닐린(aniline)에 대한 특허가 독점을 유발하여 이 분야 혁신을 저해했다고 주장했다. 이는 최근의 실증적 연구에 의해 지지되는 바다.

혁신이란 장기간의 누적 과정으로, 단거리 경주보다는 마라톤에 가깝다. 혁신은 초기 단계에는 여러 가지로 불완전하다. 초기부터 이를 특허로 보호하고 외부효과를 차단해버린다면 더 좋은 아이디어가 생성될 기회가 사라진다. 산중의 오솔길을 통행할 권리를 맨 처음 발견한 사람에게만 부여한다면, 이 길은 결코 큰길이 될 수 없다.

슈발리에는 두 가지 사례를 제시한다. 철제 제품을 개발한 알프레드 크루프(Friedirch Alfred Krupp)와 사진의 발명자 중 한 사람인 루이 다게

다게르(왼쪽)와 그가 찍은, 세계 최초로 인물이 등장하는 사진. 다게르가 발견한 새로운 사진 기법 덕분에 사진을 찍을 때 필요한 노출 시간이 8시간에서 20분으로 줄어들었다.

르(Louis Daguerre)인데, 두 사람의 기술 모두에 대해 특허가 주어지지 않았다. 당시 프랑스 정부는 이들의 기술을 공개하여 다른 사람들이 다양하게 적용해보고 추가적 개선 아이디어를 만들어낼 수 있게 했다. 그 결과 철강 산업과 사진 산업이 얻은 이익이 대단히 컸다는 것이 슈발리에의 주장이다.[3]

슈발리에는 또 다른 근거도 제시한다. 과학적 발견과 산업적 발명은 똑같이 많은 노력과 창의성을 요하는 활동이다. 그런데 왜 과학적 발견에 대해서는 경제적 보상을 보장해주지 않는가? 많은 과학적 발견이 산업에 적용되어 커다란 가치를 창출하고 있는데도 말이다. 예를 들어 아인슈타인의 '$E=mc^2$'의 공식이 오늘날 원자력 발전을 가능하게 했지만 이로부터 창출되는 수익이 아인슈타인에게 돌아가지는 않는다. 아인슈

---

3 Louis Rouanet (2015). Ibid. p. 77. 물론 다게르에게는 추후 별도의 연금이 주어졌다고 한다.

타인은 왜 수익도 보장받지 못하는 그 어려운 상대성이론을 힘들게 연구했는가? 과연 경제적 인센티브가 보장되지 않으면 기술혁신이 불가능하다는 말은 진실인가?

와트 대 슈발리에: 무엇이 정답인가?

"재산권 보장 없이는 애착과 열정이 발휘되지 않는다"라는 자본주의의 근본 전제는 신성불가침의 진리가 아니다. 그런 의미에서 슈발리에의 비판은 오늘날에도 유효하다. '특허괴물'이라는 말까지 나올 정도로 전 세계의 기업과 안트러프러너들은 특허전쟁에 시달린다. 보호받아야 할 아이디어가 있는 것은 사실이지만 특허로 인한 폐해에 대한 지적 또한 끊이지 않는다.

'카피레프트(copy left)' 운동은 저작권, 더 나아가 지적재산권 자체를 인정하지 않는 입장을 취한다. 저작권을 인정하지 않으면 누가 힘들게 창작을 하겠는가 하는 것이 상식적 입장이지만, 현실에서는 의외로 많은 부분에서 대가를 요구하지 않는 자발적 창작 활동이 일어난다. 프랑스의 인류학자 레비-스트로스(Claude Lévi-Strauss)는 신석기 시대의 불, 농업, 활, 바퀴는 경제적 이익보다 "항상 깨어 관찰할 줄 아는 호기심, 배우는 것을 즐겁게 생각하는 순수한 지식욕"으로부터 발원했다고 말한다.[4]

지적재산권과 혁신의 관계를 어떻게 이해할 것인가? 이에 대해서는 과

---

4 레비-스트로스 (1996). 《야생의 사고(*La Pensee Saurage*)》. 안정남 역. 한길사. p. 67.

학적 발견에 대한 슈발리에의 언급을 재검토해보는 것이 좋겠다. 왜 아인슈타인의 상대성이론에는 특허를 내주지 않지만 와트의 증기기관, 그레이엄 벨의 전화, 에디슨의 전구에는 특허를 주는가? 여기에 하나의 단서가 있다.

모든 유용한 기술은 수많은 지식의 결합체다. 따로따로 떼어내면 쓸모가 없다. 슈발리에의 이야기처럼 모든 지식은 네트워크다. 그런데 네트워크를 구성하는 지식들은 그 위치와 역할이 제각기 다르다. 어떤 지식은 네트워크의 중심부에 위치하고 어떤 것은 가장자리에 위치한다. 한마디로, 이론적 지식과 응용 지식으로 나뉜다.

아인슈타인의 'E=mc²' 공식은 우주론의 가장 근본이 되는 내용, 질량과 에너지의 개념을 바꾸는 중요한 내용이다. 이 지식은 네트워크의 허브를 이루기 때문에 거의 모든 지식의 '근원'이 된다. 따라서 이 지식이 중요하다는 사실에는 의문의 여지가 없으나 어떤 용도로 쓰일지는 미지수다. 이 공식은 1905년에 발견되었고 원자폭탄이 개발된 것은 그로부터 40년이 지난 뒤였다. 그러나 아인슈타인은 이 공식으로부터 폭탄이 나올 것이라는 확신을 갖지는 못했고 원자폭탄은 굉장히 많은 관련 기술 개발이 이뤄진 뒤에야 가능해졌다. 아무리 중요하고 근본적인 지식이라 할지라도 더 진화한 다른 지식과 연결, 결합되지 않으면 응용 지식을 낳지 못한다는 이야기다.

이론적 중요성을 생각한다면 중심부의 이론적 지식, 이를테면 질량-에너지 공식이 핵심이다. 그러나 이 공식만 존재할 때는 이것으로 폭탄이나 발전소를 만들 수 없다. 과연 이 지식이 가져올 성과를 미리 예측하여 발견자에게 보상을 줄 수 있을까? 네트워크의 중심부에 위치한 지식일수록 그 지식이 어떻게 발전하고 어떻게 활용될 것인지 불확실하다. 그것이 어떤 현실을 가능케 할지 예상조차 할 수 없으니 기대수익을 계산한다는 것은 어불성설이다.

반면, 구체적인 원전(原電) 기술 분야로 오면 여기서는 질량–에너지 공식과 비교할 때 특정 지식의 발전 가능성이 그리 크지 않다. 구체적 문제를 구체적 맥락에서 해결하는 맞춤형 지식이기 때문이다. 그런 면에서 확장성과 파급성은 부족하지만 용도와 효과가 구체적이어서 기대수익을 계산할 수 있다. 더 중요한 것은 이 단계에 이른 지식은 적용 과정에서 자본 투자를 동반한다. 즉, 원전 기술은 머릿속에만 있지 않고 실제 원전 건설과 나란히 간다. 누군가가 자금을 투입했으므로 이때부터는 투자 대비 이익을 고려하지 않을 수 없게 되는 것이다.

순수과학적 발견일수록 정확한 기대효과에 따른 금전적 인센티브 부여가 곤란하고, 보다 구체적인 산업 현장에서 나온 기술적 지식일수록 인센티브가 가능하고 또 필요하다는 이야기가 된다. 이를 영국과 프랑스의 경우로 구분해 생각해볼 수 있다.

제임스 와트가 활약한 무대는 영국의 1차 산업혁명이었다. 사실 증기기관이 발명된 것은 이미 오래전이었다. 당시는 증기기관의 원리 발견이 문제가 아니라 실용화·효율화가 필요한 단계였다. 와트는 기존 뉴커먼 기관의 열효율을 획기적으로 높이는 방법을 찾아내 그 개량 기술로 특허를 얻었다. 더욱이 와트의 개량 기술이 현장에 적용되어 높은 성능과 정확도를 발휘하려면 제조 공장을 실제로 갖춰야 했고 이는 상당한 자금 투자가 수반되는 일이었다. 지식 네트워크의 응용 부문으로서 특허가 중요한 역할을 할 수 있는 상황이었던 것이다.

반면, 슈발리에의 프랑스는 1차 산업혁명이 저물어가고 2차 산업혁명이 태동하는 단계에 접어들고 있었다. 2차 산업혁명은 '과학혁명'이라 불릴 정도로 전자공학, 유기화학, 에너지공학 등 첨단 과학의 중요성이 커지고 산업과 과학이 더욱 긴밀히 연관되던 시기였다. 이때는 현장 기술자들의 경험과 감각에 의존한 기존 기술의 개량보다는 완전히 새로운 과학 원리에 입각한 근본적 혁신이 중요했다. 새로운 과학 지식이 고색창연한 초기 공장을 현대적 일관공정 공장으로 변화시켜야 하는 상황이었던 것이다.

따라서 보다 이론적이고 과학적인 접근이 현장의 응용 기술보다 중시되었다. 프랑스는 이 시기에 앙드레-마리 앙페르(André-Marie Ampère), 샤를 드 쿨롱(Charles de Coulomb) 등의 전기, 앙셀름 파앤(Anselme Payen)과 마셀린 베르텔로(Marcelin Berthelot)의 유기화학 등에서 선구적 업적을 달성했다. 산업 현장의 장인이 주도하던 영국과 달리 과학자의 이론적 연구에 기반한 신산업을 육성하는 것이 프랑스 입장에선 유력한 대안이었다. 슈발리에의 지식 네트워크에 대한 강조는 이런 상황이 반영된 것으로 해석할 수 있다.

'혁신'과 '특허'는 대단히 복잡한 문제이며 4차 산업혁명으로 나아가는 방향을 좌우할 중요한 이슈이기도 하다. 슈발리에의 문제 제기는 오늘날에도 가볍지 않은 의미를 던진다. 이는 정책 입안에서도 좀 더 신중하고 지혜로운 판단이 필요함을 시사하는 것이다.

그러나 무엇보다도 혁신 주체들의 전략이 중요하다. 현재 추진 중인 혁신이 어떤 단계에 있는지 잘 판단해 그에 걸맞은 전략을 선택해야 한다. 내가 추진하는 혁신이 씨앗이나 새싹의 단계로서 잠재력이 크다면 아이디어를 확산시킬 방법을 찾아야 하며 필요하다면 다른 플레이어의 아이디어도 끌어들여야 한다. 그러나 기술적 가능성이 구체화되어 수확을 거두어야 할 단계라면 선제적 투자와 위치 선점 등 수성의 자세로 진입해야 할 것이다.

모든 형태의 지적재산을 부정하는 급진적 카피레프트도, 전 방위로 특허를 살포한 후 사업보다는 소송을 통해 막대한 이익을 챙기는 특허 괴물도 지식을 기반으로 한 미래 산업 발전에 도움이 되지 않는다. 와트 대 슈발리에의 논쟁은 4차 산업혁명 시대에도 여전히 치열하게 진행되고 있다.

조엘 모키어의
'산업에서의 계몽'

　노스웨스턴 대학 조엘 모키어 교수의 "산업에서의 계몽" 주장은 특허 논의와 관련해 이론적 뒷받침이 되어준다. 계몽주의란 산업혁명 이전 유럽의 정치·사회 분야에서 일어난 일종의 정신적·지적 변혁 운동으로, 이성을 중시하고 합리를 추구하며 과거의 미신적·관습적 사고로부터 탈피를 추구한다. 모키어는 계몽의 개념을 산업으로 확장하였다. 산업에서 일어난 계몽이란 어떤 것일까?[*]

기술적 지식의 세 영역

　이를 이해하려면 모키어 교수의 기술 개념을 우선 살펴볼 필요가 있다. 좁은 의미의 기술이란 구체적 생산과정에서 활용되는 일련의 지시문, 루틴, 기법 들의 총칭이다. 즉, '노하우(know-how)'라고 불리는 영역이다. 그런

---

[*] 이하의 내용과 개념은 다음 논문을 주로 참조했다. Joel Mokyr (2005). "Long-term Economic Growth and the History of Technology". Edited by Philippe Aghion and Steven Durlauf. *Handbook of Economic Growth*. Elsvier. B. V.

데 기술이 실제로 작동되려면 이것만으로는 부족하다. "지시문(prescriptive statement)"이 기술적 지식의 전부가 아닌 것이다. 우리가 가전제품을 사용할 때 매뉴얼만 가지고 모든 일을 처리하지 못하는 점을 생각해보면 쉽게 이해할 수 있다.

두 가지 추가적인 요소가 필요하다. 하나는 지시문을 읽고 실행에 옮기는 사람들의 '역량'이다. 지시문을 아무리 구체적이고 자세하게 쓴다고 해도 결국 말로는 표현하지 못하는 부분이 있다. 말로 표현하기 어려운 암묵적 이해, 또는 몸에 밴 숙련도 등이 여기 해당한다. 똑같은 매뉴얼을 가지고도 문제를 잘 처리하는 사람이 있는가 하면 '기계치'라고 할 정도로 전혀 처리하지 못하는 사람이 있게 마련인 것이다.

이러한 암묵적 역량 외에 다른 하나는 기술의 저변에 있다. 그것은 당장 특정한 노하우를 제시하지는 않지만 그런 노하우들의 보편적 원리를 밝히는 과학자들의 이론 체계이다.

기술적 지식의 세 영역

기술혁신의 플랫폼이 된 과학

산업혁명이 과거의 창의적 발명이나 기술혁신과 근본적으로 다른 것은 그것이 '과학에 기반을 둔 기술의 혁명'이었기 때문이다. 과학이 바로 산업혁명을 일으킨 원동력이었던 것은 아니다. 즉, 갈릴레오의 관성의 법칙, 케플러의 행성 운동 법칙, 뉴턴의 만유인력 법칙은 당시로서는 산업적인 시사점이 없었다. 과학혁명은 산업혁명의 뇌관을 때리지 못했던 것이다.

그러나 과학혁명은 훨씬 더 중요한 일을 했다. 과학혁명은 과학 지식을 객관적이고 보편적인 것으로 만들었다. 그것은 용어와 측정 도구의 통일에 의해 이루어졌다. 과학 용어들이 정리되었고, 무엇보다도 척도 원기들이 통일되면서 이제는 어떤 지식의 참과 거짓이 보편적으로 검증될 수 있게 되었다. 고대의 과학 지식들, 예를 들어 "만물은 물로 이루어졌다"라든가 "사물들은 서로 사랑하거나 증오한다"와 같은 것들은 무엇을 의미하는지, 어떻게 검증할 것인지가 애매했다. 그러나 근대의 과학 명제들은 "산소와 수소가 결합하면 물이 된다"와 같이 의미가 명확했으며, 누구나 올바른 절차에 따라 실험을 하면 확인해볼 수 있었다.

소통 가능하고 검증 가능한 지식 체계 위에서 산업 기술이 자리 잡게 됨으로써 기술 발전은 과거와 전혀 다른 길을 걷게 되었다. 기술을 개발할 때 각 기술자의 취지가 비밀스러운 세계에 갇혀 있지 않고 보편적 언어로 표현되고 전달될 수 있게 된 것이다. 과학혁명은 산업혁명 이전에 일어났고, 유럽 대륙은 인류 역사상 최초로(영국만이 아니다!) 광범위한 (이론적) 지식 기반 위에서 기술을 축적해나가게 되었다. 이로써 기술은 과학적 지식의 조합처럼 되었으며, 기술의 개발이란 그와 관련된 과학적 명제를 검증하는 형태를 띠게 되었다. 물질적 조건 향상이 지식의 목표로 설정되고 지식을 전 사회적으로 개방하려는 태도가 확산된 덕분에 이런 변화가 가능했다. 근대과학 이전 시기에 연금술이 횡행한 것은 그 기술을 뒷받침하는 공통의 지식 기반이 매우 협소했기 때문이다.

모든 지식이 이해할 수 있고 검증할 수 있는 명제로 정리되면서 과학과 기술은 급속도로 발전했다. 예를 들어 수차를 개량한 존 스미턴은 수차 개량에서 얻은 경험을 '스미턴 방정식'이라는 과학적 명제로 차후에 정리했다. 그리고 그의 이 이론적 명제는 후일 비행기를 개발하려는 라이트 형제에게 중요한 지침이 되어주었다. 물론 라이트 형제의 실험 과정에서 스미턴 계수의 오류가 드러났지만, 이것은 계수를 정정하면 그만이다. 더 중요한 것은 수차와 비행기라는 극히 달라 보이는 기술도 하나의 보편 명제 사례임이 밝혀졌다는 점이다. 비행기 개발은 스미턴의 방정식을 검증해보는 과학적 실험이었고 이 실험으로 과학도 발전하고 비행기 기술도 함께 발전할 수 있었다.

수차의 효율을 높일 때 드러난 자연의 힘의 법칙은 비행기에서도 같은 효과를 낼 것으로 기대되었다. 기술을 과학적 지식이라는 공통의 플랫폼 위에서 구현되는 것으로 보는 것, 그것이야말로 진짜 혁명이었다. 과학혁명을 과학자들이 발견한 지식이나 이론의 새로움으로만 측정할 수는 없다. 앞서 말했듯 과학을 개방하고 물질적 조건의 개선이라는 목표에 부합하도록 태도를 바꾼 것이 오히려 혁명적이었다.

재산권 보호인가? 무제한 공유인가?

이런 차원에서 영국의 산업혁명을 재조명할 필요가 있다. 우리는 최초의 산업혁명이 항해용 시계부터 와트의 증기기관까지 특허에 의해 촉발되었다는 학설에 익숙해 있다. 중세에 혁신이 부진했던 것은 지적재산권이 보장되지 않았기 때문이라고 여기는 관점이다. 그러나 모키어의 "산업에서의 계몽"을 생각한다면 그렇게 단정 짓기가 곤란하다.

산업혁명은 영국의 특허제도 이전에 서유럽 전반에 퍼져 있던 과학혁명과 계몽운동이라는 지적 풍토의 변화에 뿌리를 두고 있다. 자연과 기술을 묘사하는 공통의 과학 언어는 실제적 기술과 달리 재산권 보호로 만들어진 것이 아니었다. 언어가 생성되는 것은 엄청난 네트워크 효과를 요구한다. 모든 단어와 문법에 대해 재산권을 보호했다면 언어란 형성될 수 없었을 것이다. 마찬가지로 과학혁명도 과학자들이 연구 결과를 바로 과학자 공동체에서 소통하고 그 추가적 적용 및 연구를 허용하였기 때문에 가능했다.

과학의 발전은 지식의 개방을 요구한다. 지식이 검증 가능한 객관적 명제의 형태로 표현되면 소통이 가능해지고 추가적 지식 창출에도 도움을 준다. 한마디로, 지식의 외부효과를 극대화한다. 지식은 배타성이 없는, 다시 말해 남이 그 지식을 안다고 해서 내 지식이 없어지지 않는 대표적 공공재로서, 이 외부효과는 기술 문명의 폭발적 발전을 촉발하는 방아쇠가 되었다.

과학혁명 시기의 과학자들은 왜 아무런 보상도 없이 힘들고 어려운 연구를 수행했을까? 이들이 자기 이익에는 관심이 없는 진정한 이타주의자들이었기 때문일까? 그렇지는 않다. 이들 역시 보통 사람들처럼 자신의 이익을 추구했음을 보여주는 결정적 에피소드가 있다.

뉴턴과 라이프니츠가 '미적분 최초 발견자'라는 영예를 두고 다툰 일이 그 예다. 과학자의 서재에서 일어나는 발견의 순간을 정확히 확정하기란 어려운 일이다. 이들은 자신이 먼저 미적분을 발견했다고 주장하면서 서로를 격렬하게 비난하는 등 볼썽사나운 장면을 연출했다. '최초 발견자'라는 사실이 그리도 중한가? 그때만 해도 미적분이 공학 기술에 적용되어 엄청난 히트 상품을 산출한 것도 아니었으니, 이들이 추구한 이익은 금전적인 것이 아니라 명예였다. 명예 역시 강력한 인센티브가 되는 것이다.

당시의 과학자들은 자연법칙을 발견하는 과정에서 경쟁했으며 여기서 자신의 우월함을 보여주려면 남보다 먼저 발표를 해야 했다. 즉, 특허로 보호받는 게 중요한 것이 아니라 논문이나 서적으로 발표하는 일이 중요했다. 그런데 이것은 재산권 보호가 관계의 장벽이 되는 것과는 정반대 효과를 낸다. 남보다 먼저 세상에 알리려는 경쟁이 지식의 외부효과를 극대화하면서도 개인의 인센티브를 자극했던 것이다. 결과적으로 이런 경쟁이 과학의 발전을 이끌었으며 기술 발달을 촉진하는 지식의 토대가 되었다. 산업혁명 이전 계몽주의 시대에 벌어진 과학혁명은 이렇게 산업혁명의 기반이 되었던 것이다. 모키어는 말한다.

'개방된 과학'이라는 개념 안에서 지식을 공유하려면 방법과 연구대상을 체계적으로 보고할 필요가 있었고, 이는 공통의 용어와 합의된 표준이 필요했다. 이것은 지식에 대한 접근 비용의 뚜렷한 감소로 간주되어야 한다. 이로써 과학적 지식이, 그것으로부터 유용성을 발견할 수 있는 사람들에게 이용 가능하게 되었기 때문이다. 유용한 지식에 새로운 지식을 추가하는 사람들은 영광과 동료의 인정, 명성을 얻게 될 것이다. 이것은 비록 기여도에 비례하는 금전적 보상은 아니라 할지라도 충분히 강력한 동기부여로 작동할 수 있는 것이었다.**

** Joel Mokyr (2005), Ibid, pp. 1113~1180.

과학적 발견을 촉진하는 데 지적재산권의 강력한 작용은 오히려 방해가 될 수도 있다. 특허를 강하게 반대한 슈발리에의 입장은 이러한 관점에서 이해할 수 있다. 당시의 프랑스는 전기나 유기화학과 같은 새로운 첨단 과학에 기반한 2차 산업혁명을 준비하는 단계에 있었다. 과학이 새로운 지식을 형성하는 단계에서는 외부효과가 중요하며 그러하기에 개개의 지식을 독립된 자원이나 재산으로 보는 시각을 어느 정도 절제할 필요가 있다. 하지만 이 지식을 기반으로 구체적 기술이 개발되고 투자가 이루어질 때는 수익의 보장 및 집중된 조직이 필요하다. 그런 측면에서 혁신과 지적재산권 문제를 하나의 통일된 프레임으로 파악하는 것은 적합하지 않다. 지식 형성 과정의 큰 흐름과 맥락을 고려한 접근이 요구된다.

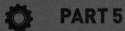

PART 5

여성과
산업혁명

만약 인재 집단의 50%인 여성을 배제하고 사람을 찾는다면,
인재 전쟁이 심화되는 것도 당연한 일이다.
_ 테레사 위트마시[*]

산업혁명은 기존의 생산방식을 완전히 바꾸어놓는다. 생산방식이 바뀌면 노동과정이 바뀌고 일하는 방식, 노동의 성격, 더 나아가 노동자의 삶이 바뀐다. 새로운 기술은 과거의 숙련을 폐기하고 새로운 역량을 요구한다. 이것은 산업의 주역을 뒤바꾸는 결과를 낳는다. 1차 산업혁명은 당시 유통을 지배하던 다목적상인(영어로는 'Factor')으로부터 기계공을 위시한 공장 숙련공에게로 주도권을 옮겼다. 2차 산업혁명은 그 숙련공으로부터 벗어나 공학과 경영학으로 무장한 화이트칼라 사무직과 엔지니어들을 주역으로 부상시켰다. 3차 산업혁명은 비즈니스 모델을 디자인할 수 있는 IT 기반 안트러프러너를 무대에 세웠다. 이러한 변화는 노동력의 인구통계적 구성에도 영향을 미친다. 과거에 주목받지 못하던 계층이 새로운 인력 집단으로 부상하는 것이다. 영국의 산업혁명은 농촌 인클로저(enclosure)로 인해 토지를 잃은 유휴 인력을 공장으로 유입했다. 2차 산업혁명과 함께 등장한 대기업은 학자나 성직자를 양성하던 대학을 산업 역군의 최대 공급처로 만들었다. 4차 산업혁명 역시 노동력과 직업의 판도를 크게 변화시킬 것이다.

이 격변의 와중에 여성 인력은 단연 태풍의 눈이었다고 말해도 좋을 것이

---

[*] Theresa J. Whitmarsh (Executive Director of the Washington State Investment Board). 2016년 다
보스 주제 발표 중에서.

다. 산업혁명의 가장 뚜렷한 현상을 하나만 지적하라고 하면 그것은 '가내 노동에 속박되어 있던 여성이 산업의 주역으로 성장하는 과정'이라고 말할 수 있을 것이다. 전통 경제에서 직업 영역은 대부분 남성의 세계였다. 여성은 가사 노동, 때때로 가내수공업, 기껏해야 남성 노동의 보조 역할에 머물렀다. 그러나 산업혁명으로 여성에 대한 직업 세계의 문이 열렸다. 폭발적 산업 성장 아래 여성 노동력의 기여는 필수 불가결했던 것으로 평가된다.[**]

이후 여성은 산업 내에서 양적·질적 위상을 꾸준히 높여왔다. 어떤 직장에서든 여성은 단순히 부족한 인력을 채워주는 데 그치지 않고 여성만의 독특한 감각, 개성, 능력으로 결정적인 기여를 해왔다. 여성의 산업 진출은, 인력 다양성이 얼마나 중요한가를 보여준 최초의 역사적 사례라 할 수 있다.

4차 산업혁명 시대를 맞아 인력 다양성은 더 강조되는 추세다. 과거 산업혁명에서 여성의 역할을 살펴보는 것은 다양성이라는 주제를 다시 한 번 음미하는 기회가 될 것이다. 1차에서 3차에 이르는 세 번의 산업혁명에서 잊히지 않을 자취를 남긴 세 여성의 일과 삶을 살펴보기로 한다.

[**] Nooreen Mujahid, Sulaiman D. Muhammed & Muhammad Noman (2013). "Economic Growth–Women Labour Force Participation Nexus: An Empirical Evidence for Pakistan", *Developing Country Studies*, The International Institute for Science, Technology and Education(IISTE).

⚜ 루시 라콤(Lucy Larcom, 1824~1893)

미국의 교사이자 시인이고 작가다. 매사추세츠의 평범한 가정에서 태어난 그녀는 아버지의 사망으로 어릴 적부터 생활고에 시달린다. 공장 직원들의 기숙사를 운영하던 어머니는 집안 형편이 어려워지자 결국 어린 루시를 공장 직공으로 보내지 않을 수 없었다. 엄청난 다독가였던 라콤은 공장에서 직원들끼리 만든 사내 잡지 〈로웰 오퍼링〉에 시를 기고하곤 했다. 공장을 그만두고 나서는 교사가 되었으며 시인이자 작가로 미국 문학사에 이름을 남겼다. 그녀가 자신의 소녀 시절을 회상하며 쓴 《뉴잉글랜드에서의 소녀 시절》은 남북전쟁 이전 미국 어린이의 삶을 묘사한 가장 가치 있는 저서의 하나로 평가된다.

루시 라콤,
공장의 숙녀

산업화와 여성 인력

산업화 이전 전통 사회에서 거의 모든 여성들은 가사와 육아에 매여 있었다. 산업혁명 이후 비로소 여성 인력이 산업 부문에 본격 동원되기 시작한다. 이것은 비단 1차 산업혁명만의 이야기가 아니다. 개발도상국이 산업화 단계에 진입할 때마다 예외 없이 같은 일이 일어난다. 가사 부문의 여성 인력이 대규모로 동원되고 이들은 산업 발전에 결정적인 기여를 한다.

그러나 산업에 동원된 여성들을 기다리고 있던 것은 꽃길이 아니었다. 남성보다 못한 처우, 열악한 작업환경으로 인한 고통은 말할 것도 없지만, 또 다른 문제도 있었다. 직장에서 일한다고 해서 여성들이 전통적으

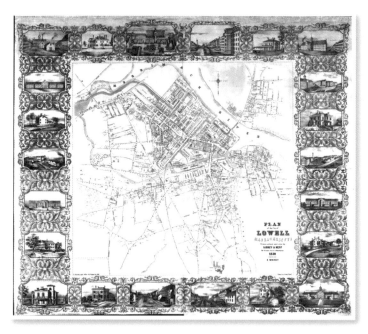

1850년 산업도시로 성장한 로웰 시의 모습(위). 가장자리에 그려진 그림 중
로웰 공장의 전경이 보인다(아래). 프랜시스 로웰의 이름을 딴 로웰 시는
1826년 주변 공장들을 위한 정착지로 개발되었다.
자료: Boston Public Library, Leventhal Map Center.

로 담당해오던 가사 노동에서 면제되지는 않았다. 여성은 가사와 직장 일의 이중고를 온전히 감당해야 했다. 산업화의 문을 연 1세대 여성들이 가장 큰 어려움을 겪었다. 그러나 이들은 이런 시련을 거치며 점차 자신의 위상을 확보해갔고 단순히 인력 부족을 메꾸는 역할에서 벗어나 질적 측면에서도 중요한 역할을 맡게 된다.

특히 미국은 산업화에서 여성의 역할이 두드러졌다. 이민자의 나라인 미국은 19세기 초 산업화를 맞이하면서 노동력 부족에 직면했다. 원주민 인디언을 노동력화하는 것은 여러 가지 요인으로 쉽지 않았으며, 유럽에서 이주해온 인력만으로는 한계가 있었다.

미국 초기 산업화의 주역 중 한 사람인 프랜시스 로웰(Francis Cabot Lowell)도 이 문제에 봉착했다. 그는 영국의 산업혁명을 주목하고 영국에서 기술을 도입하여 1814년 미국 매사추세츠 주 월섬(Waltham)에 직물 공장을 세운다. 공장을 짓는 것까지는 순조로웠으나 로웰은 곧 인력 부족 문제로 고심하게 된다. 당시의 기계가 물론 혁신적인 것이기는 했으나 오늘날의 무인공장과는 거리가 멀었고, 기계를 가동하려면 일손이 많이 요구되었다. 인력 부족이 사업의 결정적 한계로 작용할 수 있는 상황에서 로웰은 아이디어를 낸다. 가정에서 가사를 돌보다 결혼하게 되면 또다시 전업주부로 평생을 살게 될 젊은 여성 인력이 그가 찾은 대안이었다.

여성들을 공장으로 불러들이는 것은 당시의 사회 정서상 거부감이 컸지만 산업화라는 큰 흐름을 막을 수는 없었다. 많은 여성 인력이 가정을 나와 공장으로 갔다. 여성의 산업 참여는 미국의 초기 산업화에 결정적으로 중요한 요인이 되었으며 또한 여성들의 삶과 이들의 사회적 역할에도 커다란 변화를 초래했다.

조숙한 문학소녀와 로웰 걸스

루시 라콤은 매사추세츠 청교도 가정의 열 자녀 중 아홉째로 태어났는데, 딸만 여덟이었다고 한다. 집안은 부유하지 않았으며 그녀가 어릴 때 아버지가 사망해 어머니는 생존한 여덟 자녀를 홀로 키워야 했다. 라콤의 어머니에게는 생계를 이어갈 방법이 마땅치 않았다. 그때 인근에 로웰의 직물 공장이 있었다. 여러 지역의 여성 인력을 다수 고용하던 이 공장에서는 여직공들을 위한 기숙사가 필요했고 라콤의 어머니가 그 일을 맡게 되었다. 그러나 사업 수완이 부족해 가계가 점점 더 어려워지면서 열한 살의 라콤은 학교를 그만두고 로웰 공장에 견습공으로 입사한다.

가난한 청교도 집안이었으나 라콤은 어릴 적부터 학교에 다녔으며, 그녀의 자서전에 따르면 조숙한 독서광이었다. 성서는 물론 당시 유행하던 소설까지 두루 섭렵했다. 때로는 나이에 맞지 않는 어려운 책도 읽었다. 각운 맞추기를 배운 뒤로는 스스로 시를 짓기도 했다. 어린 나이에 학교를 그만두고 공장에 가게 된 것은 큰 충격이었지만, 많은 책을 읽고 생각이 많던 소녀는 불평을 하지 않았다. 공장에서 돌아오면 그녀는 안부를 묻는 가족들에게 "재밌기만 한걸요. 놀이 같아요"라고 밝게 대답해 안심시켰다고 한다.[1]

---

1 Lucy Larcom (1889). *A New England Girlhood*. Houghton; Mifflin Company.

로웰의 공장들은 저렴한 임금의 여성 인력을
대거 고용했고, 그들은 '로웰 걸스'라 불리며
이슈가 되기도 했다.
자료: Center for Lowell History, University of
Massachusetts Lowell Libraries.

프랜시스 로웰은 처음 공장을 건설한 후 불과 3년 후인 1817년에 사망
했지만 그의 파트너들은 계속해서 공장을 발전시켰다. 1840년경에는 전
체 직원이 8,000명에 달했는데 4분의 3이 여성이었다고 한다. 직물 공장
의 노동은 육체적으로 강한 힘을 요구하지 않았기 때문에 당시 통념상
남성의 반값 정도 임금으로 고용할 수 있는 여성이 대거 채용된 것이다.

영국에서 아동노동에 관한 논란을 목격한 로웰 공장은 최대한 사회적
잡음을 일으키지 않기를 원했다. 아동 채용을 억제했을뿐더러 여직원
기숙사에도 엄격한 규율을 적용했고 복지 제도에도 신경 썼다.

수천 명에 달하는 여직공 집단은 사회적으로 제법 이슈가 되었던 것
같다. 아직 남성들조차 기업에 취직하는 일이 드물던 산업화 초기로서
는 이채로운 일이 아닐 수 없었다. 이들은 '로웰 걸스(Lowell girls)'라고 불
리며 사회적 주목을 받았고 실제로 이들의 모습을 보기 위해 공장을 찾

는 방문객이 있을 정도였다. 비록 낮은 급여를 받기는 했지만 로웰 걸스는 한평생 가사에 묻혀 지내야 했던 여성들에게 경제적 독립과 새로운 시대를 보는 눈을 주었다.

이러한 새로운 현상에 대한 사회의 반응은 놀라움과 선망도 있었지만 다른 한편으로는 우려와 폄하도 있었다. 가정의 울타리를 벗어나 사회와 직접 접촉함으로써 여성이 전통적으로 수행해왔던 역할로부터 멀어질 수 있다거나, 당시 사회규범에 적합한 여성다움이 훼손될 것이라는 우려가 적잖이 제기되었다. 또한 회사 측의 엄격한 운영에도 불구하고 이들을 깎아내리려는 근거 없는 음해가 끊이지 않았다. 예를 들어, 로웰 공장 출신 여성들은 결혼을 못한다거나 등등의 이들을 헐뜯는 소문이 많았다. 로웰 걸스였던 여성들의 3분의 1만이 결혼을 했는데 그들이 공장 근로로 인해 여성다움을 잃어버린 탓이라는 것이 그들의 주장이었다.

이것은 물론 왜곡되고 편향된 시선에 불과했다. 라콤을 포함해 로웰 걸스 상당수가 결혼을 하지 않은 것은 사실이지만, 이는 일찌감치 사회생활을 경험하고 어느 정도 경제적 독립을 달성한 여성들이 적절한 결혼 상대자를 그 지역 내에서 만나기 어려웠기 때문이다. 새 시대를 경험한 여성들은 농장이나 전통적 자영업에 종사하던 보수적 기질의 남성과 결혼 생활을 유지하는 데 어려움을 겪었다. 결혼을 삶의 필수 단계로 생각했던 당시의 사회 풍토에서 그들의 독신 생활은 흠으로 보였을 것이다. 그러나 이것은 이미 새로운 사회로 진입한 여성의 삶을 제대로 이해하지 못한 낡은 생각에 지나지 않았다.

여성, 산업사회로 나아가다

루시 라콤은 공장에 취업한 뒤로는 학교에 다니지 못했다. 독서와 시 쓰기를 즐기던 그녀로서는 안타까운 일이었다. 하지만 그녀는 낙담하거나 좌절하지 않고 나중에 학교로 돌아갈 것이며 자신이 하고 싶은 일을 하는 삶을 살겠다고 결심한다. 이러한 그녀의 의지는 하루 평균 12시간 근무라는 고된 일과 속에서도 글쓰기를 멈추지 않게 하는 힘이 되었다.

로웰 공장은 기숙사를 두어 생활 관리를 할 뿐 아니라 공장 내에 도서관을 두는 등 직원들의 정서 관리에도 신경을 쓴 것으로 보인다. 라콤은 자연스럽게 동료들과 책 읽기, 독서 토론을 하는 시간을 가졌다. 또한 간혹 허락된 휴가에는 공장 밖 강가로 나가 피크닉을 하며 자연을 즐기기도 했다. 독서와 사색을 중시하는 성장 배경이 그녀와 동료들을 공장과 기계의 삶에 매몰되지 않게 해주었다.

로웰의 여직공들은 스스로 쓴 시와 산문으로 자기들만의 잡지 《로웰 오퍼링(*The Lowell Offering*)》을 만들었다. 라콤은 잡지 만드는 일에는 참여하지 않았으나 그런 잡지가 있음을 안 뒤로는 다수의 작품을 기고하여, 이 잡지의 단골 기고자가 되었다. 또한 단순히 습작으로 끝내지 않고 자신의 작품을 인쇄 매체에 발표하고 더 나아가 문학적 소양을 갖춘 다른 사람의 비평을 받아봄으로써 라콤은 크게 성장할 기회를 얻는다. 이것이 후일 시인 루시 라콤을 만드는 자양분이 되었음이 분명하다.

라콤이 18세 되던 1842년, 당시 30세의 젊은 인기 작가 찰스 디킨스가 6개월간 북미 지역을 탐방했는데, 로웰 공장도 그중 한 곳이었다. 열광적인 미국 독자들의 초청에 응해 방미한 디킨스는 로웰 공장을 꼭 보

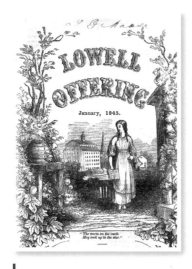
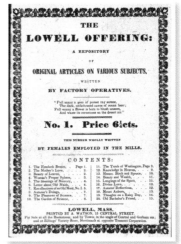

로웰의 여직공들은 1840년부터 자신들만의 잡지 《로웰 오퍼링》을 발간하기 시작했다.

고 싶어했다고 한다.[2] 숙박도 하지 않는 단 하루의 일정이었지만 그는 로웰 공장은 물론 기숙사까지 방문했으며, 놀랍게도 《로웰 오퍼링》을 봤다. 그냥 훑어본 것이 아니라 몇 호를 골라 처음부터 끝까지 주의 깊게 읽었다고 한다. 그렇다면 단골 기고자였던 라콤의 작품도 아마 읽어봤을 것이다. 디킨스는 후에 《아메리칸 노트(American Notes)》라는 미국 여행기를 출간했는데, 로웰 공장을 방문하여 여직공들의 작품을 보고 "스스로에 대한 부정적 감정과 동시에 자기만족, 그리고 자연의 아름다움에 대한 음미"를 느꼈다고 적었다. 라콤의 작품에서 충분히 느낄 수 있는 정서들이었을 것이다.

---

2 Robert McNamara (2018. 3. 1). "Lowell Mill Girls". ThoughtCo.

디킨스가 방문했을 때 라콤은 로웰 공장에 있었다. 단 하루 동안 머무른 것이었고 '로웰 시티'라고 불리는 대단지였던 만큼 이들은 마주치지 못했을 가능성이 높다. 또한 꽤 인기가 있었다고 해도 아직 젊은 작가였던 디킨스를 라콤이 몰랐을 수도 있다. 문호와 소녀 시인은 그렇게 스치듯 지나쳤다.

　두 사람은 공통점이 있었다. 디킨스 역시 어린 시절 아버지가 부채를 갚지 못해 감옥에 가면서 자신이 구두 공장에서 노역을 치러야 했다. 그는 이때의 기억을 평생 잊지 않았으며,《올리버 트위스트》등 많은 작품에서 빈곤층과 노동자의 고통을 리얼하게 다루었다. 그런 경험이 있었기에 더더욱 로웰 공장을 가보고 싶었을 것이다. 그는 청결한 작업 환경과 로웰 걸스의 밝은 표정에 깊은 인상을 받았으나 군데군데 드러나는 문제점도 놓치지 않았다. 특히 대외적으로 알려진 것과 달리 이 공장에서도 아동노동이 일어나고 있음을 지적하기도 했다.

　라콤은 후일《뉴잉글랜드에서의 소녀 시절》이라는 자서전에서 자신의 어린 시절과 로웰 공장에서의 경험을 솔직하면서도 깊이 있는 문체로 기록했다. 서문에서 그녀는 "모든 자서전이란, 한 개인의 의식을 스쳐지나간 우주의 모습"이라고 말했다. 그렇다면 그녀의 의식 속에 비친 산업

1889년에 출간된 라콤의 자서전
《뉴잉글랜드에서의 소녀 시절》
자료: Dartmouth College Library.

혁명은 어떤 것이었을까?

항상 사려 깊고 사물을 긍정적으로 받아들이려 애쓴 라콤이지만 공장 노동자의 괴로움은 행간에서 여실히 느껴진다. 그녀는 동료들과의 우정, 가끔 있는 피크닉과 독서회 활동과 시 쓰기 등 공장일과는 다른 차원에서 괴로움을 견뎌내고 자신의 삶을 찾으려 애썼다. 그녀의 묘사 중에는 시인의 직관이 찰나의 스냅숏처럼 찍어낸 산업혁명의 강렬한 이미지가 등장한다. 그녀의 자서전 3장에는 당시 공장의 동력이 된 수차를 묘사한 장면이 나온다.

우리는 작업실 바로 아래층에서 가끔 일종의 블라인드 도어 같은 것을 통해 거대한 수차가 전체 공장을 돌리는 것을 볼 수 있었다. 그것은 너무나 거대해서 한 번에 서너 개의 바퀴살만 볼 수 있었고, 물이 뚝뚝 떨어지는 바퀴는 느리고도 정확한 힘으로 어둠 속에서 나와 다시 어둠 속으로 사라졌다. 나는 그것을 보며, 우주를 운행하는 위대한 힘을 상상하면서 느꼈던 그런 경외감에 빠져들곤 했다.[3]

그렇다. 로웰 공장의 문밖을 나가면 바로 강이 있었다. 왜였을까? 이 공장이 수차로 가동되는 수력 방직 공장이었기 때문이다. 큰 강의 흐름을 받아 거대한 수차가 아주 많은 기계를 가동시켰고 건물 안에 설치된 수차를 그녀가 볼 수 있었던 것이다. 청교도(Puritan)였던 그녀는 마치 신의 손처럼 느껴지는 거대한 바퀴와 바퀴살을 보았다. 그것이 그녀의

---

3 Lucy Larcom (1889). Ibid. p. 100.

삶을 새로운 시대로 밀어 올렸다. 이제 여성의 삶과 역할은 돌이킬 수 없는 변화의 궤도에 올랐으며, 라콤은 그 첫걸음을 아름답고도 우아하게 내디뎠다.

❦ 마담 C. J. 워커
(Madam C. J. Walker, 1867~1919)

최초의 흑인 여성 안트러프러너. 모발 케어 등 미용용품 사업을 시작으로 "흑인 여성계의 엘리자베스 아덴"이라 불리는 브랜드 메이커가 되었다. 노예해방이 이루어진 지 얼마 되지도 않아 자수성가한 여성 백만 장자가 나타났다는 것은 그녀가 흑인이라는 점을 빼놓고 생각해도 센세이셔널한 일이었다. 그녀는 방문판매 조직, 우편 카탈로그 광고 등 현대 영업 전략의 원조라 할 만한 방법으로 미국의 대량 소비 시장을 공략했다. 사업적 수완만이 아니라 자사 판매원에 대한 복지 정책, 사회적 후원과 기부로 '좋은 기업'이라는 평판 관리에서도 선구적 면모를 보였다.

마담 C. J. 워커,
대량소비 시장을 노크하다

노예해방 이후의 세상

미국에서 노예해방이 선포된 것은 1863년이다. 하지만 당시는 아직 남북전쟁이 계속되고 있던 시기로 미국 전역에서 실질적으로 노예해방이 이루어진 것은 전쟁이 끝난 1865년이었다.

마담 C. J. 워커, 본명 새라 브리들러브(Sarah Breedlove)는 그로부터 2년 뒤 남부 루이지애나 주에서 태어난다.[1] 그녀의 부모는 노예 출신이다. 미국판 해방둥이라고나 할까, 우리나라 해방둥이들이 식민 지배 이후의

---

1 A'Lelia Bundles (1991). *Madam C. J. Walker: Entrepreneur*. Chelsea House. 이후 마담 C. J. 워커의 전기와 관련된 대부분의 내용은 A'Lelia Bundles의 책에 근거하고 있다.

정정 불안, 전쟁, 경제적 피폐로 큰 어려움을 겪었듯 마담 C.J. 워커의 인생도 그 출발은 험난했다. 노예가 해방되었으므로 흑인들의 삶이 나아졌으리라고 생각하기 쉽지만 실상은 정반대였다. 기존의 노예경제는 분명 비인간적 착취로 악명 높았으나 그 와중에도 어쨌든 흑인들이 살아갈 수 있는 나름의 경제 생태계가 존재했다. 그런데 노예제도 폐지 후 특히 남부의 지배층이 몰락하면서 기존의 경제 생태계가 무너지고 말았다. 남부의 몰락이 해방된 흑인들의 경제적 몰락을 동반했던 것이다.[2] 그 결과 더 큰 어려움이 닥쳤다.

새라가 태어난 루이지애나와 미시시피 접경 지역은 남부 연방에 대한 충성도가 특히 높아 남북전쟁 중 가장 심하게 파괴되었다. 새라의 가족은 별다른 대안 없이 해방 이전 자신들의 주인이었던 가문의 농장에서 계속 일했다. 이제 자유인이 되었지만, 그 결과는 더 참혹했다. 농장에서 일하고 급료를 받는 대신 농사에 필요한 농기구에 대해 주인에게 사용료를 지불해야 했던 것이다. 사용료가 너무 비싸 그들의 처지는 노예보다 나을 것이 없었다.

새라는 빨래나 청소 같은 가사는 물론 다섯 살 때부터 부모와 함께 농장에서 목화 따는 일을 했다. 그러나 새라가 일곱 살 되던 해 황열병으로 부모가 연달아 세상을 떠났다. 천애의 고아가 된 새라와 오빠는 빨래 일을 하면서 생계를 꾸려가야 했다. 어린 그녀가 겪은 혹독한 삶은 유명한 흑인 영가의 제목으로 요약할 수 있을 것 같다. "내 겪은 고난 누가 알랴

---

2 Robert Fogel, Stanley Engelman (1974), *Time on the Cross: The Economics of American Negro Slavery*, W. W. Norton & Co.

(Nobody Knows the Trouble I've Seen?)"

그녀는 열네 살에 결혼하고 딸을 얻는 등 형편이 잠깐 좋아지는 듯했으나 그녀가 스무 살일 때 남편이 죽고 말았다. 새라는 살길을 찾아 떠나기로 했다. 이미 그녀의 오빠가 일자리가 부족한 남부를 떠나 세인트루이스로 가서 이발소를 개업 중이었기에, 그녀는 어린 딸을 데리고 세인트루이스로 이주한다.

최초의 여성 안트러프러너

어렸을 때부터 빨래 노동을 해왔던 새라는 세인트루이스에서도 여전히 빨래꾼으로 일했다. 단지 이제는 나이가 찬 딸 아렐리아(A'Lelia)를 학교에 보낼 수 있다는 것이 위안이었다. 그런데 끝도 없이 이어진 빨래 작업은 그녀의 신체에 심각한 부작용을 일으켰다. 강한 세제에 장기간 노출된 탓에 머리카락에 문제가 생긴 것이다. 머리카락이 건조해지고 끊어지면서 부분적으로 탈모 현상까지 발생했다.

당시에도 모발 케어 제품이 전혀 없지는 않았다. 그러나 대부분은 사이비 만병통치약처럼 그 재료나 효과가 의심스러운 제품이었다. 효과가 있기는커녕 해를 끼치는 경우도 많았다. 자신의 모발 문제를 해결해보고자 그녀는 여러 제품을 사용해보다가 결국 스스로 제조법을 개발해야겠다는 생각을 하게 된다. 그는 식물성 지방 등 다양한 천연 재료를 혼합하고 나름대로 체계적인 실험을 통해 효과가 있는 독특한 결과물을 만든다. 실험 대상은 자기 자신과 조카들이었다. 당시 이런 제품들은 이미 적잖이 출시돼 있었고 세인트루이스에서는 또 다른 흑인 여성 애니 말론(Annie Malone)의 제품이 널리 알려져 있는 상태였다. 1905년 새라는 미망인이 된 시누이가 살고 있던 덴버로 무대를 옮겨 새로운 시장을 탐색해보기로 한다.

덴버는 세인트루이스보다 기후가 좋았으나 인구는 적었다. 그녀는 밤에는 제품을 개발하고 낮에는 가가호호 방문해 이를 팔기 시작했다. 이때 그녀는 자신의 '영업' 재능을 발견하게 된다. 자가 실험을 해보며 얻은 자신감을 바탕으로 그녀는 타고난 대인 기술과 구변을 십분 발휘한다.

그녀는 판매 기술만 뛰어난 것이 아니었다. 새로운 영업 방식도 고안했는데, 오늘날 기준으로도 탁월한 경영전략이라고 평가받을 만한 것이었다. 그것은 바로 "케어는 무료, 제품은 유료"라는 전략으로 이는 이후 모든 방문판매의 기본 틀을 이루게 된다.

그녀의 제품에 덴버의 흑인 여성들이 반응하기 시작하면서 그녀는 더 과감한 전략가의 면모를 보인다. 즉 손에 쥐게 된 이윤을 단 한 푼도 남기지 않고 모조리 제품 개발과 광고에 다시 투입한 것이다. 그녀는 조그마한 성공에 만족할 뜻이 전혀 없었다.

사업 초기에 보여준 이런 과감한 투자는 성공에 대한 그녀의 의지와 승부사 기질을 보여준다. 그녀는 더 좋은 재료를 투입하여 끊임없는 제품 개발과 함께 새로운 광고 채널을 탐색했다. 당시 덴버 지역에는 흑인을 대상으로 하는 신문이 발간되고 있었는데 그녀는 신문광고와 함께 우편 판매를 적극 시도했다. 방문판매 방식을 이어가면서도 이를 지렛대 삼아 보다 넓은 시장의 문을 두드린 것이다.

그녀의 아이디어 창출은 계속 이어졌는데 대표적인 것이 신문광고에 사진, 즉 이미지를 활용한 것이다. 특히 '사용 전' 대 '사용 후' 이미지를 쓴 데서 그녀의 탁월한 감각이 드러난다. 이는 스스로 모발이 심하게 상했던 경험에서 우러나온 것이었다. 사진이나 신문이라는 매체 자체가 생소했던 시대에 이런 광고를 구상했다는 것은 그녀의 사업 감각이 어느 정도였는지를 잘 보여준다.

새라는 광고를 싣는 과정에서 알게 된 신문사 광고 에이전트 찰스 조셉 워커(Charles Joseph Walker)와 1906년 결혼한다. 남편 워커는 신문 판촉을 위한 우편 판매 경험이 있었고 이는 아내의 사업에 큰 도움이 되었다. 그녀의 사업은 이제 번창 일로를 걷게 된다. 이때부터 새라는 마담 C. J. 워커로 불리었고 1912년 이혼한 뒤에도 그녀의 뜻에 따라 계속 이 이름으로 불리게 된다.

그러나 그녀의 마케팅 채널의 핵심은 역시 방문판매 조직이었다. 가가호호 방문하여 제품을 팔던 자신의 방식을 다른 흑인 여성 판매원들에게 전파한 것이다. 그녀는 그들에게 더 경쟁력 있고 실질적 도움과 기회를 주고자 조직을 만들었다. 그녀는 자신의 어려웠던 시절을 평생 잊지 않았으며 자신의 성공을 흑인 여성들과 나누기 원했다.

새라, 즉 마담 C. J. 워커는 꾸준히 판매요원을 채용하고 그들을 트레이닝해, 1908년에는 그 조직 구성원이 수십 명에 이르렀다. 앞에서 말한 "케어는 무료, 제품은 유료" 원칙을 바탕으로 방문 서비스의 기본기를 가르치고 이를 통해 판매 네트워크를 성장시켰다. 우편 판매도 늘려가며 그녀는 전 미국 시장을 도모하게 되었고 그 결과 산업·금융·교통의 중심지인 펜실베이니아 주 피츠버그로 본사를 옮기게 된다.

본사를 옮기면서 마담 C. J. 워커는 '사내대학'의 원조라 할 수 있는 미

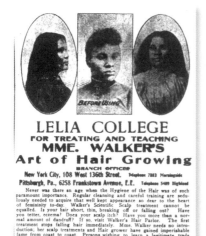

제품 사용 전후의 비교 사진을 게재한 신문광고.
마담 C. J. 워커 본인이 모델로 나섰다.
자료: *The New York Age* (1913. 8. 21.).

용학교를 열었는데, 성인이 된 뒤로 어머니의 사업을 돕고 있던 딸의 이름을 따라 학교 이름을 '렐리아 컬리지'라고 지었다. 학교 졸업생에게는 '헤어 컬처리스트(hair culturist)', 곧 모발관리사 자격이 주어졌다.

마담 C. J. 워커의 사업은 지속적으로 성장하여 전성기에는 렐리아 컬리지에서 배출한 헤어 컬처리스트가 수천 명에 달했다고 한다. 자신의 성공을 나누고자 했던 그녀의 뜻이 이룬 성취는 다음과 같은 이 학교 졸업생의 감사 편지로도 잘 알 수 있다.

당신은 수천 명의 유색인 여성들에게 정직하면서도 풍족한 삶을 가능하게 해준 일자리를 주었습니다. 이 직업을 통해 다른 직업의 월급에 해당하는 돈을 주급으로 벌 수 있었어요.[3]

사내대학의 원조라 할 수 있는
'릴리아 컬리지'의 졸업장
자료: National Museum of African
American History and Culture.

1910년 마담 C.J. 워커는 전국 철도망의 중심이자 흑인 비즈니스 네트워크가 두텁게 형성되어가던 인디애나 주 인디애나폴리스로 다시 본사를 옮긴다. 그녀는 이미 최초의 흑인 여성 백만장자로서 전국적 유명인사가 되어 있었다. 마담 C.J. 워커는 재산을 좋은 일에 쓰고자 했다. 그녀는 작가와 예술가를 지원했으며 교회, 문화단체, 지역사회에 기부도 많이 했다. 사실 그녀는 찰스 조셉 워커 이전에 결혼 경험이 있었는데 그때 남편과 형부로부터 폭력의 위협을 당한 적이 있었다. 이런 경험이 있었기에 흑인에 대한 폭력을 방지하는 일에도 적극 나섰다. 그녀는 우드로 윌슨(Thomas Woodrow Wilson) 대통령을 방문하여 폭도들의 공격을 금지하는 연방법을 제정해달라고 요구하기도 했다.

1918년 뉴욕으로 이주한 마담 C.J. 워커는 건강 악화에도 불구하고 일을 손에서 놓지 않다가 이듬해 1919년 신장 기능 장애로 숨을 거두었다.

---

3 A'Lelia Bundles (1991). Ibid. p. 31.

사망 당시 그녀 회사가 보유한 판매요원의 수는 2만 명을 헤아렸고 지금의 화폐가치로 환산하면 수억 달러에 달하는 매출을 기록하고 있었다고 한다.

대량소비 시장의 문을 열다

마담 C. J. 워커가 사업을 벌인 시기는 대략 미국에서 대량소비 시장이 형성, 발전하던 시기와 일치한다. 하버드의 경영사학자 리처드 테들로는 미국의 소비 시장을 세 시기로 구분하는데 1880년경 이전 지역적으로 파편화되어 있던 시장이 19세기 말부터는 '매스마켓'이라는 시장으로 성장해간다는 것이다.[4]

포드의 T모델, 코카콜라, 코닥 카메라, 아이보리 비누 등 대량생산과 소비를 대표하는 매스 브랜드가 이 무렵 등장하는 것이다. 이 시기는 흔히 '규모의 경제', '일관생산 라인', '생산자 우위 시대' 등의 슬로건으로 상징되는, 대규모 생산설비에 의한 시스템 혁신의 시대였다. 그러나 이미 1977년에 경영사학자 앨프리드 챈들러(Alfred Chandler)도 강조한 것처럼, 이 시대는 "대량생산과 매스 마케팅의 결혼"이라고 할 정도로 또 다른 한 축인 대량 유통을 간과할 수 없다.[5] 대량소비 시장은 생산 혁신만

---

4 Richard S. Tedlow (1997). "The Beginning of Mass Marketing in America: George Eastman and Photography as a Case Study". *Journal of Marketing*. Volume 17, Issue: 2. pp. 67~81.

5 Richard S. Tedlow, Geoffrey G. Jones (2014). *The Rise and Fall of Mass Marketing*. Routledge. p. 2.

으로 저절로 이루어지지 않았다. 오늘날의 마케팅 활동으로 이어지는 유통의 혁신이 함께 요구되었던 것이다.

테들로는 필름 카메라 시대를 연 조지 이스트먼(George Eastman)의 사례를 소개한다. 당시 카메라는 첨단 기술이었고 전문가나 즐기는 고급 취미였다. 이스트먼은 이를 일반인도 쉽게 사용하는 일상 용품으로 만들고자 했다. 물론 제품의 혁신이 뒤따라야 했으나 이와 함께 사람들의 인식도 바꿔야 했다. 결코 쉬운 일이 아니었다. 테들로는 이스트먼이 카메라 전문가가 아니었다는 점이 오히려 유리하게 작용했다고 말한다. 그는 카메라로 세상을 바꾸겠다는 거창한 비전을 가지고 있지 않았다. 그는 스스로 조금씩 제품을 개선하면서 사용 편의성을 높였다. 마담 C. J. 워커가 자신이 만든 미용 약품을 자기 머리에 테스트해보았던 것과 같다. 이스트먼 역시 그녀처럼 아마추어의 고충을 잘 이해하고 있었다. 이스트먼은 스스로 편의성을 먼저 느끼고는 이를 대중에게 알리고자 했다.

판매망의 구축, 가격 설정, 광고 등 이스트먼에게 영업은 기술 이상으로 중요했다. 대중과 직접 소통하며 공감하고 그들의 마음을 여는 것, 이것이 대량소비 시장의 열쇠다. 이스트먼은 소비자의 심금을 울릴 수 있는 회심의 광고 카피를 작성한다. "버튼만 누르면 알아서 척척(You press the Button, We do the Rest)." 지금 들어도 여전히 신선한 문구로, 입에 착 붙는 카피의 명작이라 할 만하다.

오늘날 매스 마케팅의 시대는 점차 저물어가고 있다. 그 대신 마켓 세그먼테이션(market segmentation), 매스 커스터마이징(mass customizing), 그래뉼라리제이션(granularization, 극세분화) 등의 용어가 난무한다. 그러

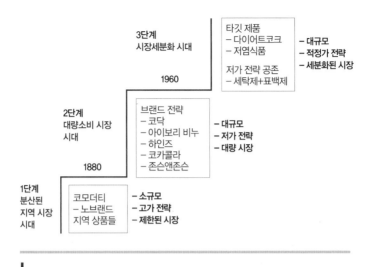

		타깃 제품	
3단계		– 다이어트코크	– 대규모
시장세분화 시대		– 저염식품	– 적정가 전략
			– 세분화된 시장
		저가 전략 공존	
1960		– 세탁제+표백제	

		브랜드 전략	
2단계		– 코닥	– 대규모
대량소비 시장		– 아이보리 비누	– 저가 전략
시대		– 하인즈	– 대량 시장
		– 코카콜라	
1880		– 존슨앤존슨	

		코모더티	
1단계		– 노브랜드	– 소규모
분산된		지역 상품들	– 고가 전략
지역 시장			– 제한된 시장
시대			

리처드 테들로가 정리한 미국의 마케팅 발전 단계
자료: Richard Tedlow (2015), Ibid.

나 이는 결코 대량소비 이전의 분산되고 파편화된 지역 시장으로 돌아
간다는 의미가 아니다. 세분화는 파편화와 달리 그 기반에 대량 소비를
전제한다. 어느 정도 기본 사이즈는 확보해야 한다는 점, 한 사람을 움직
여 만 명, 백만 명을 움직여야 한다는 마케팅의 철칙은 여전히 유효하다.

물론 마담 C.J. 워커의 타깃 고객은 일관되게 흑인 여성이었다. 그러나
그녀는 사업을 처음 시작한 지역인 세인트루이스를 거쳐 좀 더 유리한
환경을 찾아 덴버로, 그리고 인디애나폴리스로 이주한다. 그녀는 더 큰
시장으로 접근하고자 인프라의 허브를 찾아다녔다. 지역별로 또 선호별
로 쪼개져 있던 로컬 시장을 어떻게 대규모 전국 시장으로 성장시켜야
하는가, 어떻게 선호를 파악하고, 어떻게 광고하고, 어떻게 유통 조직을
만들 것인가 하는 문제를 고민했고 적절한 대응 전략을 찾아냈다. 신문

광고, 우편 판매, 방문판매 조직 및 요원 양성 등은 오늘날 영업 전략의 표준이 되었다.

　사회의 최하층이던 흑인 여성들로부터 당시로서는 사치스러운 것으로 여겨지던 미용과 스타일에 대한 잠재수요를 읽어낼 수 있었던 것은, 너무나도 당연히 마담 C. J. 워커 자신이 흑인 여성이었기 때문이다. 사실 백인 여성들조차 미용이나 위생 관념이 희박하던 시절이었다. 그러나 마담 C. J. 워커는 조상으로부터 물려받은 것, 거의 본성이라 할 만한 아프리카인의 특성을 잘 알고 있었다. 모발 관리는 아프리카인들의 소중한 전통이었다. 아프리카의 덥고 습한 기후에서 모발을 건강하고 아름답게 관리하던 조상의 지혜가 낯선 땅의 후손에게도 계승되었던 것이다. 이는 흑인들의 음악적 감각이 미국에서도 소멸하지 않고 블루스와 재즈로 변용된 것을 연상시킨다.

　마담 C. J. 워커는 탁월한 사업가였다. 하지만 그녀의 개인적 탁월함은 자신의 태생적 기반에 든든히 뿌리를 내리고 있었기에 더 빛날 수 있었다. 새로운 잠재수요를 발굴해 큰 시장의 물꼬를 트는 일은 당연히 대중과 교감하고 소통할 수 있는 한 사람을 요구한다. 그 사람을 어디서 찾을 것인가. 그 대답은 오늘날의 마케팅에서는 이미 상식이다. 평균인이나 표준인이 아니라 괴짜, 덕후, 마이너리티가 그 답이다. '창의성의 기반은 다양성'이라는 진부한 지혜가 점점 더 중요해지고 있는 것이다.

◆ 마거릿 해밀턴(Margaret Hamilton, 1936~)

1세대 컴퓨터 사이언티스트이자 시스템 엔지니어다. 중산층 가정에서 태어나 순수수학을 전공하다 자연스럽게 컴퓨터 프로그래밍으로 경력이 연결되었다. 소프트웨어 분야에서 두각을 나타내던 중 NASA의 아폴로 계획에 참여하였다. 소프트웨어 개념조차 없던 시절, 그녀는 방대한 양의 수작업을 통해 우주선과 착륙선 조종을 지원하는 프로그램을 만들었고, 그녀의 치밀한 작업은 사람과 컴퓨터가 상호작용하는 이중삼중의 안전장치로 구현되었다. 이는 후에 달 착륙 프로젝트 성공의 결정적 요인이 되었음을 인정받았고 오바마 대통령은 그녀에게 '자유의 메달'을 수여하였다.

마거릿 해밀턴,
'달 착륙'을 코딩하다

수학 전공의 워킹맘, 컴퓨터 프로그래머가 되다

마거릿 해밀턴은 1936년 인디애나 주에서 철학 교수 아버지와 고등학교 교사 어머니 사이에 태어났다. 마거릿은 얼햄 대학에서 수학 전공으로 학부를 졸업했다. 그녀는 수학에서 재능과 열정을 보였는데 대학 시절 은사의 모습에 감동을 느껴 수학자가 되고 싶다고 생각했다. 이후 그녀가 보여준 능력을 감안하면, 아마도 그녀는 수학자가 되었어도 큰 성공을 거두었을 가능성이 높다. 그러나 당시 미국 중산층 여성 대부분이 그러했듯 그녀도 적령기에 결혼을 했고 그것이 수학자로서의 경력을 단절시키는 계기가 된다.

1959년 남편이 하버드 법학대학원에 입학하자 가계를 꾸려가기 위해 그녀는 MIT에서 제안한 일자리를 받아들인다. 일기예보 관련 프로그래밍 작업이었다. '프로그래밍' 자체는 그녀에게 새로운 일이었으나 잘 적응했다. 당시의 프로그램 언어나 코딩 방식은 오늘날과 비교하면 너무나도 복잡하고 번거롭게 이루어져 있었다. 훨씬 단순해진 요즘에도 프로그램상의 오류를 찾아내기가 결코 쉬운 일이 아닌데, 그녀는 오류를 찾아내는 데 특별한 재능이 있었다. 그녀의 재능은 금세 사람들의 눈에 띄었고, 결국 능력을 인정받은 그녀는 NASA의 달 착륙 프로젝트에 참여하게 된다.

프로그래밍은 고된 작업이었다. 그녀는 야근과 주말 근무를 감수했다. 돌봐줄 사람이 없을 때는 딸 로렌을 연구실로 데리고 오기도 했다. 로렌은 엄마가 프로그래밍 작업을 하는 동안 연구실 바닥에서 잠을 잤다고 한다.

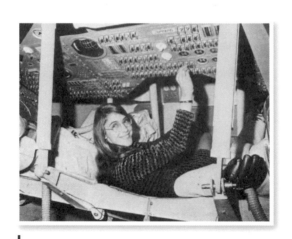

해밀턴은 NASA의 달 착륙 프로젝트의 소프트웨어 디자이너였다.
자료: NASA.

그녀는 소프트웨어를 담당하는 팀장이 되었고 자연스럽게 달 착륙 프로젝트의 일원이 되었다. 2017년 국내 개봉한 영화〈히든 피겨스(Hidden Figures)〉에서는 달 착륙 프로젝트의 팀원이었던 캐서린 존슨(Katherine Johnson) 등 흑인 여성들이 어떤 기여를 했는지, 그리고 어떤 차별을 받았는지가 생생히 묘사되었다. 반면 해밀턴은 백인이었고 수학을 전공한 뛰어난 프로그래머였기 때문에 연구생활에 별다른 어려움은 없었다. 오히려 컴퓨터 프로그래밍이라는 낯선 직업에 대한 사람들의 인식이 다소 불편함을 주었던 듯하다. 당시 사람들은 그녀의 코딩 능력을 장인의 기예나 심지어 요술 같은 것으로 취급했다고 한다. 오늘날에는 이미 굳어진 용어인 '소프트웨어 공학(software engineering)'이라는 말도 그녀가 직접 만든 것이다. '엔지니어링'이라는 표현을 써서 이 새로운 직업이 다른 모든 공학과 동등함을 알리고 싶었던 것이다.

'디지털 아폴로': 달 착륙을 코딩하다

프로그래머로서 평판을 쌓은 그녀는 '달 착륙 프로젝트'에서 코딩 팀장이 되었다. 소프트웨어의 개념은커녕 지금 우리에게 친숙한 모니터, 키보드, 마우스도 없던 시절이다. 그녀는 모든 프로그래밍을 손으로 써가며 했는데 지금으로선 상상하기 힘든 끈기와 작업량을 요구하는 일이었다.

1960년대의 컴퓨터로 달 착륙 프로젝트에 필요한 프로그래밍을 한다는 것이 과연 가능할까?《디지털 아폴로(Digital Apollo)》의 저자인 MIT

공대의 기술사 교수 데이비드 민델(David Mindell)은 독자에게 묻는다. 때때로 오작동이 되거나 다운되는 컴퓨터를 믿고 어떻게 달세계 여행을 감행하겠는가?[1]

훨씬 약한 중력, 공기가 없는 낯선 세계에서의 착륙 시도는 인간의 판단과 조작만으로는 불가능한 것이었고 따라서 우주선에 컴퓨터를 장착하는 일은 필수적이었다. 문제는 컴퓨터의 오류 가능성이었다. 당시의 컴퓨터는 매우 크고 무거웠다. 비록 달의 중력이 약하다고 해도 어쨌든 착륙선은 최대한 가벼워야 했다. 컴퓨터를 여러 대 장착할수록 프로그램의 안정성은 높아졌지만 무게를 최소화하기 위해 결국 한 대만 장착하기로 결정했다. 적어도 착륙할 동안에는 이 한 대가 내내 정상적으로 작동해야 하는 것이다.

오류 가능성에 대비하기 위한 특별 대책도 필요했다. 소프트웨어 분야는 해밀턴 팀의 책임이었다. 소프트웨어팀은 몇 가지 조치를 취했다. 그중 하나가 '리부팅'이었다. 지금 이 순간에도 그렇지만 컴퓨터는 가끔 먹통이 된다. 사태를 수습하는 최선의 방법은, 우리 모두가 알고 있는 대로, '껐다가 다시 켜는 것'이다. 문제는 긴박한 착륙 과정에서 컴퓨터가 다운될 경우다. 껐다가 다시 켜는 것은 하나의 방법이지만 이 경우 그동안 진행되던 작업이 모두 날아가기 때문에 모든 작업을 처음부터 다시 해야 한다. 이래서는 실제 상황에서 대응이 불가능하다. 따라서 다시 켜더라도 다운되기 직전 상황이 백업되어 끊기지 않고 진행될 필요가 있었다.

---

[1] David A. Mindell (2011), *Digital Apollo: Human and Machine in Spaceflight*, The MIT Press.

좋은 아이디어였지만 이렇게 하려면 프로그래머의 작업량이 상상을 초월할 정도로 가중되었다. 그러나 소프트웨어팀은 결국 이 일을 해냈고, 실제 착륙 상황에서 결정적 기여를 하게 된다. 해밀턴 팀은 컴퓨터 작업의 우선순위를 정해 과부하가 걸릴 경우 사소한 업무부터 차단이 되도록 만들어놓았다. 이 역시 단순하지만 매우 실용적인 아이디어였다.

실제로 달 착륙선 이글호는 고요의 바다 위에 착륙을 시도하던 중 과부하가 걸렸고 경고 표시가 켜졌다. 착륙을 포기해야 할지도 모르는 절체절명의 순간이었다. 이때 우선순위가 낮은 과업이 컴퓨터에서 아웃됐고, 수동 방식으로 바뀌었다. 사소한 작업을 사람이 담당하는 동안 컴퓨터가 리부팅되면서 다시 정상으로 돌아갔다. 그리고 우리 모두가 아는 바와 같이 인간은 달에 내렸다.

2003년, 그녀의 '우선순위에 따른 조정 프로그램'에 대해 NASA의 폴 커토(Paul Curto) 박사는 이렇게 평한 바 있다.

> 나는 그녀의 엄청난 작업이 아무런 인정을 받지 못했다는 사실에 놀랐다. 비동기식 소프트웨어(asynchronous software), 우선순위 스케줄링(priority scheduling), 종단 간 테스팅(end-to-end testing), 그리고 우선순위에 따른 루프 내 인간 참여 결정 기능(man-in-the-loop decision capability) 등에 관한 그녀의 개념은 초고신뢰(ultra-reliable) 소프트웨어 디자인의 기초가 되었다.[2]

---

2 Michael Braukus (2003. 9. 3). "NASA Honors Apollo Engineer". NASA News.

2016년 11월 22일, 해밀턴은 그간의 공로를 인정받아 오바마 대통령으로부터 미국 최고 훈장인 '자유의 메달'을 받았다.
자료: U.S. White House.

프로젝트는 성공했지만 소프트웨어팀으로서는 개운치 않은 뒷맛이 남았다. 결정적 순간에 컴퓨터가 오작동을 했고 인간이 수동 장치를 써서 착륙했다는 이야기가 퍼져나갔다. 인간이 만든 멍청한 컴퓨터는 말썽을 일으켰고 사람이 조종간을 잡고 마지막 임무를 완수했다는 것이었다. 기계보다 인간의 힘을 믿고 싶은 마음이 인지상정인 것은 그때나 지금이나 마찬가지인 듯하다. 인공지능 알파고가 바둑에서 인간을 이겼을 때 왠지 허탈감을 느낀 사람이 많았던 것처럼 말이다.

달 착륙의 위업을 온 세상이 축하하고 있을 때 어쩐지 죄 지은 것처럼 된 소프트웨어팀으로서는 서운했을 법도 하다. 그러나 해밀턴은 별다른 문제 제기를 하지 않았다. 워낙 전문적인 내용이라 큰 이슈가 되지도 않았으며 논란을 일으킬 가치조차 없다고 여겼을 것이다.

그 후 2016년, 마거릿 해밀턴은 오바마 대통령으로부터 '자유의 메달'을 받았다. 착륙선에 탑승한 사람들, 즉 암스트롱, 올드린, 콜린스가 같은 메달을 목에 건 해인 1969년으로부터 무려 반세기가 지나서였다.

컴퓨터의 시대를 열다

미국 산업의 발전에서 정부 부문의 역할은 대단히 크다. 미국 제조업의 경쟁력을 세계 최고 수준으로 끌어올린 것은 부품 표준화인데, 앞서 말했듯 이는 존 홀이 미 군수성과 맺은 라이플총 납품 계약에서 시작되었다. 라이트 형제에게 비행기를 발주한 것 역시 군수성이었다. 정부와 군대는 당장은 수익성이 없는 사업을 지원한 것이고, 이로써 기술혁신이 일어날 수 있는 여지를 만들었다. 존 홀과 라이트 형제를 원조로 하는 이러한 정부 주도의 혁신 프로젝트는 미국 산업에 막대한 영향을 주었다.

레이더 기술이 텔레비전 등에 활용되었고 군사 위성 기술은 GPS 시스템으로 활용되었다. 최근 관심의 초점이 되고 있는 '드론' 역시 군사기술에서 파생했다. 그러나 이 모든 사례들 위에 우뚝 서 있는 것은 단연 컴퓨터다. 실제로 컴퓨터는 3차 산업혁명의 핵심 기술이 되었다.

이런 의미에서 볼 때 해밀턴의 소프트웨어팀이 해낸 일은 비단 '달 착륙' 프로젝트 성공에 그치지 않는다. 그들은 컴퓨터가 무슨 일을 할 수 있는지, 그 잠재력이 어느 정도인지를 세계에 알렸다. 그리고 정말로 새로운 시대가 열렸다. 달에 착륙한 것은 그 자체로 완결되었다. 달로 가는 길은, 적어도 현재 기준에서 보자면, 다시 닫혔다. 그러나 새로운 세계,

즉 컴퓨터와 디지털 세계가 열렸다. 달 착륙의 진정한 의의는 컴퓨터와 소프트웨어 개발이라고 해야 할지도 모른다. 해밀턴은 남녀 차별이 분명하던 시절, 낯선 첨단 분야에 진출해 차별화된 경쟁력을 내보이며 진입했다. 그녀가 여성이라는 사실은 대서특필할 만한 이슈를 만들지 못했다. 또한 그녀가 달성한 업적, 리부팅 시스템이나 우선순위에 따른 과업 조정은, 그녀가 여성이었기에 할 수 있었던 일이라고는 말할 수 없을 것이다. 프로그램 초년생일 때부터 오류 발견에 탁월했던 점, 아폴로 계획에 포함된 모든 기기, 컴퓨터, 우주인까지 하나의 시스템으로 이해했다는 점 역시 그녀가 여성이었기에 가능한 일은 아니었다.

그때부터 산업은 이미 성별을 떠나 각 분야에서 가장 적합한 인재를 찾고자 했다. 20세기 후반 NASA만 해도 가장 필요로 한 역량을 성별과 관계없이 뽑았다. 사회적 관행이 여성 인력을 여전히 힘들게 했지만 그렇다고 이들을 막을 수는 없었다.

그녀의 인생을 멀리서 바라보면 그 윤곽만 보이는 탓에 남녀 차별이 없는 시대에 자유롭게 자신의 꿈을 실현한 여성 사이언티스트만 보인다. 그러나 마담 C. J. 워커가 했던 말은 그녀에게도 똑같이 적용된다. "내 겪은 고난 누가 알랴."

100년 전쯤 미래를 예측한 SF소설들이 그린 오늘날의 세계는 스마트폰, 드론, 초고속 자기부상열차 등을 내다봤다는 점에서 비교적 정확하다. 그러나 그들이 꿈꾼 세계에 '직장 여성'은 없었다. 첨단 기술이 난무하는 미래에도 소설 속의 여성들은 모두 앞치마를 두른 채 가사에 열중하고 있다.

이렇게 완고한 성 역할론 속에서도 묵묵히 지구를 뒤흔들 프로젝트의 한 부분으로서, 워킹맘의 역할과 함께 자신의 본분을 수행한 이가 바로 마거릿 해밀턴이다. 그녀는 삶의 고충에 대해 별로 말하지 않았다. 달 착륙에 대한 열광과 흥분 속에서 컴퓨터의 역할이 부당하게 폄하를 당해도 항변하지 않았다. 그녀는 차별을 살짝 비껴선 것처럼 살았다. 반세기 뒤에야 자신을 재평가해줄 그 사회와 아웅다웅하지 않고 말이다.

그녀의 세심하고 치밀한 일처리는 20세기 가장 위대한 프로젝트의 성패에 영향을 미쳤다. 여성이어서가 아니다. 그 자리에 가장 필요한 역량과 자질이 우연히 한 여성에게서 발견되었을 뿐이다. 만약 미국 사회가 오늘날의 극단적 이슬람 사회처럼 여성이라는 이유로 그녀의 참여를 거부했다면 역사는 전혀 다른 결과를 기록할 수도 있었다. 이것은 옛날의 문제가 아니며 바로 지금 이 순간의 문제이기도 하다. 다양성이란 필요한 특정 속성을 확보하기 위해 특정 집단을 받아들이는 것이 아니다. 그것은 가능성의 가장 넓은 영역을 확보하려는, 따라서 그 어떤 선입견이나 배타성도 갖지 않으려는 지극히 온당한 노력의 일환일 뿐이다.

 PART 6

산업,
과학을 만나다

> 듀폰은 과학을 통해 이 세상 모든 이들에게
> 더 나은, 더 안전한, 더 건강한 삶을 창출한다.
> _ 듀폰의 미션 선언문

현대와 과거를 구별 짓는 여러 가지 시대적 특징이 있지만, 인간의 물질적 삶의 측면에서 가장 중요한 것은 과학이다. 이는 단순히 과거보다 지금의 과학이 더 발달했다는 이야기만은 아니다. 과학에 대한 사람들의 생각과 태도, 실제 과학을 다루는 방법이 완전히 달라졌다는 것이다. 예전에도 자연의 본질과 인과관계를 알고자 하는 시도는 계속 있었으며 그런 의미에서 과학은 늘 존재했다. 그리스의 자연철학자들은 만물의 근원을 위시하여 "천상과 지하의 모든 것"[*]을 연구했다. 아리스토텔레스(Aristoteles)는 철학자, 정치학자로 알려졌지만 물리학, 생물학, 천문학, 의학, 심리학 분야에서도 방대한 저서를 남겼다.

물론 지식의 깊이와 분량은 과거와 지금을 비교할 수 없을 정도다. 인간은 예전보다 엄청나게 많은 것을 알고 있다. 그러나 지식의 증가 못지않게 크게 변화한 것은 과학을 대하는 우리의 태도다. 고대인들이 과학을 실용적 목적

---

[*] 이것은 소크라테스를 자연철학자로 오인한 그의 반대자들이 소크라테스를 비난하기 위해 사용한 표현이다. 그러나 이것은 당시 자연철학자에 대한 온당한 표현이라고 볼 수 있다. Plato (1997). *Plato: Complete Works*. Edited by John M. Cooper, Associate Editor D. S. Hutchinson. Hackett Publishing Co.

과는 별개의 것, 즉 지식 자체를 신성하게 본 것과 달리 현대인들은 과학을 실용적 목적을 위한 수단으로 본다. 실용성을 결여한 지식은 기껏해야 무관심의 대상이며 때로는 '가성비'를 떨어뜨리는 허세나 낭비로 간주되기도 한다. 가장 좋은 것은 조금 알고 효과를 많이 내는 것이다. 지식은 얻기가 힘들다. 왜 사서 고생을 하는가?

그러나 아리스토텔레스는 그렇게 생각하지 않았다. 아리스토텔레스에 따르면 가장 높은 수준의 지식은 '관조'를 통해 얻어지는데, 이는 사심 없는, 의도나 목적을 갖지 않는 태도를 요구한다. 목적에 눈이 멀면 사람은 진리를 보지 못한다. 아무런 필요도 소용도 없는 지식을, 단지 지식 그 자체만으로 느끼고 깨닫는 경지다. 그리스어로 관조는 '테오리아(theoria)'인데 이 말이 오늘날 '이론(theory)'이 되었다.

고대에는 이처럼 과학과 산업 사이에 건널 수 없는 간극이 있었다. 산업 혹은 기술이란 무엇인가? 인간의 욕구를 충족하기 위한 가장 목적 지향적이고 실용적인 대표 활동이다. 아리스토텔레스가 보기에 이것은 사심에 물든 노력, 평정심을 잃어버린 상태에 지나지 않았다. 그래서 아리스토텔레스 시대에 진정한 과학자는 서재에 파묻혀 세상을 관조하며 산업과 기술을 멀리했다. 산업과 기술은 진정한 지식과는 관계없는 것이라고 여겼기 때문이다.

서구는 이런 생각을 극복함으로써 과학혁명과 산업혁명을 달성했다. 이제 아리스토텔레스의 생각은 까마득한 고대의 유물이 되었다. 하지만 아리스토텔레스의 생각이 완전히 잘못된 것일까? 과학은 그저 인간의 실용적 목적에 봉사하는 수단인가? 프랑스의 저명한 근대 과학자 앙리 푸앵카레는 이렇게 말했다.

> 과학자들은 유용하기 때문에 자연을 연구하는 것이 아니라 자연을 연구하면서 즐거움을 얻기 때문에 연구를 하는 것이고, 자연이 아름답기 때문에 연구하면서 즐거움을 얻는다. 만약 자연이 아름답지 않았다면 알 가치가 없었을 것이고, 만약 자연을 알 가치가 없었다면 삶을 살 가치가 없었을 것이다.[**]

[**] Henri Poincare (2007), *The Value of Science*, Cosimo, Inc. p. 8.

산업혁명에서 과학의 중요성은 아무리 강조해도 지나치지 않다. 산업혁명이란 산업이 과학과 만난 사건이다. 그런데 이 만남에는 얼핏 눈치 채기 힘든 균열과 불화가 숨어 있다. 과학은 실용적 효과를 발휘할 엄청난 잠재력이 있지만 아리스토텔레스의 말처럼 부정적 측면도 분명히 존재했다.

　산업혁명은 과학과 산업의 결혼에 비유할 수 있다. 이들은 때로는 뜨겁게 사랑했지만 때로는 오해와 갈등을 겪으며 심하게 다투기도 했다. 오늘날 이들은 연륜을 쌓아 서로를 더 잘 이해하는 성숙한 중년 부부가 된 듯 보인다. 그러나 처음부터 그랬던 것은 아니다. 이제 과학과 산업의 신혼 시절, 둘 간의 오해와 성격 차가 빚어낸 갈등과 위기의 역사를 되짚어보자.

로버트 왓슨 와트
(Robert Watson-Watt, 1892~1973)

스코틀랜드 출신의 물리공학자. 증기기관의 발명자 제임스 와트의 후손으로 알려져 있다. 전파물리학을 전공한 뒤 기상청에 입사했다. 당시의 첨단 과학이었던 전자기파를 군사적 용도로 개발하는 일에 참가했다. 태풍 예보를 위해 개발한 뇌우 감지 장치를 전시에 잠수함 탐지에 활용했으며, 레이더 기술을 응용하여 독일 공군의 전투기를 감지하는 장치를 만들었다. 그의 이러한 활동은 2차 세계대전에서 영국이 승리하는 데 결정적 기여를 했다. 전후 왕립학회 회원이 되었으며 기사 작위를 수여받았다.

로버트 왓슨 와트,
과학혁명의 주역이 된 와트의 후손

과학과 사회의 거리

과학은 산업뿐 아니라 현대 물질문명의 기초라고 해도 과언이 아니다. 특히 20세기 전반에 일어난 두 번의 세계대전은 과학기술을 이용한 전쟁이라는 점에서 과거와 크게 달랐다. 탱크, 비행기, 잠수함, 기관총, 화학무기 등은 모두 당시 기준에서 첨단 과학의 산물이었다. 2차 세계대전 종전을 앞두고 나치가 마지막 수단으로 핵무기 개발에 몰두했다는 것, 이를 우려한 아인슈타인이 미국의 루스벨트 대통령에게 위기를 알리고 핵무기 개발을 종용했다는 것은 유명한 이야기다. 과학 연구에서 누가 앞서는가가 국가와 문명의 성패를 좌우하는 시대가 된 것이었다.

과학의 위력을 부정하는 사람은 거의 없지만, 과학을 정확하게 이해하

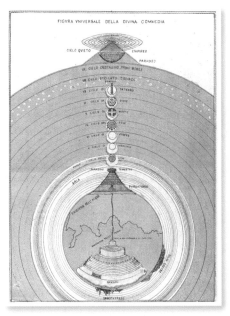

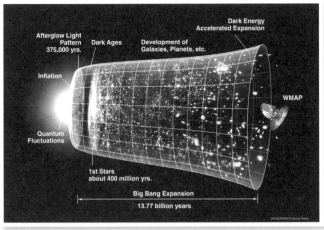

단테 알리기에리(Dante Alighieri)의 《신곡》 속 우주론을 묘사한 그림(위, Michelangelo Caetani, 1855). 그에 비해 빅뱅과 은하팽창, 블랙홀, 암흑물질 등을 포함한 현대의 우주론은 접근조차 어려워 보인다(아래, NASA / WMAP Science Team, 2009).

는 사람도 그 못지않게 드물다. 과학이란 실상 그토록 어려운 것이다. 과학자 스스로도 오랜 기간 교육과 훈련을 거쳐야만 특정 분야에 통달할수 있으며, 한 분야의 전문가라 해도 그 인접 분야는 제대로 이해하기가쉽지 않다. 더욱이 과학은 나날이 어려워지고 있다. 그에 따라 과학자와비과학자 간의 지식 격차도 줄어들기보다는 확대되는 느낌이다. 오늘날빅뱅, 끈 이론, 평행우주에 이르기까지 그 현란한 우주론을 대강이라도이해하는 사람은 극소수에 불과하다. 그러나 지구가 우주의 중심이고행성들이 고정된 천구가 회전하는 중세의 천문학은 평범한 사람들이라도 직관적으로 이해할 수 있는 수준이었다.

평범하고 단순하게 산다면 굳이 어려운 과학 이론을 몰라도 되지 않을까? 그러나 상황이 그리 간단치는 않다. 과학은 우리 삶과 동떨어져 살아가는 사람들이 즐기는 기묘한 취미가 아니다. 과학은 현대 문명의 필수적 요소이고, 현대인의 삶과 불가분의 관계이다. 따라서 과학에 관한결정을 전적으로 과학자들에게만 위임할 수 없다. 원자폭탄 개발 역시아인슈타인은 제언을 했을 뿐 결정은 루스벨트가 했다.

정부의 정책 결정자와 기업의 경영자는 항상 과학과 대면한다. 그렇다면 과연 이들은 관련된 과학 내용을 얼마나 이해하고 있을까? 영국의 과학자이자 소설가 찰스 스노(Charles Percy Snow)는 이에 대한 우려를 다소 강경하게 표현한 바 있다.

우리 시대의 모든 발달한 산업사회에서 가장 기이한 일은, 중요한 의사결정이 한 줌의 사람들에 의해 결정된다는 것이다. 비밀리에 최소한의 법적 요건만 갖춘 채, 그 선택의 근거나 결과에 관한 깊이 있는

지식을 전혀 갖고 있지 않은 사람들 말이다.[1]

　정치가나 경영자가 과학적 소양이 부족하면 상상을 초월하는 엉뚱한 일이 발생할 수 있다. 이 이야기의 주인공 로버트 왓슨 와트가 1935년 국립물리학연구소(National Physical Laboratory)에서 근무하던 시절에 정부로부터 받은 전화 한 통도 엉뚱한 것이었다. 영국 항공성 과학연구위원이었던 해리 윔페리스(Harry Wimperis)가 그에게 전화를 걸어 당시 독일에서 개발 중이라고 알려진 '죽음의 광선(death ray)'이 현실적으로 가능한지를 물었다.

'죽음의 광선', 과학과 공상 사이

　해리 윔페리스는 로열 컬리지(Royal College)와 케임브리지 대학에서 과학을 전공한 항공 엔지니어였다. 그러나 '전파'는 19세기 말에 처음 그 존재가 확인된 이래 당시에는 아직 미지의 첨단 기술이었다. 전파를 전문으로 연구하지 않은 이상, 엔지니어라 해도 그 가능성을 소상히 파악하기란 어려웠다. 1차 세계대전의 패전국 독일이 히틀러를 중심으로 재무장을 선언하고 군사력을 증강하고 있던 시기라 독일에서 신형 전파무기를 개발한다는 첩보는 영국군을 긴장시키기에 충분했다.

　파괴적 광선이라는 아이디어는 사실 그 이전부터 사람들을 사로잡고

1　Charles P. Snow (1961). *Science and Government*. Harvard University Press. p. 241.

해리 그린델 매슈의 광선무기에 대한 당시의 만평. 여러 나라를 상징하는 캐릭터들이
신무기에 경탄하며 탐내고 있다.

자료: Joseph J. Corn, Brian Horrigan (1984). *Yesterday's Tomorrows. Past
visions of the American Future*. New York: Summit Books for the Smithsonian
Institution Travelling Exhibition Service. p. 115.

있었다. 전파로 물체를 파괴할 수 있다는 생각은 영화 〈스타워즈〉의 광선
검만큼이나 황당무계한 것이었으나 전파 이론이 확립되기 전에는 많은
사람들이 그런 일이 가능하다고 믿었다. 실제로 해리 그린델 매슈(Harry
Grindell Matthews)라는 영국의 발명가는 자신이 광선무기를 만들었다
고 주장했으며 이를 영국군에 납품하려고까지 했다. 군은 거의 구입을
결정할 뻔했으나, 실험 결과가 미덥지 못해 불발에 그쳤다. 이 발명가는
대상 물체를 파괴하는 것이 아니라 자력 등을 이용해 모터를 멈출 수 있
다고 주장했다. 그는 모터사이클을 이용해 실험했는데 결과가 애매했다.
그러나 당시 여론은 그에게 우호적이었고 한 국회의원은 이 신기술이 외

국으로 팔려 나가지 않도록 정부가 속히 구매를 해야 한다고 주장하기도 했다. 영국군이 구매를 결정했다면 스캔들이 되었을 일이다.[2]

왓슨 와트는 윔페리스에게 '죽음의 광선' 개발 가능성은 매우 낮다고 보고하였다. 하지만 왓슨 와트는 전파가 물체를 파괴할 수는 없어도 금속으로 된 물체를 감지할 순 있을 것이라고 생각했다. 전파는 대부분의 물체를 그냥 통과하지만, 금속으로 된 물체에서는 튕겨 나온다는 것이 이미 밝혀졌기 때문이다. 그러나 높은 하늘에서 그것도 매우 빠르게 날아가는 비행기를 이러한 전파 반사를 통해 감지할 수 있을지가 관건이었다. 왓슨 와트는 이를 확신할 수 없었다.

이때 그의 사무실에는 동료 과학자 아놀드 윌킨스(Arnold Wilkins)가 조수로 근무하고 있었다. 윌킨스는 계산 능력이 매우 뛰어난 과학자로서 수학에 취약했던 왓슨 와트에게 오른팔 같은 존재였다. 왓슨 와트는 전파로 비행기를 감지할 가능성을 계산한 보고서를 급히 작성하여 윔페리스에게 보냈다. 윔페리스는 해볼 만하다는 판단 아래 일을 추진하기로 한다. 허황된 아이디어로 시작된 이야기가 드디어 올바른 방향을 잡은 것이다.

정책 결정자와 과학자의 소통

왓슨 와트와 윌킨스는 환상의 커플이었다. 왓슨 와트는 수학에 약한

---

2 David Clarke, Andy Roberts (2003. 10). "Grindell 'Death Ray' Matthews". *Fortean Times*.

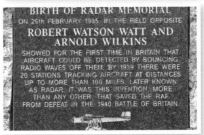

최초의 레이더 실험을 기념해 세워진,
대번트리(Daventry)의 레이더 기념비,
아놀드 윌킨스의 이름이 선명하다.
자료: Kintak.

대신 정치적 센스가 있었고 결정권을 가진 이들과의 대화에 능통했다. 연구실에 파묻힌 과학자들이 갖기 어려운 능력이었다. 반면 윌킨스는 책상에 앉아 연구에 몰두하는 스타일로 교제나 소통에는 능하지 못했다. 왓슨 와트가 군 수뇌부와의 소통을 독점했으나 윌킨스는 전혀 불만이 없었다. 스코틀랜드 브레친에는 한 손에 전투기와 다른 손에 레이더 탑 모형을 든 채 다소 과한 포즈를 취한 왓슨 와트 동상이 세워져 있다. 윌킨스의 동상은 세워지지 않았는데, 분명 윌킨스 자신도 원치 않았을 것이다.

'죽음의 광선'에 비하면 한결 현실적인 목표였지만, 비행기 탐지 가능성 역시 아직은 의문의 대상이었다. 어떻게 생각하면 그 못지않게 황당한 이야기이기도 했다. 먼 하늘에서 번개같이 날아가는 비행기에 전파를 쏴서 튕겨 나오는 잔향을 검출하는 것이 정말로 가능할까? 이는 초음파로 먹잇감을 찾는 박쥐의 능력을 엄청나게 증폭시켜야 하는 일이었다.

전투기가 최대한 멀리 있을 때 감지해야 한다는 것이 중요했다. 적의 공습에 대처할 시간을 벌어야 하기 때문이다. 여기서 전파의 약점이 드러난다. 전파는 빠르지만 방사상으로 퍼진다. 따라서 거리가 멀수록 희박해진다. 전투기는 멀리서 빠르게 지나가므로 전파에 접촉하는 시간이 짧을 뿐 아니라 매우 약해진 전파의 일부를 맞는다. 그리고 비행기 동체에 부딪힌 전파가 반사되어 레이더 안테나로 돌아와야 하는데 이때도 방사형으로 흩어진다. 아무리 안테나를 크게 만든다 해도 되돌아온 전파의 양은 극히 적을 것이다. 수신기가 이를 감지할 수 있을 것인가? 윌킨스는 줄곧 이 문제를 계산했다.

전파는 19세기 말에야 발견된 존재로 그 전까지는 완전한 미지의 영역이었다. 이러한 첨단 과학을 당시의 비전문가에게 이해시키기란 매우 어려웠다. 당시의 영국군 관계자들은 '죽음의 광선'에는 그토록 열광하더니 '적기 탐지'에 대해서는 의심의 눈초리를 보냈다. 레이더의 사용 방향이 수립된 후 그 가능성에 대한 회의적 목소리가 끊이지 않았고 이것이 개발 프로젝트의 발목을 잡았다. 물론 레이더 역시 비현실적인 아이디어로 판명날 가능성이 높았다. 정책과 예산을 결정하는 사람은 이론가가 아님에도 불구하고 실패하면 그 책임을 져야 한다. 연구자와 정책 결정자 간의 소통과 신뢰가 무엇보다도 절실한 이유다.

'눈먼 심판관': 과학은 어떻게 진화하는가

공군력이 빠르게 발전하면서 영국의 군사 전문가들은 대공 방위 문제를 심각하게 염려했다. 전통적으로 영국의 강점은 섬나라 지형을 백분 활용하는 것이다. 영국의 막강한 해군력은 나폴레옹조차 영국 본토를 밟아보지 못하게 할 정도였다. 그러나 전투기에 의한 공습에 대해서는 방어 수단이 없었다. 독일이 재무장에 들어가고 공군을 강화하면서 영국에서는 이에 대한 우려가 점점 너 커졌다.

바로 이 상황에서 영국 항공성 과학연구위원회의 윔페리스가 '죽음의 광선'을 둘러싼 진위 여부를 타진했던 것이다. 그러나 왓슨 와트의 조언에 따라 개발 방향은 레이더에 의한 적기 탐지로 바뀌었다. 이를 위해 공군 내에 과학자들로 구성된 T/F가 발족했고 왓슨 와트는 레이더 전문가로 참여했다. 그런데 T/F 내에서 논란이 벌어졌다. T/F 리더였던 화학자 헨리 티자드(Henry Tizard)는 레이더야말로 영국 대공 방위의 마지막 희망이라 여겼다. 그러나 또 한 사람 영향력 있는 멤버인 프레더릭 린더만(Frederick Lindemann)은 이 생각에 강하게 반대했다. 허황되고 현실성 없는 이야기라는 것이었다.

린더만은 과거 윈스턴 처칠(Winston Churchill)이 해군장관으로 있을 때부터 과학 보좌관으로서 절대적 신임을 받던 인물이었다. 린더만은 실력에 비해 과대 포장된 인물이라는 평가가 있었지만 처칠은 그에 대한 믿음을 평생 저버리지 않았다. 이런 영향력을 믿고 린더만은 더욱더 반대의 목소리를 높였다. 분열된 의견이 끝내 봉합되지 않자 T/F는 해체되고 새로운 조직이 구성되었다. 이때 프로젝트의 장애물이었던 린더만이 무슨 이유에선지 제외되고 레이더 개발에 우호적인 인사가 교체 투입된다. 그 결과 순조롭게 개발 작업이 진행되어 독일 공습 이전에 시스템을 구축할 수 있었다.

2차 세계대전에서 영국을 승리로 이끈 처칠의 공로는 높이 평가받는다. 과학을 좋아했던 처칠은 과학자들을 늘 곁에 두었으며, 그로 인해 영국은 신무기 개발 및 도입에서 앞서갔다는 평가도 있다.[3] 이것이 과장된 이야기라고는 볼 수 없다. 그러나 적어도 레이더 개발 문제에 관한 한 다른 시각이 존재한다. 즉, 처칠은 전파 기술에 대한 소양이 부족한 자신의 측근 린더만을 레이더 개발팀에 억지로 밀어넣었고, 그로 인해 일의 진행이 난항을 겪었다는 것이다.

다행스럽게도 레이더 개발은 당시 처칠이 행정부와 의회를 떠나 야인으로 있을 때의 일이다. 만약 처칠이 군사 정책을 좌우하는 요직에 있었다면 린더만에 대한 그의 신뢰를 감안할 때 레이더 개발은 좌초되었을 가능성이 크다.[4] 린더만은 레이더를 끊임없이 깎아내리며 풍선을 띄워 적기를 방해하자는 둥 엉뚱한 아이디어를 쏟아놓았다.[5] 역사의 아슬아슬한 한 장면이었다. 영국의 대공 방위가 무너졌다면 2차 세계대전의 향방은 달라졌을 가능성이 크다. 과학의 중요성을 잘 알고 있던 노련한 정치가 처칠도 레이더 문제에서는 실수를 할 뻔했던 것이다.

---

3 Sarah Knapton (2014. 11. 29). "How Churchill gave us tanks, radar, DNA⋯ and a velvet green air-raid suit". *The Telegraph*.

4 찰스 스노는 다음과 같이 말하고 있다. "처칠이 기용되었다면 린더만도 따라 들어왔을 것이다. 실제로 나중에 그렇게 된 것처럼 말이다. (⋯) 티자드가 아니고 린더만이었다면 다른 종류의 기술이 선택되었을 가능성이 크다. 그랬다면 레이더는 제때 준비될 수 없었을 것이다." Charles P. Snow (1961). Ibid. p. 32.

5 Max Hastings (1979). *Bomber Command*. MBI Publishing Company. p. 91.

레이더는 제2차 세계대전에서 영국군이 독일군의 공격을 막는 데 결정적으로 기여했다.
사진은 1945년에 설치된 체인홈(Chain Home) 레이더 시스템이다.
자료: Imperial War Museums.

   이것은 과학자의 연구를 비과학자가 활용하는 시스템에서 항상 발생할 수 있는 문제다. 왓슨 와트는 정치적 소용돌이 속에서도 비전문 정책가들을 특유의 달변으로 설득하여 레이더를 실전 배치하는 데 성공했다. 군 관계자들 앞에서 행한 최종 모의실험에 성공한 뒤 그는 "영국은 이제 다시 섬이 되었다(Now Britain is an island again)"라고 선언했는데, 이 한마디만으로도 그의 언변을 짐작할 수 있다.

   과학자와 전략가는 서로 영역과 재능이 다르다. 그리고 이 둘은 협력할 수밖에 없다. 영국 공군의 레이더 개발 과정에는 군사전략을 결정하는 지휘부로부터 정책 실무자, 엔지니어, 과학자에 이르기까지 연결망이 살아 있었다. 여러 고비를 맞고 오판과 실수 또한 있었지만 비틀거리면서도 결국에는 답을 찾아냈다. 그 덕분에 이 신무기를 영국 역사상 가장 커다란 위기 상황에서 활용할 수 있었다. 독일 공군이 전투기 620대와 항공기 1,120대를 투입한 영국 상륙계획 '바다사자 작전'을 감행한 것이 1940년 8월 13일이었는데, 왓슨 와트가 100마일 밖에서 비행기를 감지하는 실험에 성공한 것이 바로 전해인 1939년이었다. 실험이 조금만 더 늦어졌다면 어땠을까? 문자 그대로 백척간두 절체절명의 상황이었다.

스노가 말했듯 과학의 게임은 과학을 이해하지 못하는 비전문가, 즉 눈먼 심판관의 판단에 달려 있다. 처칠은 자칫 레이더 개발 게임에서 엉터리 판정을 내리는 심판이 될 수도 있었다. 과학은 위태로운 길을 간다. 이 위태로운 게임은 과학 이론으로부터 현실 적용에 이르는 긴 체인의 각 마디들이 최선을 다할 것을 요구한다.

복잡하고 방대한 계산을 군말 없이 정확히 처리한 윌킨스의 집중력, 어려운 과학 이야기를 흥미롭게 풀어낼 수 있었던 왓슨 와트의 달변, '죽음의 광선' 개발을 타진했다가 레이더 아이디어를 듣고 바로 공군의 지원을 끌어낸 윔페리스, 다양한 비판과 공격에도 불구하고 왓슨 와트를 전문가로 기용하고 리더십을 발휘한 티자드, 그리고 악의적인 린더만의 방해 공작을 제거해준 군 수뇌부의 보이지 않는 그 누군가…… 이들의 연결이 결국 위대한 성공을 낳았다.

플라톤은 가장 지혜로운 자가 왕이 되어야 한다고 했다. 그러나 이것은 고양이 목에 방울 달기보다 어려운 일이다. 모든 것을 내다보는 한 사람이 없어도 가끔 불완전한 다수가 탁월한 의사결정을 한다. 철인왕을 옹립할 수 없다면, 현실적으로 가능한 방법은 과학자는 열심히 연구하고, 비과학자는 과학에 대한 소양을 갖추는 것이다. 잊지 말아야 할 것은 때로는 과학자의 역량보다 비과학자의 이해 수준이 최종 결과를 좌우하기도 한다는 사실이다. 정의의 여신 유스티티아(Justitia)처럼, 인류는 현대 과학을 현실에 적용하는 마지막 순간에는 마치 눈을 가리고 있는 것처럼 보인다.

찰스 스타인(Charles Stine, 1882~1954)

존스홉킨스 대학에서 20대에 화학박사가 된 후 교수의 길을 가지 않고 바로 듀폰(Du Pont)의 연구소에 입사했다. 그는 과학적 역량과 함께 경영자로서 리더십을 발휘하여 40대에 듀폰 연구개발 부문장이 되었다. 이때 신제품 개발 프로젝트를 주도적으로 추진해, 20세기 최대의 발명품으로 일컬어지는 나일론과 합성고무 개발에 성공했다. 듀폰 부사장을 역임한 뒤 퇴임했고 72세의 나이로 사망했다. 그는 퍼킨 메달, 라부아지에 메달 등 화학자로서 영예로운 상을 수상했으며, 그의 업적을 기려 미국 화공학협회는 '찰스 스타인상'을 제정했다. 뉴어크에 있는 듀폰의 연구실은 그의 이름을 따서 '스타인 연구소(DuPont's Stine Laboratory)'로 불린다.

찰스 스타인, 전략가가 된 과학자

기업 연구개발(R&D)의 탄생

모든 기술혁신에는 과학 원리가 숨어 있다. 1차 산업혁명에서도 마찬가지였다. 철의 제련이나 증기기관, 의류의 세척제나 표백제 등에는 모두 과학의 원리가 작동한다. 뉴턴 이후 천문학, 물리학, 화학 등의 발달은 산업혁명의 지적 바탕이 되었다.

그러나 1차 산업혁명까지는 과학과 산업의 관계가 그리 긴밀하지 않았다. 이 시기에 기술혁신을 주도한 인물 중 순수 과학자가 드물었다는 점이 그 사실을 단적으로 보여준다. 아크라이트, 와트, 스티븐슨(George Stephenson) 등 당시의 안트러프러너는 현장 기술자 출신이 많았다. 와트는 과학 이론을 연구해 증기기관을 만든 것이 아니다. 오히려 그의 증기기관이 이후 카르노(Nicolas Carnot), 줄(James Joule) 등 과학자들의 열역학 연구를 자극했다.

2차 산업혁명이 시작되면서 과학과 산업의 관계는 한층 긴밀해졌다. 특히 전기와 석유화학 산업이 발달하면서 이제 과학의 기초 없이 기술을 다루기란 불가능해졌다. '과학기술'이라는 말은 더 이상 두 단어를 연결한 단순 복합어가 아니었다. 과학과 기술은 구분선을 그을 수 없을 정도로 하나로 융합되었다.

20세기 초까지 기업은 과학 지식을 주로 외부에서 도입했다. 대학이나 정부 연구소에 연구를 의뢰하거나 독립 발명가의 발명품을 사들이는 방식이었다. 기업이 자체 연구소를 만들어 과학자를 고용하는 일은 찾아보기 힘들었다.

이 방면에서 가장 앞서간 선두주자가 화학기업 듀폰이었다.[1] 《포천(Fortune)》 500대 기업 중 최장수 기업인 듀폰은 1802년 창업 이래 화약 전문 업체로 발전했다. 오랜 기간 안정적 독점을 누렸으나 점차 염색·비료·석유화학 등 신기술과 신산업이 대두하면서 더는 화약에만 매달릴 수 없었다. 듀폰은 사업 다각화를 결정했고 이를 위해서는 새로운 과학 지식이 대거 필요함을 깨닫는다. 그 일환으로 1903년 본격적인 기업 연구개발(R&D) 부서인 본사 연구 조직(공식 명칭은 'Chemical Department')을 설립한다. 이 조직은 성장을 거듭하여 한때 연구원만 500명을 헤아리기도 했다. 25세의 나이로 박사학위를 받은 찰스 스타인이 입사한 것은

---

1 이하의 내용은 주로 다음 책을 참고했다. David A. Hounshell, John Kenly Smith & Jr. Victor Smith (1988), *Science and Corporate Strategy: Du Pont R&D, 1902~1980*, Cambridge University Press.

이 연구 조직이 생긴 지 4년이 지났을 때인 1907년이었다.

찰스 스타인이 신입 연구원으로 일하는 동안 듀폰은 기업 내에서 과학자들을 어떻게 관리할 것인가 하는 문제를 두고 씨름했다. 과학자들에게 대폭 권한을 주기도 하고, 현장과의 관계를 강화하기도 했다. 이렇게 다양한 시도를 해보면서 차츰 연구개발의 방향을 잡아갔다. 회사는 단순 응용 연구를 넘어 근본적인 첨단 과학 연구를 통해 신기술 및 신상품이 개발되기를 희망했으나 그것이 그리 쉽지 않은 일임을 차츰 통감하게 된다.

여러 가지 문제가 있었는데, 그중 하나가 과학자들의 부족한 경영 감각이었다. 과학자들은 학문적 열정을 쏟을 만한 주제에 몰입하느라 기업의 성과는 도외시하기 일쑤였다. 시장성이 거의 없는 주제라도 이론적으로 흥미로우면 끝까지 밀고 나가는 경우가 많았다. 이런 이유로 몇몇 프로젝트는 회사에 커다란 재정적 손실을 입히기도 했다. 듀폰 사는 과학자들을 보다 체계적이고 전략적으로 관리할 필요가 있다고 판단했다.

연구개발 부문의 리더가 되다

찰스 스타인은 입사 후 17년이 되던 1924년에 연구개발 부문 리더로 임명된다. 교수의 길을 포기하고 듀폰맨이 되어 열심히 일한 결실이었다. 이제 그는 300명가량 되는 과학자 부대를 지휘하게 되었다.

그러나 같은 해에 듀폰은 오랫동안 별러온, 연구개발 부문에 대한 대대적 조직개편을 단행한다. 듀폰은 그동안의 시행착오 끝에 기업 내에

1924년 듀폰의 연구개발 부문 리더가 된 스타인은
새로운 연구개발 방향을 모색해야만 했다.
자료: DuPont Press Releases.

서 근본적 과학 연구로 성과를 내는 것은 무리라고 판단하여, 현업 지원
적 연구에 보다 치중하기로 결론을 냈다. 그 결과는 본사 연구 조직의 대
폭 축소와 연구원의 현업 전진 배치였다. 300명 연구원 중 거의 대부분
을 현업으로 발령 내고 본사에는 21명만 남겼다. 이에 따라 스타인의 위
상도 순식간에 한 사업부 규모의 조직장에서 작은 팀의 리더로 추락한
것이나 다름없게 되고 말았다. 그가 이전에 맡고 있던 유기화학 파트의
인원보다도 적은 규모였다.

　조직과 위상이 축소되고 나니 이제 본사 연구개발 조직은 무엇을 해야
할 것인가가 의문스러웠다. 축소된 인력과 예산을 가지고, 현업과 직접
적 연관성이 없는 전사 차원의 프로젝트를 추진해야 하는 상황이었다.
목표가 분명하고 가시적 성과가 보이는 프로젝트는 각 사업부로 이관된
상태였기에 그 어느 부문에도 해당되지 않는, 애매하고 성과를 거두기

어려운 과업을 선택해야만 했다.

한마디로 말해, 스타인의 입장에서는 동원할 수 있는 전략 대안이 별로 없었다. 그러나 그는 불평하기보다는 돌파구를 찾는 쪽을 택한다. 회사 내에서 적당한 임무를 찾기 어렵다면 회사 밖으로 눈을 돌릴 수밖에 없다고 판단했다. 그는 우선 경영진에게 '듀폰과 경쟁 관계에 있지 않은 다른 기업'의 연구개발을 자문할 수 있는지 질의했다. 긍정적 답변을 얻은 뒤 그가 주목한 것은 GM이었다. GM은 자동차 회사로서 듀폰과 업이 다를뿐더러 듀폰 가가 GM의 대주주이기도 했다. GM의 CEO 앨프리드 슬론(Alfred Sloan)은 당시 듀폰 가가 선택한 전문경영자였다.

GM은 포드의 T모델을 겨냥하여 제품 다양화 전략을 추진 중이었다. 이는 고객 니즈에 따른 제품 다양화의 원조로서, 경영학자 앨프리드 챈들러(Alfred Chandler)가 말한 "조직은 전략을 따른다"라는 유명한 명제의 뿌리가 된 전설적 경영 사례였다. 스타인은 이 프로젝트의 한 유닛을 지원하게 되는데, 바로 자동차 도색이다.

자동차의 다양화는 여러 측면에서 추진될 수 있지만 색깔은 가장 직관적이고 강렬한 요소 중 하나였다. 특히 오직 검정색만 고집한 포드의 T모델을 공략하는 전략 포인트가 '색깔'이었다는 점에서 더욱 그렇다. 그러나 당시의 도색 기술로는 검정색 이외의 색을 안정시키는 데 어려움이 많았다. 스타인은 연구원 시절부터 염색 기술 벤치마킹을 위해 영국을 다녀오는 등 이 분야에 경험이 있었다. 그는 GM과의 제휴 작업을 통해 축소된 조직을 이끌어나가고자 자동차 도색 프로젝트에 뛰어든다.

이미 이전부터 듀폰 연구팀은 GM과의 협업으로 '듀코(Duco)'라는 도색제를 개발한 바 있었다. 과거에 비하면 크게 개선된 제품이었으나 여전히 문제가 많았다. 착색이 불완전했고 특히 원료로 천연 수지(樹脂)를 사용해 대량생산도 불가능했다.[2] 스타인의 팀은 품질을 개선하는 동시에 모든 원료를 화학적으로 합성하는 데 성공한다.

조직이 크게 축소된 상황에서 전사 차원의 야심찬 프로젝트에 매달리지 않고 자신들이 강점을 지닌 분야에서 타 기업 프로젝트에 참여하기로 한 것은 현명한 선택이었다. 실제로 듀폰의 경영진은, 많은 연구원과 프로젝트를 상실한 스타인에게 "현업에 구애받지 않는 보다 크고 미래지향적인 과제"를 권유했다고 한다. 그러나 스타인은 기약 없는 무모한 도전보다는 보다 현실적이고 효과적인 대안을 선택했다. 이를 통해 그는 잔류한 연구원과 자신을 임명한 경영진 모두에게 전략가로서의 역량을 입증해 보였다.

순수과학 프로젝트: 나일론의 발명

앞서 언급했듯, 스타인은 듀폰의 연구개발 초점이 현업으로 대이동하는 와중에 본사 조직의 리더가 되었다. 위축된 조직을 이끌고 그는 GM 프로젝트 등을 통해 포인트를 쌓아가며 착실히 조직의 위상을 재건했다. 그리하여 처음에는 21명이던 인력이 3년 만에 60명으로 증가했다.

이렇게 조직의 기능과 역할을 회복한 스타인에게 본인의 경력은 물

---

2 Alfred P. Sloan Jr. Edited by John McDonald with Catharine (1963). *My Years With General Motors*. Doubleday & Company, Inc.

론 20세기 산업을 뒤흔들 거대한 기회가 다가오고 있었다. 그 진앙지는 바로 유기화학 분야, 더 구체적으로는 '고분자 중합'이라는 새로운 분야였다.

앞서 '듀코'의 예에서도 잠깐 이야기했듯이 대량생산으로 가는 길의 가장 큰 장애물은 천연 소재나 원료에 따른 한계다. 생물학적 사이클의 제약을 받는 천연 소재로는 대량소비 시장의 수요를 충족시킬 수 없다. 이런 측면에서 화학적 합성 소재는 20세기 초 산업이 기다리던 '차세대 대박 상품(Next Big Thing)'이라 할 만했다. 바로 그 가능성이 유기화학 분야에서 감지되기 시작한 것이다. 스타인은 '지금야말로 연구개발이 회사의 전략을 주도해야 할 때'라고 판단한 듯하다.

그는 〈순수과학 과업(Pure Science Work)〉이라는 보고서를 통해 경영진에 대담한 제언을 한다. 현업 지원의 실용적 과제 중심으로 연구개발 방향이 조율된 지 불과 3년 만에 스타인은 '순수과학' 연구를 대대적으로 추진해야 한다고 주장한 것이다. 그의 보고서는 경영진을 설득하는 데 성공했고, 곧바로 20만 달러 투자가 결정되었다.

스타인의 최우선 과제는 인력 확보였다. 스타인은 이미 명성을 얻은 학자는 초빙하기도, 활용하기도 어렵다고 판단해 젊은 학자들을 물색한다. 그러나 좀처럼 적임자를 발견하지 못했다. 경영진이 결단을 내린 뒤 9개월이 지나서야 스타인은 마땅한 사람을 만나게 된다. 그가 바로 월리스 캐러더스(Wallace Carothers)였다.

월리스 캐러더스는 일리노이 대학에서 화학박사 학위를 받고 하버드 대학에서 이제 막 강사 생활을 시작한 31세의 젊은 화학자였다. 스타인은 캐러더스에게 입사를 제안했으나 그때만 해도 캐러더스는 경력 대안

나일론을 잡아당겨 보여주는 월리스 캐러더스.
자료: DuPont Press Releases.

으로 기업을 생각해본 적이 없었다. 스타인은 그에게 세 가지 파격적 조
건을 제시한다.

① 교수 급여 두 배 수준의 보상
② 풍족한 연구 예산을 포함한 우수한 연구 환경
③ 하고 싶은 연구를 마음대로 할 수 있는 연구의 자유 보장

이러한 조건이 캐러더스의 마음을 움직였다. 스타인이 드디어 순수과
학 프로젝트의 중추인 유기화학 연구팀의 리더를 찾아낸 것이다. 이어
세상을 바꿀 프로젝트가 시작됐다.

새로운 소재를 만들어내는 폴리머 기술을 통해 캐러더스의 팀은 20세
기의 가장 위대한 발명이라고도 여겨지는 합성고무와 합성섬유, 즉 네오

로스앤젤레스에 설치된
35피트(약 11미터)짜리 나일론 선전 조형물.
1949년 8월 6일 제막식 사진으로,
조형물 모델인 영화배우 마리 윌슨(Marie Wilson)의
모습이 보인다.
자료: DuPont Press Releases.

프렌과 나일론을 개발하는 데 성공한다. 이것은 기업의 연구개발이 이룩한 위대한 성과다. 이전까지의 역사적 발명이 주로 개인이나 소집단의 성과였던 데 비해, 대기업의 조직적 연구개발 성과라는 면에서도 '나일론'은 특별하다. 작은 실험실에서 고독한 발명가가 해낼 수 없는 일을 해낸 것이며 자원·지식·예산·인력 등 모든 면에서 '규모'가 이룬 성과였다.

나일론은 1937년 특허를 출원한 뒤 제품화되어 1939년 뉴욕 세계박람회에 출품되었다. 이 행사는 20세기의 아이폰 발표회였다고 생각하면 이해하기 쉬울 것이다. 스타인은 '미래 세계로의 입장(We enter the world of tomorrow)'이라는 슬로건을 내걸고 대대적 마케팅을 벌였다. 반응은 폭발적이었다. 나일론 스타킹을 사려는 사람들로 상점마다 긴 줄이 늘어섰으며 길에서 곧바로 신어보는 사람도 있었다. 나일론 스타킹은 출하된 1940년 대비 5년 만에 생산량이 40배 증가할 정도로 폭발적 성장세를

기록한다. 역사를 바꾼 대히트 상품이 출현한 것이다.

어느 사이언티스트의 죽음

그러나 이 엄청난 성공의 배후에는 비극이 도사리고 있었다. 월리스 캐러더스는 스타인이 나일론 탄생을 전 세계에 발표하기 2년 전, 그리고 나일론의 특허를 신청하고 3주쯤 지난 1937년 4월 28일 자살했다. 그의 자살은 단지 한 개인의 비극에 그치지 않고 과학과 기술 그리고 과학자와 조직 간의 복잡다단한 관계를 다시 생각하게 만든다.

캐러더스는 입사한 뒤 상당 기간 스타인이 보장해준 대로 연구의 자유를 누렸다. 고분자 분야에서 캐러더스는 선구적 연구자였고, 그래서 누군가가 그의 연구에 개입하기도 쉽지 않았다. 그러나 개발이 진행되고 점차 가시적 성과가 드러남에 따라 상황이 변하기 시작한다. 이론적인 부분이 정리되면서 실제 시장에 내놓을 만한, 경제성 있는 성과를 만들 때가 눈앞에 다가온 것이다. 캐러더스가 입사한 지 5년쯤 지났을 때였다. 이때부터 과학과 산업 사이의 갈등이 표면화된다.

캐러더스는 과학 이론의 발전과는 무관한, 제품의 구체적 특성을 개선하기 위해 진행된 수많은 단조로운 실험에 점점 지쳐간다. 그는 지적 자극을 받아 몰입하는 유형이었기에 제품화 단계에서 이뤄지는 작업에는 잘 맞지 않았다. 반면, 프로젝트는 이제 모두가 집중해야 하는 결정적 타이밍에 다다르고 있었다. 일사불란한 단결, 세세한 문제까지 놓치지 않는 집착에 가까울 정도의 몰입, 독단적일지라도 한 명의 리더에 의한 통제가 매우 중요한 단계였던 것이다.

바로 이 시점, 즉 1930년에 듀폰의 연구개발 부문장이 바뀐다. 스타인은 그동안의 공적을 인정받아 이사회로 자리를 옮기고, 현장과 연구직을 두루 경험한 엘머 볼턴(Elmer Bolton)이 연구개발 부문의 리더가 된다. 볼턴 역시 하버드 대학에서 유기화학으로 박사학위를 받은 화학자였다. 하지만 그는 경영 마인드에 투철한 현실적인 유형이었다. 지금 와서 돌이켜보면 듀폰의 경영진은, 스타인이 뿌린 씨앗을 거두려면 다른 종류의 리더십이 필요하다고 생각했던 것 같기도 하다.

캐러더스는 업무 스트레스가 심해져 거의 우울증 상태였다. 이전부터 심신미약과 유사한 증상이 있었던 터였다. 한동안 사라졌던 그 증상이 더 심하게 재발했다. 그는 제품 개발 작업의 압박에 시달리는 와중에 자신이 이룩한 과학적 성과가 별로 대단치 않다는 생각에 빠져들었다. 엎친 데 덮친 격으로 신임 리더 볼턴은 속도와 경제성이라는 기준으로만 연구원들을 밀어붙였다. 연구원들의 실질적 리더였던 캐러더스는 볼턴과 자주 충돌했으며 회사를 떠날 생각까지 하게 되었다. 그러나 이 무렵 그는 막 결혼한 상태였고, 대공황으로 큰 재정적 손실을 입은 부모를 자기 집 부근으로 이주시킨 상황이었다. 그에게는 선택의 여지가 별로 없었다.

마지막 제품 개발 단계에서 캐러더스를 제외시켰다면 어땠을까? 그러나 나일론과 같은 근본적 혁신 사업의 경우 연구와 개발을 그렇게 깔끔하게 나누기가 어려웠다. 볼턴이 캐러더스를 압박한 것은 사적 감정 때문이 아니라 그럴 필요가 있다는 판단 때문으로 보는 것이 합당하다. 나일론의 제품화는 마지막 단계까지 어려운 선택을 요구했고, 초기 개발자의 지식과 감각이 계속해서 필요했다. 실제로 최종 단계에서 캐러더스가 한 선택이 나일론 성공에 결정적 기여를 한다.

회사로서는 빛나는 성공이었지만 캐러더스는 탈진하고 말았다. 설상가상으로 친밀했던 여동생의 사망 소식을 들은 지 얼마 안 된 시점이었다. 캐러더스는 어느 허름한 호텔 방에서 자살했다. 엄청난 성공을 목전에 둔 회사로서는 충격적인 일이 아닐 수 없었다. 우울증 증상이 드러나고 자주 요양을 하는 모습에서 그가 힘든 상황을 겪고 있음은 어느 정도 알려져 있었다. 그러나 굉장한 성과가 가시화되는 상황에서, 더욱이 성급한 사람들은 노벨 화학상을 거론할 정도로 학자로서 큰 영광이 기다리는 상황에서 그가 자살하리라고는 누구도 예상하지 못했고 그만큼 충격적인 사건이었다.

자살 보도가 지방신문에 게재되었음을 안 회사 측은 아침에 캐러더스의 아내가 보지 못하도록 자택으로 사람을 보내 신문을 치웠다. 위대한 업적의 한가운데에서 벌어진 비극은 오늘날까지도 당혹스러움을 안긴다. 듀폰의 홈페이지는 캐러더스의 업적을 강조하면서도 그의 자살은 언급하지 않고 있다.

듀폰 사가 캐러더스를 죽음으로 내몰았던 걸까? 답하기 어려운 질문이다. 캐러더스가 대학에 남았다면 더 행복했을까? 마찬가지로 대답하기 어렵다. 듀폰의 연구개발 역사를 심층 연구한 데이비드 헌셀 교수는 조금 다른 방향에서 질문을 던진다. "캐러더스가 하버드에 남았더라도 그가 나일론을 발명했을까?" 그 대답은 '아니요'다. 개인의 행복과 불행의 문제는 간단히 답을 내리기가 어려운 법이다. 하지만 오로지 '일'이라는 관점에서만 본다면 듀폰은 혁신의 성공을 위해 적절한 선택을 한 것이라 볼 수 있다.

위대한 재능을 발견하고 이를 위대한 성과에 연결 지은 것은 스타인의 뛰어난 관리 능력이다. 그러나 그는 캐러더스의 죽음을 막지 못했다. 돌이켜보면 캐러더스의 내면에서 충돌했던 이론과 실제 간의 팽팽한 긴장이야말로 나일론의 중요한 성공 요인이 아니었을까 하는 생각이다. 자유로운 이론 연구와 제품화를 위한 조직적 집중은 둘 다 필수불가결하다. 그리고 이것은 한 사람이 동시에 가지기 힘든 자질이다. 그렇다고 해서, "나는 연구, 너는 개발" 이렇게 칼로 자르듯 분업화할 수도 없다.

4차 산업혁명을 이야기하는 지금은 그 어느 때보다 상상력이 강조되는 시대다. 그러나 상상력이 현실에서 구현되려면 조직화, 실행력, 집념이라는 다소 이질적인 요소들이 접합되어야 한다. 과학을 어느 단계에서 어느 정도로 조직화해야 하는가는 지금 이 순간에도 큰 이슈다. 캐러더스의 죽음은 이 이슈가 긴장과 모순을 내포하고 있음을 보여준다. 산업과 과학의 만남은, 엄청난 가능성을 가지고 있는 만큼 복잡하고 미묘한 것이기도 하다.

 PART 7

산업혁명과
데이터

가장 큰 오류는 데이터를 확보하기도 전에
이론부터 만드는 것이다.
_ 아서 코난 도일의 《주홍색 연구》에서 주인공 셜록 홈스의 대사

과학과 기술의 출발점에 데이터가 있다. 근대과학은 인간의 사고방식을 근본적으로 변화시켰는데, 변화의 핵심은 논리가 아니라 데이터였다. 산업화 이전에는 데이터가 부족했고, 데이터를 정확히 측정하고 체계적으로 수집하려는 노력도 거의 없었다. 온도, 길이, 질량, 시간 등 세계의 양태를 측정하는 가장 근본적인 도구는 물론 척도 원기(原器), 기준 원점조차 마련되어 있지 않았다. 최초로 미터원기가 제정된 것이 1791년, 국제 킬로그램원기가 제정된 것은 1889년이었다. 데이터를 수집하고 이를 바탕으로 과학적 법칙이 검증되면서 인간은 산업화의 길을 걷게 된다.

'데이터는 4차 산업혁명 시대의 원유'라고들 말한다. 그러나 데이터와 산업의 관계가 4차 산업혁명 시기에 와서 비로소 중요해진 것은 아니다. 데이터는 산업화 초기부터 핵심 인프라였다. 물론 이 산업화 초기의 데이터는 현대의 데이터와는 비교조차 할 수 없는 '스몰 데이터'에 불과했다 할 것이다. 그러나 빅데이터가 반드시 몇 테라 혹은 몇 페타 바이트 이상의 양적 조건으로 규정되는 것은 아니다. 전문가에 따르면, 데이터의 절대량보다는 처리 능력 대비 데이터 관리 및 분석이 얼마나 어려운가가 빅데이터의 조건이다.[*]

---

[*] 함유근, 채승병 (2012). 《빅데이터, 경영을 바꾸다》. 삼성경제연구소.

그렇다면 산업혁명 직후 데이터의 체계적 수집 및 관리를 최초로 시도한 이들은 '빅데이터 시대를 앞서 내다본 개척자'라고 명명해도 좋을 것이다. 이 파트에서는 바다와 하늘의 데이터를 체계적으로 정리한 두 사람, 매슈 모리와 엘리 젭슨의 이야기를 다루고자 한다.

산업혁명은 인간의 경제활동 영역을 넓혔을 뿐 아니라 더 촘촘하게 만들었다. 대양을 항해하는 선박이 늘어남에 따라 바다의 모든 것(지형, 해류, 기상 등)에 대한 방대한 데이터와 지식이 요구되었다. 하늘을 향한 비상에서도 마찬가지였다. 최초의 비행기가 등장했을 때는 제대로 된 공항도, 관제탑도, 항공지도도 없었다. 목숨 걸고 바다와 하늘을 개척한 초기의 항해사와 비행사들이, 미지의 세계에 관한 데이터를 수집하고 축적하고 이용 가능하도록 정리한 것이다.

이들은 데이터로 새로운 산업의 기반을 쌓았을뿐더러 데이터를 다루는 방법에서도 후대가 따라야 할 모범을 제시했다. 빅데이터 시대의 개척자가 된, 바다와 하늘의 지도 제작자, 그들의 삶을 살펴보자.

❖ 매슈 모리
(Matthew Fontaine Maury, 1806~1873)

미국 해군 출신으로, 해군성 천문대(United States Naval Observatory) 소장을 지내며 바다에 관한 데이터 수집과 정리를 주도했다. 19세에 해군사관생도로 입대했고 해양 관련 과학을 독학했다. 33세에 마차 사고로 다리를 다쳐 배를 탈 수 없게 되었으나, 1844년 연방기구로 출범한 미 해군성 천문대의 초대 소장이 되었다. 이때부터 해양 관련 데이터의 체계적 수집 및 축적에 헌신했다. 이런 노력을 집대성하여 1855년 《해양지리학(The Physical Geography of the Sea)》을 출간, 항해의 속도와 안전을 크게 개선했다. 1861년 남북전쟁이 발발하면서 남부 편에 서 있던 그는 해군성 천문대 소장 자리에서 물러난다. 전쟁 중 남부연합에 적극 협조했다는 이유로 전후 잠시 해외에 머물렀으나 다시 고향 버지니아로 돌아와 군사학교 교수로 일했다. 버지니아 주 재건과 기상학 연구 등을 위해 노력하다가 1873년 67세의 나이로 사망했다.

매슈 모리,
해저 지도를 그리다

대서양 해저 케이블

2차 산업혁명의 핵심 기술은 전기다. 전구가 가스등을 대체하고 모터를 이용하는 전동기가 증기기관을 대체하면서 새로운 시대를 열었다. 하지만 전기를 가장 먼저 실용화한 것은 전구도 모터도 아닌, 전기를 이용한 통신, 즉 전신이었다. 전기가 도선을 따라 멀리까지 흐를 수 있고, 도선을 통해 흐르는 전기가 자기장을 형성하며 자침을 움직일 수도 있다는 전자기 현상의 발견은 원거리 통신 혁명으로 이어졌다. 그때까지만 해도 교통의 발전 속도를 앞지르지 못하던 통신이 비약적으로 발전하는 계기가 만들어진 것이다.

그리고 억척같은 사람들은 케이블을 심지어 바다 밑바닥으로 연결하기도 했다. 다만 그리 넓지 않은 바다였다. 섬나라 영국은 유럽 전신망에서 소외될 상황이 되자 이 작업에 가장 적극적으로 나서 도버해협을 통과하는 해저 케이블을 설치했다.

그러나 대양은 그 규모에서 해협과는 근본적으로 다르다. 미국과 유럽을 연결하는 북대서양은 최단거리 3,000킬로미터, 평균 수심 5,000미터에 달하는 거대한 바다였다. 바닷물의 흐름과 풍랑은 어떤지, 해저 지형은 어떻게 생겼는지, 심해 해류는 없는지 등 모든 것이 미지에 둘러싸인 심연이었다. 그 누가 저 바다 밑의 정보를 가지고 있었겠는가?

제지사업으로 큰 성공을 거둔 사이러스 필드(Cyrus West Field)가 대서양 해저 전신 케이블 부설 프로젝트에 본격적으로 뛰어들었을 때 그의 가장 큰 고민도 바다 밑 정보였다. 이때 마치 기다렸다는 듯 한 사람이 나타났다. 바로 미국 해군성 천문대(USNO, United States Naval Observatory) 소장을 지낸 매슈 모리였다.

해양학자가 된 해군 장교

매슈 모리보다 11세 연상인 형 존 모리(John Maury)는 1809년 해군사관생도가 되었고 2년 뒤에는 중위가 되었다. 그는 군함을 타고 온 세계를 다녔으며 휴가 때 집으로 돌아오면 어린 동생 매슈에게 자신의 모험담을 들려주었다. 형의 이야기는 어린 동생의 마음을 뒤흔들어놓았다. 그런데 전도유망한 장교이던 존은 1824년, 애석하게도 복무 중 황열병으로 쓰러져 사망했다. 바로 그다음 해에 매슈는 형의 뒤를 이어 19세 나이로 해군에 입대했다. 큰아들을 잃은 부모가 극력 반대했음에도 불구하고 바다를 향한 그의 의지는 흔들리지 않았다.

해군사관생도 시절부터 매슈 모리는 바다에 대해 알고 싶은 욕구로 충만했다. 그는 항해에 필요한 천문학과 기상학 등을 독학으로 연구했다. 이론적으로 공부한 것을 실제 선상 체험으로 검증하면서 바다에 관한 그의 지식은 어느덧 높은 수준에 이르렀다. 매슈 모리의 전기 작가 존 그레이디는 "포경선이 멜빌의 예일이라면, 군함은 모리의 하버드였다"라고 말한다.[1]

이런 노력의 결과, 1836년 "바다에 대한 최초의 과학적 연구"라고 모리 스스로 평한 《항해에 대한 이론적·실제적 신논고(A New Theoretical and Practical Treatise on Navigation)》를 발표할 수 있었다. 당대의 문호 에드거 앨런 포(Edgar Allan Poe)가 이 책에 대한 서평을 남겼는데, 바다에 관심이 많았던 포는 "다른 항해 관련 도서와 달리 불필요한 세부 사항을 늘어놓지 않고, …… 문체가 모호하지 않고 간결하며, …… 해양학의 모든 부문을 철저히 연구한 것으로 보인다"라고 높이 평가했다.[2] 이후로도 바다에 대한 꾸준한 연구 활동을 통해 모리는 '해양 전문가'로서 위상을 축적해나갔다.

그러던 중 예기치 않은 불운이 찾아온다. 1839년 모리는 합승마차 사고로 다리를 다쳐 영구적 장애를 입었다. 백방으로 노력했음에도 그는

---

1 John Grady (2015). *Matthew Fontaine Maury, Father of Oceanography A Biography, 1806~1873*. McFarland & Company.

2 Dawn B. Sova (2007). *Critical Companion to Edgar Allan Poe: A Literary Reference to His Life and Work*. Infobase Publishing.

군함에 승선할 수 없게 되었고, 해군으로서의 경력도 중단될 위기에 처한다. 그러나 해양 전문가로서 그가 얻은 평판은 새로운 기회를 열어주었다. 당시 바다에 대한 관측과 데이터의 중요성이 날로 커지자 1844년 기존의 '국립관측소'와 해군의 '해도 및 기기 보관소'가 통합되어 '미국 해군성 천문대'로 재설립되었는데, 초대 소장으로 모리가 임명된 것이다. 어떻게든 경력을 이어가려던 그에게는 다행스러운 일이 아닐 수 없었다. 돌이켜보면 이 임명은 모리 개인적으로나 국가 차원으로나 최선의 적재적소 인사였다. 모리는 다리 부상을 전화위복의 기회로 만든 것이다.

　미 해군성 천문대 소장으로서 그는 해류, 풍향, 기상 등 바다에 관한 모든 데이터를 체계적으로 축적하고자 했다. 일부 지점에 설치된 고정 관측소만으로는 해양 자료를 쌓는 데 역부족이라는 판단에 따라 그는 바다를 항해하는 모든 배들이 '움직이는 관측소' 역할을 해야 한다고 생각했다. 그러려면 선원들이 관측요원이 되어야 했는데, 이들의 항해일지가 중구난방으로 작성되고 있다는 점이 문제였다. 모리는 자신의 경험을 바탕으로 항해일지를 체계화·표준화하여 선원들에게 배포한다. 한 걸음 더 나아가, 보다 광범위한 데이터 수집을 위해 그는 미국만이 아니라 세계 각국에 표준화한 항해일지를 배포한다.

　항해일지를 표준화하는 한편으로 과거의 낡은 항해일지들을 사들이기 시작했다. 새로운 항해일지로 작성된 데이터가 활용이 가능할 정도로 축적되려면 오랜 시간이 필요하다. 그때까지 기다리기만 할 수는 없다고 생각한 모리는 그동안 선원들이 수기로 작성한 낡고 찢어지고 바닷물에 젖은 일지를 모아 일일이 정리하고 데이터베이스화했다. 정형화되지 못한 과거의 방대한 자료를 정리하고 코드화하는 것은 오늘날 빅데이터의 시대에도 여전히 가장 중요한 과업으로, 모리는 이 작업을 누구보다 먼저 시도한 선구자라 할 수 있다.

이렇게 수십 년간 쌓여 있던 데이터를 살려냄으로써 방대한 데이터가 단기간에 축적되었다. 이를 바탕으로 모리는 해양 상황에 대한 종합적이고 입체적인 데이터베이스를 구축했고, 그 결과 원양 항해의 새로운 시대가 열린다.

그때까지만 해도 '항해'라는 것은 인간이 도저히 통제할 수 없는 위험천만한 일이었다. 그래서 당시의 항해자들은 기복신앙과 점성술 같은 것에 의존했다. 항해 중 안전을 위한 합리적·과학적 방법에 관한 연구가 답

모리는 해군 및 민간 선박의 항해, 해로, 기상 데이터 등을 대량으로 수집하여 1847년부터 지속적으로 풍향과 해류 차트(Maury's Wind and Current Charts)를 제작하여 발표했다. 사진은 1849년판 (왼쪽)과 1852년판(오른쪽)
자료: American Geographical Society Library Digital Map Collection.

보 상태였기 때문이다. 그렇지만 이제 모리가 축적한 항해일지의 내용을 바탕으로 지형, 기상, 풍향, 풍속, 해류 등에 관한 체계적 정보를 얻을 수 있었고, 이에 따라 선박들의 안전과 항해 속도가 크게 개선되었다. 1848년 2월 존 잭슨 선장은 모리가 제공한 해양 정보 덕택에 버지니아 곶에서 리오까지 38일 만에 항해를 마쳤다고 보고했다. 이 항로는 통상 55일 이상이 걸리던 곳이었다.[3]

평탄한 해저분지, '전신 고원'을 찾아라

대서양 해저 전신 케이블 사업을 구상하던 사이러스 필드는 대양의 밑바닥을 자세히 알고 싶었다. 그러나 누가 그것을 알 것인가? 모리가 미국 해군성 천문대 소장으로 부임한 1840년대만 해도 인간은 해저 정보를 갖고 있지 못했으며, 사실 그것에 대해 알아야 할 필요도 그다지 없었다. 물론 강이나 연안과 같이 수심이 얕은 곳의 바다 지형을 아는 것은 당시에도 중요한 문제였고, 그래서 미시시피 강을 오가는 증기선 도선사들은 강바닥 지형에 대해 아주 많은 지식을 갖고 있었다. 그러나 수천 미터가 넘는 심해에 관한 정보는 은하계 바깥만큼이나 미지의 세계였다.

사이러스 필드는 신임 해군성 천문대 소장 매슈 모리에게 해저 케이블의 설치 가능성을 문의하는 편지를 보내 긍정적 회답을 받았다. 이들은 1853년 워싱턴에서 만났다. 영국과 미국을 잇는 대서양 해저에 케이블

---

3 John Grady, Ibid, p. 131.

을 설치하려면 평탄한 해저분지, 즉 '전신 고원(telegraph plateau)'을 찾아야 했는데, 모리는 그 일을 가능케 할 해저 탐사선과 기술을 확보하고 있었다. 때마침 해저지형을 탐사하는 데 유용한 음파 측정기술도 발달하고 있었다. 이 모든 조건이 사이러스 필드의 프로젝트 추진 시점과 잘 맞아떨어졌다. 역사에서 우연은 때때로 결정적 역할을 한다.

1854년 해저지형도가 작성되었으며, 모리는 전신 고원으로 보이는 지역을 명기해준다. 필드는 초기부터 모리의 기여에 대한 경제적 보상을 언급했으나 해군 조직의 기관장으로서 모리는 이를 거부했다. 그 대신 모리는 필드에게 다른 합당한 제안을 한다. 해저 케이블 설치에 성공하면 대서양상의 경도 설정 목적으로 전신을 이용할 권리를 달라는 것이

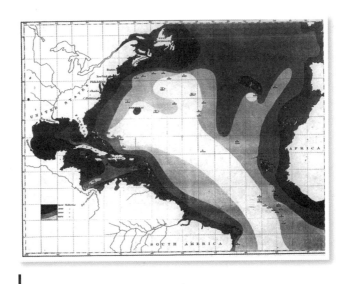

최초로 제작된 북대서양 수심지도(Maury's Wind and Current Charts, 1853)
자료: NOAA Central Library Historical Collection.

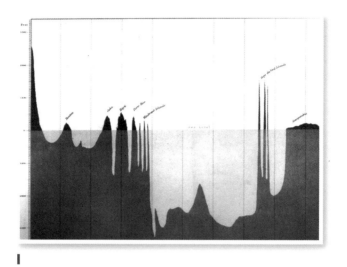

북대서양 해저분지의 첫 번째 측면도(Maury's Wind and Current Charts, 1854)
자료: NOAA Central Library Historical Collection.

었다. 이로써 위대한 민관 합작의 보상 문제도 깔끔하게 정리되었다.[4]

그러나 실제 케이블 설치 과정은 수많은 난관과 우여곡절의 연속이었다. 전신 고원의 위치도 측정에 따라 계속 수정되었다. 1857년의 설치 시도는 실패했고 다음 해인 1858년에 성공해 최초의 메시지가 전송되었으나 얼마 안 있어 케이블 파손으로 통신이 두절된다. 1866년에 가서야 안정적으로 기능하는 해저 케이블 설치가 이루어졌다. 1861년 발발한 남북전쟁으로 모리가 해군성 천문대 소장을 사임한 지 5년이 지난 뒤였다.

전신이 일으킨 통신 혁명은 세계를 근본적으로 뒤바꿔놓았다. 그리고 이 혁명의 근원에는 소년 시절부터 바다를 바라보고 평생을 바다를 연

---

4 John Grady. Ibid. p. 131.

구한 한 사람의 노력이 있었다. 그는 훌륭한 해군이 되기 위해 해양학을 공부하고 관련 데이터를 축적했다. 다리를 다친 뒤로는 항해의 안전과 효율을 기하는 데 미국 해군성 천문대 소장으로서 최선을 다했다. 그의 노력은 그가 예상하지 못한 방향에서 새로운 니즈를 만났다.

하나의 원인이 어떤 결과를 낳을지 사전에 완벽하게 예측하는 것은 불가능하다. 힘든 노력이 가져오는 보상 중 하나는 그것이 의외의 결과를 낳기도 한다는 데 있지 않을까? 모리가 정리한 해양 데이터는 또 하나 전혀 예상하지 못한 과학적 대발견으로 이어진다.

해왕성의 확인: 빅데이터의 힘

파리의 천문학자 위르뱅 르 베리에(Urbain Le Verrier)와 영국의 존 애덤스(John Adams)는 각각 천왕성을 관찰하던 중 천왕성 궤도가 뉴턴 법칙에 어긋난다는 것을 발견한다. 수학적 계산 결과 이들은 천왕성 밖에 또 하나의 행성이 있을 것이라고 추측한다. 이들의 추측을 바탕으로 1846년 독일의 천문학자 요한 갈레(Johann Galle)가 해왕성을 관측하는 데 성공했다. 그러나 밤하늘에서 발견된 이 한 점 별이 진짜 해왕성인지 확인하려면 그 궤도가 관측되어야 했다.

해왕성은 태양계의 가장 바깥쪽에 위치한 행성으로 공전주기가 158년에 달한다. 따라서 몇 년치의 관측 정도로는 부족하고 최소 50년 이상의 관측 데이터가 필요했다. 모리는 이 소식을 듣고 미국 해군성 천문대 소속의 시어스 워커(Sears Walker)에게 해왕성 관측을 지시했다. 워커는 하버드 대학 졸업 후 보험회사에서 일했을 뿐 전문적인 천문학자는 아니었다. 그런데 그는 해왕성을 관측하던 중 모리가 축적해둔 과거 항해일지의 기록을 떠올린다.[5] 해왕성의 운행은 늘 동일하므로 미래 50년의 데이터는 과거 50년의 데이터로 대체할 수 있겠다는 판단이었다. 수많은 선원들이 밤하늘을 바라보며 기록한 항해일지는 모리의 방식으로 코드화되어 별의 궤도를 재구성하는 근거가 되었다. 이를 바탕으로 워커는 요한 갈레가 발견한 별이 해왕성임을 입증했다.

바닷물에 젖고 찢어지고 중구난방 제각각으로 기록된 빛바랜 항해일지를 코드화하는 일은 고되고 지루한 작업이었을 것이다. 이것은 오늘날의 빅데이터가 직면한 문제이기도 하다. 현재는 다양한 IT 기술로 인해 데이터의 수집과 코드화가 자동으로 이루어지기도 하지만, 지금 이 순간에도 수많은 데이터들이 추후 활용하거나 가공하기 어려운 형태로 각각의 매체에 각각의 방식으로 기록되고 있다. 그런 탓에 데이터의 수집 방식과 포맷의 표준화는 여전히 난제다. 이 어려운 분야에서 매슈 모리는 선구적 업적을 남긴 인물로 평가될 만하다.

뒷얘기이지만, 모리의 지시에 의해 해왕성 관측 작업을 하던 워커는 해왕성을 입증한 연구 결과를 해외 과학 저널에 자신의 이름으로 발표한다. 모리는 당장 그를 해고했으며, 소속 인력의 연구 결과는 미국 해군성 천문대의 자산이 되어야 한다는 원칙을 주장했다. 하지만 이미 전 세계에 타전된 뉴스는 워커를 해왕성의 확인자로 만들었다. 그리하여 오늘

---

5 Steven J. Dick (2003), *Sky and Ocean Joined: The US Naval Observatory 1830~2000*, Cambridge University Press.

날 워커는 천문학사에 한 줄 이름을 남긴 천문학자가 되었다. 모리는 모든 구성원의 연구 결과가 조직의 자산이어야 한다고 주장했지만 워커는 조직보다는 자신에게 최선이라고 생각한 일을 감행했다.

'해왕성 확인'을 워커에게 양보한다고 해도 모리의 업적 리스트는 조금도 훼손되지 않는다. 다루기 힘든 데이터에 질서와 체계를 부여해 가치 있는 정보로 바꾸는 것이 빅데이터 시대의 본질이라면, 모리야말로 '빅데이터 시대를 내다본 개척자'로 불리기에 조금도 모자람이 없는 업적을 달성했다.

⚜ 엘리 젭슨
(Elrey Borge Jeppesen, 1907~1996)

미국의 조종사이자 항공 차트 제작자다. 14세 때 우연히 비행기를 타본 뒤 고등학교를 중퇴하고 곡예비행단에 들어가 비행기 조종을 배웠다. 곡예비행을 하던 중 1928년부터 비행기 조종사 면허 제도가 생겨나 오리건 주에서 스물일곱 번째로 라이센스를 취득함으로써 비행기의 발명가 오빌 라이트(Orville Wright)로부터 직접 면허증을 받았다. 우편비행, 항공 촬영 등의 일을 하다가 1930년, 후일 보잉 사에 합병되는 바니항공에 조종사로 입사했다. 당시의 조종사들은 육안으로 지형지물을 판단하고 거기에 의존해 비행을 해야 했다. 젭슨은 항로와 공항 주변 지형에 관한 세부 사항들을 10센트짜리 검정색 표지의 작은 수첩에 기록했는데, 이것이 바로 '리틀 블랙 북(Little Black Book)'의 시작이다. 처음에는 주변 동료들의 요청으로 복사본을 나눠주다가 1934년에는 자신의 이름을 내건 회사를 설립하여 '젭슨 차트'를 10달러에 팔기 시작했다. 1954년 항공사를 퇴직하고 사업에 몰두하였으나, 1961년에는 회사 지분을 모두 매각하고 이사회 의장으로 남았다. 89세인 1996년에 사망했다.

엘리 젭슨,
'리틀 블랙 북'으로 연 하늘길

제1세대 조종사

바다의 지도를 그린 모리가 태어나고 그로부터 약 100년 뒤인 1907년 덴마크 출신 가구 제조업자 집안에서 엘리 젭슨이 태어난다. 그는 어릴 때부터 독수리가 나는 모습을 넋 놓고 쳐다보곤 했다고 한다. 학교를 그만두고 비행기 조종을 배운 그는 당시 큰 인기를 끌던 곡예비행사가 되어 사람들 앞에서 공중 묘기를 펼쳤다. 그리고 22세가 되던 1929년, 미국 오리건 주에서 스물일곱 번째로 조종사 면허를 취득했다. 이후 1930년부터는 항공사에 입사하여 우편비행, 항공 촬영, 여객기 조종 등을 담당했다.

당연한 일이지만, 그 당시만 해도 비행기 조종은 매우 위험한 과업이었

젭슨의 조종사 면허증.
하단에 오빌 라이트의 서명이 보인다.

다. 전쟁 중에는 물론 평화 시에도 많은 우편비행사들이 사고로 사망했
다. 비행기 사고로 인해 유실되는 우편만 해도 30%에 달할 정도였다. 젭
슨의 아들 리처드가 집필한 전기에 따르면, 만년의 젭슨은 "나는 너무 외
롭다. 내 친구들은 모두 죽었다"라고 되뇌었다고 한다.[1]

　비행 안전을 위한 개선은 좀처럼 이루어지지 않았다. 조종사가 되려는
지원자들이 줄을 서 있는 상황이라 항공사 입장에서는 안전조치를 강구
할 만한 인센티브가 없었다. 조종사들은 기상이 나쁜 날이나 야간에도
관제탑조차 없던 당시의 열악한 공항으로의 착륙을 시도해야 했다. 조
종사들은 생명을 지키기 위해 스스로 조심하는 것 외에는 별 방법이 없
었다.

---

1 Richard Jeppeson (2008). *Jeppesen: A Biography By His Son*. Xlibris US. pp. 1~2.

젭슨 차트의 출발, 리틀 블랙 북

언덕이나 첨탑 등 위험 지형이 있는 공항에 야간 착륙을 시도하는 것은 목숨을 건 도박이었다. 엘리 젭슨은 한 가지 방법을 생각해낸다. 야간 착륙이 예상되는 공항 주변의 농가에 전화를 걸어 기상 상황을 물어보거나 들판의 건초더미에 불을 밝혀달라고 미리 부탁해놓는 것이다. 그는 이때 자신의 수첩에 농부들의 전화번호 리스트를 적어두었는데, 이것이 후일 '젭슨 차트(Jeppesen Chart, 항법지도)'의 출발점이 되는 '리틀 블랙 북'의 기원이다.[2] 그래선지 덴버 공항에 세워진 젭슨 기념상은 한 손에는 프로펠러를, 또 다른 손에는 수첩을 들고 있다. 이 수첩이 오늘날 모든 비행기 조종사의 필수품인 '젭슨 차트', 즉 하늘의 지도가 된다.

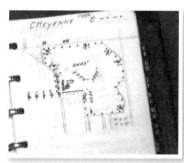

젭슨은 항로와 공항 주변 지형에 관한 세부 사항들을 검정색 표지의 작은 수첩에 기록했는데, 이것이 바로 '리틀 블랙 북(Little Black Book)'의 시작이다.

---

2 Richard Jeppeson (2008). Ibid. pp. 106~107.

덴버 공항에 있는 엘리 젭슨의 기념상. 왼손에는 프로펠러를, 오른손에는 수첩을 들고 있다.

관제탑의 지원을 받지 못하던 당시의 조종사들은 나침반을 가지고 땅 위의 지형지물, 특히 철도를 근거로 비행을 했는데, 그러다 보니 날씨가 좋지 않거나 야간 비행 시에는 사고가 빈발했다. 젭슨은 비행 사고를 막기 위해 수첩을 계속 업데이트한다. 그는 공항 주변의 지형, 특히 높은 건물이나 첨탑 등을 일일이 직접 찾아다니면서 측정했다. 그가 수첩에 기록한 차트를 본 주위의 조종사들은 큰 관심을 보였다. 그는 수첩을 복사하여 동료들에게 나눠주었다. 조종사들 사이에서 그의 차트가 유명세를 타면서 수요가 늘어났고, 젭슨은 보다 적극적으로 나서서 복사본을 제작하여 10달러를 받고 팔기 시작한다. 그의 차트는 날개 돋친 듯 팔렸다. 그는 차트 제작을 본격적으로 사업화하고자 1934년 회사(Jeppeson & Co.)를 설립한다.

하늘의 지도를 제작하다

급격히 늘어나는 미국의 모든 공항 데이터를 젭슨 혼자서 수집하고 정리하는 것은 무리였다. 그는 차트를 지속적으로 업데이트하는 데 동료 조종사들로부터 도움을 받는다. 그들도 자기들의 영역에서 어떤 식으로든 필요한 정보를 기록하고 정리하고 있었다. 젭슨은 자신이 만든 양식을 조종사들과 공유해 공통의 방식으로 기록해줄 것을 부탁한다. 그는 표기 방법과 기호 등을 단순하고 명료하게 만들어 누구나 동일하고 정확하게 기록할 수 있도록 만든다.

이런 노력에도 불구하고 항공 차트를 만드는 것은 매우 어려운 일이었다. 그는 점점 두꺼워지는 차트를 인쇄해 책자처럼 만들어 판매했는데, 작업 및 인쇄 과정 중의 오류를 완벽하게 방지하기란 애초 불가능에 가까웠다. 항공 차트의 속성상 단 하나의 작은 실수가 곧바로 대형 사고로 이어질 수 있기에 이것은 중요한 문제였다. 인쇄 과정의 1% 오타율이 곧바로 사고율이 되는 것이다. 당시 막 여객기 운항도 시작된 터라 수많은 승객을 태운 비행기가 차트 오류로 사고를 당하고 희생자가 나온다면 그 책임을 어찌 감당할 것인가? 불량률 제로의 항공 차트를 어떻게 만들 것인가?

사업이 확대됨에 따라 차트 제작 작업을 여러 사람이 나누어 하게 되면서 문제는 더욱 커졌다. 이에 젭슨은 데이터베이스를 체계화해 누가 항공지도를 제작하든 똑같은 결과가 나올 수 있도록 프로세스를 합리화했다. 또한 최초 구매자에게 바인더 형태의 책을 제공하고, 업데이트를 할 때는 추가되거나 수정된 부분만 교체하거나 덧붙일 수 있도록 해

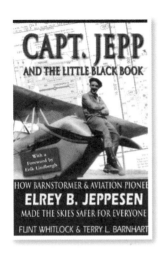

2007년 젭슨 탄생 100주년에 맞추어 발간된,
젭슨의 이야기를 담은 책

주었다. 이런 노력이 물론 효과를 발휘했겠지만, 젭슨 차트가 큰 사고를 낼 정도의 오류를 만들지 않았던 것은 아마도 젭슨의 초인적 집중력 덕분일 것이다. 그리고 어느 정도는 행운이 따른 것이라고 봐야 한다.

유나이티드항공(United Airlines)의 조종사이면서 동시에 차트 회사 사장이었던 젭슨은 2차 세계대전의 전운이 감돌 무렵 조종사로서 국가의 부름을 받는다. 당시 조종사는 모두 전시 국가 동원 대상이었다. 그는 최신 항공기 DC-3의 조종사로서 복무한다. 그러나 곧 미군은 젭슨의 조종 능력보다 훨씬 더 엄청난 자산, 즉 그의 항공 차트에 주목한다. 그는 국가에 봉사하는 차원에서 자신의 지도를 모두 군에 제공했으며, 이후 군대의 요구에 따라 지도 제작 작업을 수행했다.[3] 젭슨의 차트에 군사적

---

3 Flint Whitlock & Terry L. Barnhart (2007). *Capt. Jepp and the Little Black Book: How Barnstormer and Aviation Pioneer Elrey B. Jeppesen Made the Skies Safer for Everyone*. Savage Press.

기밀 사항이 포함된 것을 발견한 군대는 그의 작업장과 차트를 별도의
보안 장소로 옮기고 경비병을 배치했다. 그는 캐나다, 알래스카, 알류샨
열도의 차트를 만들었다.

젭슨은 군대에 항공 차트를 제공하는 관급 사업자 역할을 한 셈이다.
미 해군에는 유사한 기능을 하는 조직이 이미 있었다. 바로 연안측지조
사국(United States Coast and Geodetic Survey)이다. 그런데 이들 사이에
경쟁적 분위기가 있었던 것 같다. 젭슨은 과업 수행에서 자신이 정부기
관보다 한 수 위였다는 자부심을 표현하기도 했다.

일본과의 전쟁이 치열해지면서 전선으로 나가는 조종사들이 많아졌
고 위험한 업무도 급증했으며 전사자도 늘어났다. 젭슨이 곡예비행을 할
때부터 함께 일했던 오랜 친구들도 전사했다. 젭슨도 당연히 임무에 투
입되어야 했으나 미군은 항공 차트를 제대로 만드는 일이 훨씬 더 막중
하다고 판단해 그를 전선에 투입하지 않았다. 지도 작업에 몰두하던 그
는 비행기가 아니라 "책상을 조종(flying a desk)"하고 있다며 불평했다고
도 한다.

항공관제가 발전함에 따라 항공사들도 자체적으로 항공지도를 제작
하기 시작했으나, 놀랍게도 조종사들은 여전히 젭슨 차트만을 사용했
다. 결국 항공사들은 젭슨 차트를 공식 항공지도로 채택하게 된다.

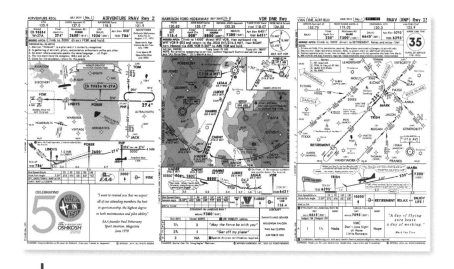

젭슨 사는 지난 30년간 유명인과 관련된 날이나 기념할 만한 날을 맞아 특별한 차트를 만들기도 했다.
자료: Jeppesen Homepage.

젭슨은 조종사로 일하면서 지도 제작을 병행했기 때문에 늘 피로에 시달렸고 결국 사업을 접을 결심까지 하게 된다. 하지만 사겠다고 나서는 회사가 없어 어쩔 수 없이 사업을 지속했다. 그런데 이것이 그에게는 엄청난 행운이었다. 2차 세계대전 후 전 세계 항공사의 필수 아이템이 된 젭슨 차트가 커다란 부를 가져다준 것이다.

비행과 지도 제작 작업을 병행하던 젭슨은 47세가 되던 1954년 항공사를 퇴직하고 차트 사업에만 전념한다. 후일 그의 회사는 보잉사에 매각되어 보잉의 자회사가 되었다. 디지털화된 오늘날의 젭슨 차트는 과거와는 비교할 수 없는 방대한 데이터와 신속한 업데이트로 여전히 조종사들의 눈과 귀 역할을 하고 있다.

젭슨의 작업 방식은 빅데이터를 다루는 모범적 원칙을 보여준다. 그는 데이터의 원천이 되는 현실에 직접 뛰어들었고 위험천만한 비행의 현장을 온몸으로 체험했다. 종이 위 숫자로만 간접적으로 겪은 것이 아니었다. 또한 최대한 많은 사람들을 데이터 수집에 동원해 데이터의 양과 범위를 비약적으로 늘렸다. 이것은 이용자를 데이터베이스 확장과 업데이트 주체로 활용하는 오늘날 방식의 선구적 시도라고 볼 수 있다.

열심히 수집한 데이터가 무용지물이 되지 않도록 표준양식을 개발해 배포하고 이로써 데이터 호환성과 처리 가능성을 획기적으로 높인 것도 주목할 만하다. 실제로 젭슨의 차트는 비행의 효율과 안전을 획기적으로 높였다. 젊은 조종사들이 대형 사고로 무수히 죽어가던 어두운 시대를 끝내고 새로운 시대로 도약하는 데 젭슨이 결정적 기여를 했다는 점을 인정하지 않을 수 없다.

4차 산업혁명,
우리의 이야기

이제까지 과거 산업혁명을 이뤄낸 주역들의 삶을 살펴보았다. 당시 상황으로 돌아가 그들의 입장에서 그들의 선택을 음미해보려 한 것인데, 얼마나 성공적이었는지는 잘 모르겠다. 문제는 우리의 삶으로 돌아왔을 때다. 그들의 삶을 통해 지금 혹은 앞으로 우리가 어떤 선택을 하면 좋을지 무언가 도움이 될 만한 조언을 얻을 수는 없을까?

'나만의 방향'을 찾으라 - 속도 vs. 방향

> 두 갈래 길이 숲속으로 나 있었다.
> 그래서 나는 사람이 덜 밟은 길을 택했고,
> 그것이 내 운명을 바꾸어놓았다.
> _ 로버트 프로스트, 〈가지 않은 길〉에서

그동안 우리 사회는 단일한 목표를 향해 맹렬한 속도로 달려왔다. 그래선지 "속도보다 방향"[1]이 중요하다는 성찰은 더욱 힘 있게 다가온다. 방향이 틀리면 제아무리 빨리 달려간들 의미가 없음을 깨달은 까닭이다.

그러나 여기에는 큰 난점이 있다. '방향이 틀리다'라는 말이 성립하려면 반대로 '맞는 방향'이 있어야 한다. 맞는 방향은 대체 어떻게 찾을 것인가? 또 그것이 맞는 방향인지 아닌지 어떻게 알 수 있는가? 산업의 역사를 보면, 적어도 출발점에서는 그 방향이 맞는지 틀리는지 알 수가 없었다. 증기기관과 전기, 가전제품은 성공했지만 비행선, 초음속 여객기, PDP TV는 사라졌다. 자동차나 기차도 발전의 길이 순탄하지는 않았다. 수많은 작은 혁신들이 문제점을 해결해주지 않았다면 이들도 도태되었을 것이다.

그 어떤 신기술도 정해진 운명을 안고 태어나지는 않는다. 처음 태어난 신기술은 인큐베이터 안의 미숙아처럼 연약하다. 아기가 자라 구세주가 될지 목수가 될지 그 미래를 미리 가늠하기란 어렵다. 그렇다면 속도보다 방향이라는 말도 그 의미가 퇴색된다. 올바른 방향을 미리 알 수 없다면 이 말이 무슨 소용이 있는가?

시인 프로스트(Robert Frost)는 "남들이 많이 가지 않은 길"을 선택했다고 했다. 여기에 단서가 있을지도 모른다. 많은 사람이 가는 길을 선택하는 것은, "함께 묻어가면 적어도 망하지는 않겠지"라는 안도감을 줄 뿐 아니라 실제로도 실패 확률이 낮은, 그간의 대세였다. 그러나 혁신의 쓰나미가 밀려오는 게임체인징 시대에는 추천할 수 없는 대안이다. 하나의

---

1 이만열 (2016). 《인생은 속도가 아니라 방향이다》. 21세기북스.

혁신적 발상이 다수의 지혜를 뒤집고 게임의 룰 자체를 변화시키는 시대가 된 것이다.

그렇다면 역발상으로 사람들이 선택하지 않는 길을 가면 되는 것일까? 이 또한 복불복이기는 마찬가지다. 모두가 가는 길이나 발길이 드문 길이나 성공에 대한 보장은 없다. 그렇다 해도 사람이 별로 없는 길은 적어도 경쟁이 드물기는 할 것이다. 마윈(馬雲)이 중국 B2B 분야에서 전자상거래 사이트 알리바바를 열 때 중국에서는 그런 아이디어 자체가 생소한 것이었다. B2B 온라인몰은 선진국에서 먼저 시도되었다. 그러나 모두 실패했다. 선진국에서도 안 되는데 중국에서는 되겠나…… 하는 상식적인 생각이 사람들이 가지 않는 길을 만들었고,[2] 마윈은 "남들이 많이 가지 않은 길"을 선택하여 대성공을 거두었다. 물론 이 전략이 항상 통하는 것은 아니다. 실제로 사람이 없는 길을 가보면 대부분은 그곳에 왜 사람이 없는지 깨닫게 된다. 문제점이나 장애물이 적지 않은 길인 것이다. 사람들은 바보가 아니다.

그렇다면 더 좋은 선택이 있을까? 예측이 불가능한 랜덤 게임에서 최적의 전략은 자신도 랜덤하게 선택하는 것이다. '랜덤하게'라는 말은 우리말로 '아무렇게나'라고 옮겨지곤 하는데 정확한 번역은 아니다. '아무렇게나'라는 말이 '아무 생각 없이, 노력 없이, 되는 대로'라는 의미라면, '랜덤하게'는 '아무렇게나'와는 오히려 정반대의 뜻이다. 인간의 행동은 아무렇게나 하면 랜덤하지 않다. 그랬다가는 우리의 행동이 자신도 미처 인식하지 못한 고정관념이나 편견, 익숙한 습관에 의해 결정되고 말

---

2 데이비드 에반스, 리처드 슈말렌지 (2017), 《매치메이커스》, 이진원 역, 더퀘스트.

것이다.

세상의 트렌드를 예측하고 그래서 미래의 유망한 길을 택하는 것은 말 그대로만 보자면 합리적 접근이다. 그러나 여러 번 강조한 바와 같이 현 시점에서 미래를 예측하기란 매우 어렵고, 특히 산업혁명과 같은 전환기 에는 불가능에 가깝다. 그렇다면 제 꾀에 제가 속아 넘어가는 일 없이, 진정 랜덤하게 선택하려면 어떻게 해야 하는가?

산업혁명의 역사를 보면 혁신의 주역들은 정교한 예측으로 미래의 방 향을 선택한 게 아니었다. 많은 경우 이들은 자신에게 주어진 여건에서 자신이 할 수 있는 일을 했다. 그들은 완전히 동떨어진 곳에서 자신의 역 량을 완전히 벗어나는 새로운 일을 선택했던 게 아니다. 그들은 자신의 현 위치와 역량에서 한 걸음 정도 더 나아가는 혁신을 추구했다. 그들은 주어진 여건을 출발점으로 삼았다.

마담 C. J. 워커는 흑인 여성으로 태어났기에 흑인 여성들의 아름다움 에 대한 욕구를 정확히 포착할 수 있었다. 그녀는 자가 치료제를 만들려 고 애쓰던 중 신제품 아이디어를 얻었다.

전략을 세울 때 입지, 즉 출발점을 정하는 것은 중요하다. 그러나 혼돈 과 불확실성의 시대에는 출발점의 의미가 약화된다. 목적지 자체가 변 화하는 상황에서 가장 유리한 출발점을 어떻게 예단할 수 있겠는가? 어 차피 미래를 알 수 없다면 현재 자신이 처한 '위치'를 출발점으로 삼는 것 이 좋다. 출발점을 변수가 아니라, 상수로 받아들이는 것이다. 그것이 오 히려 랜덤, 곧 '무작위'가 될 수 있는 조건이다. 변수라면 내가 선택할 수 있고 나의 생각과 판단이 간섭을 할 것이다. 게임을 시작하기 전에, 출발 점부터 바꿔놓으려는 무리한 행동은 일단 비용이 많이 들뿐더러 미래를 보장해주지도 않는다는 점에서 현명한 일이 못 된다.

마담 C. J. 워커가 흑인보다는 백인 여성 시장이 훨씬 더 유망하다고 생각해 흑인인 자신의 처지를 한탄하거나 백인 시장에 진출하고자 무리한 노력을 했다면 어떻게 됐을까? 결과가 과연 성공적이었을까? 출발점을 세탁하려는 무리한 시도를 포기하는 것, 자신의 현 위치를 받아들이는 것이 가장 좋은 전략일 수 있다.

또 하나 중요한 요소는 '선호'다. 선호 역시 마구 변경하기가 어렵다는 점에서 상수에 가깝다. 따라서 이 또한 무작위 선택에 도움이 된다. 좋아하는 일을 하는 것이 최선의 전략이 되는 것이다.

엘리 젭슨은 14세에 처음 비행기 탑승을 체험했다. 15달러를 내면 쌍엽기 '커티스 제니'의 조종사 뒷좌석에 태워주는 순회 서비스가 있었다. 수중에 5달러밖에 없던 소년은 하루 종일 간절한 눈으로 비행기만 쳐다보았다. 마침내 조종사는 저녁 무렵에 소년을 태워주었다. 사춘기 시절 겪은 첫 비행의 경험은 소년의 인생을 뒤바꿔놓았다. 그는 안전한 비행과 착륙을 위해 기록을 남기기 시작했고, 말 그대로 세계 항공지도의 역사가 되었다.

아직 청소년이었던 그가 산업과 기술의 트렌드를 연구해 미래는 비행의 시대가 될 것이라는 전략적 판단을 내리고 이런 행동을 했던 것이 아니다. 젭슨은 항공 산업의 미래를 내다보고 그에 따른 최적의 결정을 내렸다기보다 그저 비행을 하고 싶었고 비행 외에는 달리 하고 싶은 것을 찾지 못했을 뿐이다.

그런데 우리에게는 왜 "좋아하는 것을 하라"라는 이 당연하고 평범한 이야기가 낯설게 느껴질까? 4차 산업혁명의 성공을 보장하는 단 하나의 전략이 있다면, 그것은 "각자 좋아하는 것을 하도록" 환경을 조성하는 일일 텐데, 우리가 처한 현실에서는 그것이 거의 불가능하다. 우리는 교육을 '비용'으로, 졸업 후의 좋은 일자리와 보수를 '수익'으로 생각한다. 그래서 재미있는 것을 공부하면 보상이 없고, 재미없는 것을 참고 견디면 보상이 크다는 '고진감래(苦盡甘來)'의 교육철학을 전 사회가 받아들인다. 이 사고의 틀을 아직도 못 벗어나고 있다.

그 까닭은 아마 목표와 전략이 어느 정도 명확했던 고도성장기에 우리 경제사회의 틀이 잡혔다는 사정에 기인할 것이다. 한국 경제는 생산성과 효율을 높이려는 일념으로 전 사회가 일사불란하게 노력하여 선진국을 따라잡았다. 이 와중에 생긴 규범과 가치와 의식이 쉽게 바뀔 수는 없을 것이다. 그러나 적어도 산업혁명기를 살다 간 사람들, 혁신을 이룩한 사람들의 삶은 정해진 목표와 이를 달성하려는 인내만으로 이루어져 있지는 않다.

미래는 불확실하고 게임의 룰은 계속 바뀐다. 변화하는 규칙을 예측하고 분석해서 정답을 맞히려 하면 움직이는 목표물을 한발 늦게 따라가는 사수처럼 결코 명중하지 못할 것이다. 차라리 자신만의 영역을 정해놓고 거기에 집중하는 것이 확률을 높일 수 있다. 그 기준이 바로 내가 처한 '위치', 그리고 내 가슴속에 살아 숨쉬는 '선호'다.

좋아하는 일을 하라 – 결과 vs. 과정

> 토라(율법)의 모든 것을 가르쳐준다 해도
> 나는 거절할 것이다. 배우는 과정은
> 결과보다 훨씬 더 중요하기 때문이다.
> _ 유대인 격언[3]

"고생 끝에 낙이 온다"라는 고진감래 철학이 더 이상 옳지 않다고 단언할 수 있을까? "네가 좋아하는 것을 얻으려면 네가 싫어하는 일을 하라"라는 것은 공짜가 없다는 경제학 제1법칙일지 모른다. 놀고 싶으면 월급을 포기해야 하고 돈을 벌려면 휴가를 포기해야 한다. 여기에 어떤 오류가 있는가?

어떤 일을 좋아한다는 것은 무슨 뜻일까? 어떤 사람이 무슨 일을 하든 거기에는 좋은 부분과 싫은 부분이 있다. 중요한 것은 이 둘 사이의 관계다. 극장에서 멋진 공연을 보고 싶은데 입장료는 내기 싫다. 입장료를 지불하는 것과 공연을 즐기는 것이 내적으로 연관되어 있지는 않다. 만약 예기치 않게 공짜 티켓이 생긴다면 이보다 더 좋을 수는 없을 것이다. 심지어 공연 감상의 기쁨이 배가 될지도 모른다.

하지만 그렇지 않은 경우도 있다. 알피니스트가 산의 정상을 정복하는 기쁨은 산을 오르는 고통과 분리될 수 없다. 노벨 문학상의 영광은 명작을 창작하는 고통과 분리될 수 없다. 물론 이 경우에도 성과만 챙기려는 체리피커(cherry picker)는 여전히 존재한다. 프레더릭 쿡(Frederick Cook)

---

3 홍익희 (2013). 《유대인 창의성의 비밀》. 행성B.

은 북극을 정복했다는 내용으로 책을 썼지만 거짓이었으며, 영화 〈더 와이프(The Wife)〉에서 작가 조셉 캐슬먼은 자신의 모든 소설을 아내가 대필했다는 사실을 숨기고 노벨 문학상의 영광을 만끽한다. 하지만 이것은 공짜 티켓과는 분명히 다르다. 공짜 티켓은 공연을 진정으로 즐기는 데 방해가 되지 않지만, 이러한 허위는 진정한 영광과 양립할 수 없다. 알피니스트나 노벨 문학상 수상자는 등산이나 창작의 고통을 몸과 마음으로 받아들인 사람들이다.

모든 일의 성취에는 고통스러운 노력이 요구된다. 좋아하는 일이든 싫어하는 일이든 마찬가지다. 중요한 것은 그 노력이 기쁨과 연관되는 방식이다. 다소 도식적이기는 하지만, 이해를 돕기 위해 그래프로 설명해 보기로 한다.

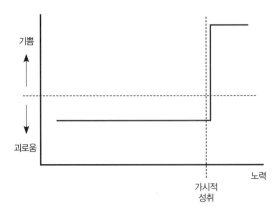

그림에서 보듯이, 고진감래형 일에서 노력이란 괴로움일 따름이며 노력이 축적되어 다른 사람에게 또는 사회적으로 인정받을 수 있는 단계에 도달하여 구체적 성과로 연결될 때에만 기쁨이라는 극적 반전이 이뤄

지는 구조를 갖는다. 만약 과정을 생략할 수만 있다면 결과는 행운이며 횡재다. 그러나 이와는 달리, 과정과 결과가 보다 긴밀하게 연결된 일들도 있다. 그것의 기쁨 그래프는 고진감래형 그래프와는 다르다.

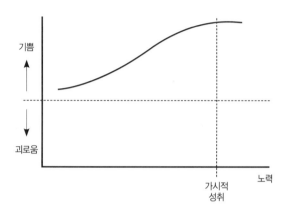

예컨대, 이는 소설을 읽는 것에 비유할 수 있다. 소설의 재미는 사실상 마지막 클라이맥스, 즉 갈등이 해소되는 결말 부분에 있다. 두꺼운 소설을 끝까지 읽어내기가 힘들고 괴롭다고 해서 앞부분을 건너뛰고 마지막 결말만 읽는다면 어떨까? 과연 절정감을 느낄 수 있을까? 처음부터 빠짐없이 읽어야만 사건 전개 과정 자체를 즐길 수 있을 뿐 아니라 그 과정이 축적되어 클라이맥스를 더욱 강화하는 동력이 된다. 과정과 결과가 긴밀하게 연결된 일의 그래프에서는 시작할 때부터 기쁨이 있고, 노력이 진행될수록 기쁨이 점점 더 커지며, 가시적 성취를 얻으면 물론 더 기쁘겠지만 그렇다고 해서 그 이전에 비해 비약적으로 기쁨이 증가하지는 않는다.

산업혁명기라는 대전환기에는 확실한 결과를 보장할 수 없기에 과정

내내 고통스러운 일이 이어질 수 있는데, 이를 감당하기는 결코 쉽지 않다. 특정 허들만 넘으면 최고의 보상이 올 것이라는 기대가 없다면 중도에 포기하게 된다. 때로는 성취를 이룬 뒤 실망하거나 환멸감을 느낄 수도 있다. 이런 불확실성을 이기는 가장 좋은 방법은 과정을 즐기는 것이다. 실패하든 성공하든, 과정 자체가 즐거웠다면 후회는 없을 것이기 때문이다.

좋아하는 일을 해야 하는 이유가 이것이다. 어떻게 좋아하는 일만 하고 살 수 있겠느냐며 기성세대는 걱정한다. 그러나 좋아하는 일을 한다는 것은 결코 달면 삼키고 쓰면 뱉는 태도를 뜻하는 것이 아니다. 좋아하는 것과 싫어하는 것은 분리할 수 없게 엉켜 있다. 성공과 실패, 쾌락과 고통은 물과 기름처럼 분리되는 것이 아니라 화학적으로 결합되어 있다.

모든 규칙과 보상이 확실히 정해진 게임과 달리 규칙 자체를 만들어가면서 진행되는 게임을 생각해보자. 예컨대 스타크래프트는 게임 애호가들의 취미를 넘어 프로 바둑이나 프로 스포츠에 준하는 종목으로 성장했다. 처음에는 어떤 보상도 보장되어 있지 않았다. 초기의 스타 리그를 휩쓸었던 챔피언들은 그런 리그가 만들어질 것이라는 전망조차 없는 상태에서 그저 게임을 즐기던 이들이다.

산업혁명은 이미 규칙이 확립된 게임이 아니라 규칙이 수시로 생성되고 소멸되는 게임에 가깝다. 과정을 즐기지 않으면 버티기 힘든 게임이라는 이야기다. 이것은 방향을 정할 때 선호가 중요한 이유이기도 하다. 법학자의 길을 가라는 부친의 뜻을 저버리고 시빌 엔지니어가 된 존 스미턴, 형의 죽음으로 상심한 부모의 뜻을 꺾고 또다시 형처럼 해군에 입대한 매슈 모리, 고등학교도 자퇴하고 곡예비행단으로 달려간 엘리 젭슨,

이들 모두가 무엇에 홀리기라도 한 듯 자기가 좋아하는 분야에 몰두했다. 그 길을 가면 확실한 부와 명예가 보장되기 때문에 선택한 것이 전혀 아니었다. 새롭게 형성되는 산업은 초기에는 아무것도 약속하지 않는다. 또한 보상에 대한 약속 때문에 이루어지는 노력은 새로운 산업과 기술을 창조하지 못한다.

매 순간 새로운 게임을 즐기라 – 계획 vs. 즉흥

어찌됐든, 내일은 또 다른 새로운 날이니까.[4]
_ 마거릿 미첼의 《바람과 함께 사라지다》 마지막 장면에서 주인공 스칼렛 오하라의 대사

혁명적 전환기에는 미래를 예측하기 더욱 어렵다. 전개되는 스토리 라인이 마치 히드라의 머리처럼 끊임없이 가지를 뻗어나가기 때문이다. 생각지도 못한 것이 튀어나오고 이것이 다시 새로운 상황과 새로운 현상을 만들어낸다. 컴퓨터가 꽤 발전할 때까지도 인터넷, 모바일, 사물인터넷, 빅데이터, 인공지능, 블록체인 등의 출현을 예상하기란 쉽지 않았다. 지금 이 순간에도 현재의 기술이 어떤 방향으로 어떻게 뻗어나갈지 예측하기란 불가능에 가깝다.

현재의 일거수일투족이 모두 미래에 큰 영향을 미치지는 않는다. 내가 오늘 하루 밥 한 끼를 덜 먹는다고 해서, 직장을 하루 쉰다고 해서 역사

---

4 "After all, tomorrow is another day."

의 경로가 바뀌지는 않을 것이다. 현재가 미래에 영향을 미치는 정도는 때에 따라 다르다. 특히 안정기에는 현재가 어떤 상황으로 전개되든 미래의 큰 방향은 결정되어 있는 경우가 많다. 그러나 산업혁명이 일어나는 혼돈기에는 작은 변화가 큰 변화로 증폭된다.

이처럼 나비효과가 난무하는 시기에는 모든 변화에 신경을 써야 한다. 작은 변화도 어떤 후속 결과를 빚어낼지 알 수 없기 때문이다. 또한 그 모든 파급효과를 다 감안할 수는 없기에 최적 대안을 구할 수도 없다. 따라서 여기서는 모든 것이 잠정적이다. "무엇이 최적인가"에 대한 최종적 대답이 불가능하다. 네버 엔딩 스토리인 것이다. 여기서는 경쟁 우위가 열위가 되고 열위가 다시 우위가 된다. 이럴 때 중요한 것은 일희일비하지 않는 것이다.

영국의 산업혁명은 세계는 물론 서유럽에서도 단연 앞선 것이었다. 섬나라라는 방어상의 이점, 재산권 확립, 석탄 자원의 풍부함 등등 몇 가지 요인이 경쟁력의 원천이었다. 그러나 그 우위는 오래가지 못했다. 국가가 개입하기보다 민간의 주도로 산업화를 달성한 영국은 자유방임에 집착했다. 그러나 프랑스, 독일, 이탈리아, 미국 등의 후발 국가들은 산업화가 저절로 일어나기를 기다리지 않았다. 이들은 국가 주도로 산업을 육성하고 인프라를 확충하는 등 추월 전략을 추진했다.

산업혁명 초기에는 영국에 도움이 되었던 자율적 시장경제가 나중에는 영국 정부의 기능을 약화시켰다. 그 결과 영국은 2차 산업혁명에서 주도권을 상당 부분 상실한다. 한번 우위를 잡았다고 계속 유지할 수 있는 것이 아니다. 그 우위는 약점의 원천이 되고 열위가 오히려 강점이 된다.

혁명의 와중에서는 이러한 역전이 더욱 빈번하게 일어난다. 산업혁명의 과정이란 결국 이러한 역전의 연쇄라고 해도 좋을 정도다. 이럴 때 국가, 기업, 개인 등 경제주체는 어떻게 대응해야 하는가? 어차피 정신없이 상황이 반전되니 아무것도 하지 말고 그저 가만있으면 될까?

작은 원인으로 큰 결과가 빚어지는 이런 환경에서는 '나'의 전략이 낳는 파장도 크다. '나'의 선택이 세상을 변화시킬 수도 있는 것이다. 미래 예측은 점점 더 어려워지고 있다. 역사가 일방적으로 진행되는 스토리가 아닌, '나의 선택'에 따라 달라지는 '인터랙티브 콘텐츠'가 되는 것이다.

벤저민 마셜은 해운 회사의 파트너로서 상선의 정기 출항이라는 아이디어를 내놓았다. 이 아이디어가 자신의 회사는 물론이고 뉴욕과 미국의 경제 발전에 미친 영향은 엄청났다. 한 회사의 전략이 경제사 전체에 영향을 준 사례는 이후로도 많다. 포드의 생산 라인 자동화, 제너럴모터스의 제품 다변화, 듀폰의 R&D 기능 강화 등은 산업과 경제의 판도를 뒤바꿨다.

강한 자가 계속 강한 것이 아니고 강약의 기준이 끊임없이 바뀌는 세계, 그리고 '나의 선택'에 따라 전체 판도가 변하는 세계에서 필요한 것은 상황을 주시하며 작은 계기에도 예민하게 반응하는 것이다. 게임은 단판 승부가 아니라 승부의 끝없는 연속이다. 똑같은 게임이 아니라 항상 뭔가가 변하는 게임이다. 어제와 다른 오늘, 그리고 오늘과 다른 내일은 우리 자신을 절대로 익숙함이나 타성에 빠질 수 없게 만든다. 이번은 지난번과 무엇이 다른지 살펴야 하며, 지난번에 쓴 전략을 그대로 쓸 수 있는지 없는지를 지속적으로 판단해야 한다. 귀납법이 아니라 상상력이 중요하다.

어제의 승리는 오늘의 패배를 가져오고, 오늘의 패배가 내일의 승리를 가져온다. 과거의 실패를 안타까워할 필요가 없다. 그 실패가 일시적 침체를 가져올 수도 있지만 그것이 또 다른 변화의 단서가 될 수도 있다. 아무도 모를 일이다. 결코 돌이킬 수 없는 결정적 실패처럼 보인다 해도 장기적 관점에서 바라보면 또 다른 반전의 계기가 된다.

따라서 과거의 성공과 실패에 연연하지 말고, 다만 사실을 직시하면서 오늘 새로 시작되는 그 게임을 즐기면 된다. 이미 10연패를 했으므로 열한 번째 싸움은 해보나 마나라고 생각할 필요가 없다. 과거의 10연패는 지식의 축적 과정이다. 성급하게 법칙을 찾으려는 단순화가 아니라 매사를 다르게 보는 섬세한 안목이 필요하다. 공통점보다는 차별점에 주목해야 한다. '오늘'은 어제와는 완전히 다른 새로운 날이다. 그리고 '내일'도 그럴 것이다. 어제 얻은 지식을 기계적으로 적용할 생각을 버리고 오늘 안에 새로운 게임의 룰을 간파하고, 심지어 그 룰을 능동적으로 변경하여 승리를 모색해야 한다. 매일 똑같은 게임이 되풀이된다면 지겹지 않겠는가.

'산업혁명'은 시시각각 달라지는 게임의 장을 새로이 만들어 주체가 게임의 룰을 조정할 여지를 준다. 모든 것이 꽉 짜인 과거의 게임과는 질이 다르다. 이기고 지는 것에 목숨 걸지 말고 즐겨라. 노력한 만큼의 성과가 항상 돌아오는 것은 아니다. 게다가 '결과'가 모든 것을 말해주지도 않는다. 오늘의 패배가 곧 내일의 패배를 의미하지 않고, 하물며 패자의 무능력이나 무가치를 증명하는 것도 아니다. 그러므로 굳이 목숨을 걸 필요도, 패배로 인해 좌절할 필요도 없다.

나만의 전략을 강구하라 - 역량 vs. 선택

> 문제를 일으킬 때 가지고 있던 사고방식으로는
> 그 문제를 해결할 수 없다.[5]
>
> _ 아인슈타인

학생 시절 우리는 이른바 선다형 문제, 즉 주어진 보기에서 답을 고르는 문제로 학력을 측정당했다. 기본 지식을 갖춰가야 하는 때, 감수성이 예민한 시기에 교육은 중대한 영향을 미친다. 이런 시험 방식을 통해 학생들은 정답이란 이미 존재하며, 더욱이 우리 눈앞에 존재한다고 주입당한다.

과연 그럴까? 정답은 우리에게 알려진 기존의 대안들 중에 존재할까? 우리가 미처 생각하지 못한 미지의 대안은 없을까? 존재하는 대안들 중에 정답이 있다는 것은 지식의 한계가 정해졌다는 의미다. 이런 전제는 근본적으로 잘못된 것이지만, 산업혁명기에는 더욱 그렇다. 대안은 결코 정해져 있지 않다. 기술혁신 못지않게 중요한 것이 전략의 혁신이며, 전략 혁신이란 새로운 전략을 창출하는 것을 말한다. 기존에 있던 대안 중 하나를 고르는 것이 결코 아니다.

주어진 대안에 갇히는 것은 함정에 빠지는 것과 비슷하다. 이솝우화에

---

5 이것이 아인슈타인의 발언이라는 문서 증거는 남아 있지 않다고 한다. 다만 아인슈타인이 핵 문제와 관련해 비슷한 말을 하기는 했다. "인류가 생존하고 더 높은 경지에 오르려면 새로운 사고방식이 필요하다(A new type of thinking is essential if mankind is to survive and move toward higher levels)." Tom McFarlane (2018. 10. 25). "Did Albert Einstein ever say/write that 'We can't solve problems by using the same kind of thinking we used when we created them'? If so, where and when did he say/write so?", Quora.

서 사자로부터 "내 입에서 고약한 냄새가 나느냐?"라는 질문을 받은 짐승들이 바로 그 경우다. 이때 양은 정직하게 악취가 심하다고 하고 늑대는 아니라고 했다. 양은 괘씸하다는 이유로, 늑대는 아첨한다는 이유로 모두 죽음을 당했다. 그럼 대체 어쩌란 말인가? 여우는 "감기에 걸려 냄새를 맡을 수 없다"라고 했다. 제3의 대안으로 살아남은 것이다.

방적기를 만든 리처드 아크라이트가 구기술 '수차'를 택할까 신기술 '증기기관'을 택할까를 고민할 때 존 스미턴 역시 제3의 대안을 제시했다. 수차와 증기기관은 모두 심각한 문제점이 있었다. 스미턴은 증기기관으로는 물을 퍼 올려 낙차를 만들고 그 힘으로 수차를 돌리는 아이디어를 내놓았다. 두 전략의 융합이 제3의 대안을 만들었다.

마담 C. J. 워커는 자신의 판매 스킬을 확산시키는 방법으로 방문판매 조직원을 교육하는 사내학교를 만들었고 자기 스스로 모델이 되어 만든 사용 전후 광고를 신문에 냈다. 당시에는 그 누구도 써본 적 없는 새로운 대안이었다. 인력이 부족한 상황에서 인근 지역의 젊은 여성을 공장에 고용한 프랜시스 로웰도 종래에 없던 돌파구를 찾아냈다.

전략을 새로 창조하는 것은 쉬운 일이 아니다. 우리 앞에 놓인 기존의 대안들 모두가 충분히 괜찮은 방법처럼 보이며, 그래서 다른 아이디어를 생각하지 못하도록 방해한다. 이를 극복하는 한 가지 방법은 기존의 전략들을 재구성하는 것이다. 증기기관은 물을 퍼 올리고 수차는 기계를 가동하도록 한 것이 좋은 예다. 이것은 단순한 합체가 아니다. 작동하는 하나의 메커니즘을 만들듯 두 전략을 입체적으로 끼워 맞춰 새로운 전략을 만들어냈다.

대안은 주어져 있지 않다. 우리는 기존의 대안을 뛰어넘는 더 좋은 전략이 없는가를 끊임없이 고민해야 한다. 그런데 그 전략이란 것이 결코 멀리 있지 않고 기존 전략들의 재구성 속에 있는 경우가 많다. 선택을 하기 전에 내가 과연 그 모든 대안을 고려했는지 잘 살피고 더 많이 고민해야 한다.

재능을 자랑하기보다 선택을 자랑하라는, 아마존 CEO 제프 베조스(Jeff Bezos)의 조언은 음미할 가치가 있다. 재능의 중요성은 줄어들 것이다. 강점과 약점이 교차하는 시대에 특정 재능이 계속 가치를 유지하기란 쉽지 않다. 재능만 갖추면, 즉 자격·학위·직업 등을 얻기만 하면 모든 것이 술술 풀리던 시대는 끝나가고 있다. 자신의 현 위치보다 어디를 지향할 것인지 선택하는 문제, 즉 전략이 더 중요해지고 있다.

그러나 내가 창안한 나만의 전략이란 부담스럽다. 벤저민 마셜이 정기선 운항을 추진했을 때 느낀 부담은 우리의 상상 그 이상이었을 것이다. 아무도 시도해보지 않은 나만의 전략, 그것은 실패할 경우 모든 비난이 집중될 과녁이나 다름없다. 자신만의 전략을 세상에 내놓는 것은 커다란 용기를 요구한다.

그런 용기를 내지 않는다면, 도대체 나는 누구인가? 나는 여기 왜 있는가? 역량이 뛰어나서? 학벌이 좋아서? 실력자와 피를 나눠서? 용기를 내지 않으면 이러한 질문들에 답할 수 없게 된다. "아무것도 하지 않으면 중간은 간다." 이런 처세도 이제 쓸모가 없다. 결국 나는 나만의 전략으로 조직과 시장에서 존재감을 쟁취해야 한다.

나보다 우리를 예측하라 – 소승 vs. 대승

내 마음이 곧 네 마음이다(吾心卽汝心).
_ 최제우[6]

양자역학의 아버지라 불리는 에르빈 슈뢰딩거(Erwin Schrödinger)는 다음과 같은 흥미로운 질문을 던진다. "왜 인간은 원자나 분자 정도의 사이즈가 아니고 그보다 훨씬 큰가?" 대답은 더 흥미롭다. 원자나 분자 정도의 입자들은 완전한 무작위 운동을 한다. 브라운운동(Brownian motion)이라고도 불리는 이 좌충우돌 속에서는 오직 랜덤 워크가 있을 뿐 어떠한 패턴도, 법칙도 없다. 인간이 원자, 분자 수준의 크기였다면 어떠한 법칙도 발견할 수 없고 따라서 이성의 진화는 불가능했을 것이다. 수많은 원자와 분자들이 모여 우리가 육안으로 볼 수 있는 크기의 물체가 되면 그때부터는 패턴과 법칙이 생겨난다. 인간은 원자, 분자보다 훨씬 더 크기 때문에 현상으로부터 법칙을 읽어낼 수 있게 되고 이를 통해 이성을 발전시킬 수 있었던 것이다.

보험회사가 돈을 버는 방식도 비슷한 측면이 있다. 우리는 어떤 사람이 언제 사고를 당할지 정확하게 예측할 수 없다. 특정 사고는 상당 부분 우연에 따른 것이다. 그러나 사고를 당한 사람들을 모아놓으면, 다시 말해 서울시에서 하루 동안 교통사고로 사망하는 사람의 숫자에 대해서는 상당히 일관성 있는 예측이 가능하다. 대수의 법칙(law of large

---

6 최제우 (2012). 《동경대전》. 박맹수 역. 지식을만드는지식.

numbers)에 의해 개개의 우연성이 상쇄되면서 평균적 법칙이 나타나는 것이다.

산업혁명기는 확률적 예측이 불가능한 불확실성과 혼돈의 시대다. 물론 그렇지만, 우리가 상황을 파악하는 단위를 더 크게 잡으면 잡을수록 예측 가능성은 커진다. 예를 들자면, 비트코인이 성공할지 또는 이더리움이 성공할지, 기타 수백 수천 종의 다양한 암호화폐 중 어느 것이 성공할지를 예측하는 것은 불가능에 가깝다. 기술 혹은 경제의 이론이나 법칙을 가지고 특정 화폐의 성패를 추적할 수는 없다. 이론은 종종 현실을 단순화하며 그로 인해 수많은 실제적 요인들을 고려 사항에 넣지 못하게 된다. 그러나 암호화폐 자체가 향후 경제에서 화폐 역할을 담당할 것인가 하는 질문을 놓고 생각하자면, 그보다는 좀 더 합리적인 예측이 가능하다. 여기서 시각을 더 넓혀서 "암호화폐를 포함한 블록체인 기술이 향후 경제와 시장에서 큰 역할을 할 것인가?"라고 질문한다면 어떨까? 이에 대해서는 "거의 그러할 것"이라는 답변을 얻을 수 있다. 문제는 이러한 보편적 질문과 대답은 돈이 안 된다는 것이다. 구체적으로 비트코인인가, 이더리움인가? 이들의 가치가 증가할 것인가? 증가한다면 그 시점은 언제인가? 바로 이런 질문에 답할 수 있어야만 수익을 얻을 기회를 포착할 수 있다. 보편적인 이야기는 큰 도움이 되지 않는다.

정보를 더 많이 구하고 정교한 분석을 하면 알아낼 수 있을까? 그렇지 않을 것이다. 설령 알 수 있다 해도 비용이 너무 많이 들거나 시간이 너무 많이 걸려 쓸모 없어질 가능성이 크다. 단지 알기만 하면 되는 것이 아니라 '남들보다 먼저' 알아야 한다. 어떻게 그렇게 귀중한 정보를 다른 모든 사람에게는 차단하고 나만 먼저 알 수 있을 것인가? 이런 기대는 일찌감치 접는 것이 좋다. 그럼 어떻게 해야 할까?

불교에는 소승(小乘)과 대승(大乘)이라는 말이 있고 성리학에는 소체(小體)와 대체(大體)라는 말이 있다. 여기서 작은 것, 큰 것의 의미는 무엇인가? 중국의 고전 《설원(說苑)》에 이런 고사가 있다. 초나라 공왕이 활을 잃어버렸다. 신하들이 찾아오겠다고 하자 왕이 그만두라고 했다. "초나라 사람이 잃은 활을 초나라 사람이 얻을 텐데 군이 찾을 필요가 있겠는가." 공자가 후일 이 이야기를 들었다. 공자는 아쉬움을 표했다. "사람이 잃은 것을 사람이 찾는다고 하면 되지 군이 초나라를 붙일 필요가 있겠는가."[7]

이 이야기는 언젠가 독일에서 필자가 지멘스의 한 경영자를 인터뷰했던 일을 떠올리게 한다. 그 경영자는 연구개발 인력의 교육을 위해 회사가 아낌없는 투자를 한다고 자랑스럽게 말했다. 그렇게 많은 투자를 한 인력이 이직이나 퇴사를 할 경우 어떤 조치를 취하는지 물어보니, 그는 마치 초나라 공왕과 같은 답변을 했다. "우리가 양성한 인력은 회사를 떠나더라도 여전히 독일 경제를 위해 그 능력을 발휘하게 될 것이다. 안타까워할 일이 없다."

너무 이상적인 이야기로 들릴지도 모르겠다. 그러나 상황이 불확실할수록 이러한 대승적 자세가 더 합리적이다. 나의 행동이나 전략이 거의 확실하게 특정 성과로 이어진다면 애덤 스미스의 말처럼 각자 이익을 추구하는 것이 모두에게 최선이 될 수도 있다. 그러나 어떤 행동이 어떤 결과를 초래할지 너무나도 불확실하다면, 각자의 이익이 얼마나 될지 계

---

7 劉向 (2014). 《說苑》. 朔雪寒.

산하는 것 자체가 불가능하다. 유일하게 가능한 것은 보다 대승적으로 전체의 이익을 계산하는 것이다. 단위가 커질수록 불확실성이 줄어든다. 브라운운동을 하는 원자나 분자 레벨에서는 절대로 드러나지 않던 패턴이, 이보다 훨씬 큰 물체의 레벨에서는 나타나는 것이다.

개인적 성공을 위한 확실한 길을 찾아낼 수 없다면 보다 큰 단위, 회사든 기술이든 산업이든 지역경제든 좀 더 큰 것을 위해 노력하는 길로 갈 수 있다. 내가 속한 더 큰 단위의 이익을 위해 봉사하는 것은 자기 이익을 희생하는 것이 아니다. 정확하게 조준된 타깃을 맞출 수 없다면 그것을 포함하는 보다 확장된 타깃을 겨냥하는 것이 최선이다.

보통의 경우 불확실성은 사람을 불안하게 하며, 나부터 살아야겠다는 각자도생의 자세로 위축시킨다. 그러나 다시 생각해보면, 현재 우리가 겪는 불확실성은 가능성이 줄어들고 상황이 악화되어 생긴 것만은 아니다. 기술 발전에 따른 가능성의 영역이 너무나도 빠르게 확대되고 있기 때문에 생겨난 면이 크다. 우리는 미래를 정확히 분석하고 예측해야 한다. 물론 빅데이터, 인공지능, 집단지성 등 모든 것이 우리의 예측력을 높여주고 있다. 그러나 아마도 특정 개인의 성공 비결을 알려주는 데까지는 미치지 못할 것이다. 그러므로 예측과 전략의 단위를 보다 넓힐 필요가 있다. 대승적인 자세를 갖자는 것은 단순히 이타심을 키우자는 도덕적 호소가 아니다. 가장 현실적이고 실현 가능한, 그리고 성공 가능성이 높은 전략이기에 강조하는 것이다.

◇ 이 책에 등장하는 다양한 인물들은 장기간에 걸쳐 있으며, 그들과 관련된 자료 역시 대단히 광범위하다. 필자가 참고한 자료를 일일이 열거하는 것이 독자들에게 큰 도움이 되지는 않을 듯하여 핵심 자료만을 제시한다.

이 책에서 다룬 인물들은 모두 경이로운 업적을 달성했다고 평가받아 마땅하지만 산업사를 전공한 사람이 아니라면 다소 생소할 수도 있다. 인물들의 전기적 자료와 함께, 이들을 어떤 맥락에서 찾게 되었는지를 보여주는 산업사 관련 자료를 함께 명시한다.

01. 존 스미턴

- Andrew Tylecote (1992). *The Long Wave in the World Economy*. Routledge.
  기술 변화의 장기 사이클에 관한 책이다. 여기서 산업혁명 당시 증기기관과 수차의 관계가 논의되고 '스미턴 혁명'이라는 용어가 제시된다.

02. 익명의 혁신가

- Nathan Rosenberg (1982). *Inside the Black Box: Technology and Economics*. Cambridge University Press.
  점진적 혁신의 중요성을 실증한 다수의 연구들을 제시한다. 엘리 재니의 열차 차량 자동연결기가 점진적 혁신의 한 사례로 다뤄지고 있으나 엘리 재니라는 이름은 거론되지 않았다. 로센버그는 철도에서의 점진적 혁신을 다룬 연구로 앨버트 피시로(Albert Fishlow)의 연구를 인용했는데, 피시로의 논문에서도 엘리 재니의 이름은 거론되지 않는다.

03. 벤저민 마셜

- Thomas C. Cochran & William Miller (1961). *The Age of Enterprise: A Social History of Industrial America*. Harper & Row.

  벤저민 마셜은 펜실베이니아 대학의 역사학 교수였던 토머스 코크란의 《기업의 역사》가 없었다면 발견하지 못했을 것이다. 산업화 직전 상업 자본주의 시대의 미국 경제를 무대로 한 벤저민 마셜의 사례는 미국 안트러프러너 역사에서 매우 중요하다. 그러나 코크란 역시 블랙볼라인(Black Ball Line)이라는 회사명을 언급했을 뿐 누가 정기선 아이디어를 제안했는지는 구체적으로 말하고 있지 않다. 앨프리드 챈들러(Alfred D. Chandler) 역시 《보이는 손(*The Visible Hand*)》(1977)에서 블랙볼라인의 정기선을 언급하고 있지만 인명은 거론하지 않는다.

- John Livingston (1853). *Portraits of Eminent Americans Now Living; Including President Pierce and His Cabinet: With Biographical and Historical Memoirs of Their Lives and Actions*. New York; Cornish, Lamport & Co., London; S. Low, Son & Co.

  벤저민 마셜에 관한 전기 자료는 극히 구하기 어렵다. 다행히 1853년 마셜이 살아 있을 때 간행된 이 책을 찾음으로써 부족하나마 일부 사실을 확인할 수 있었다. 또한 그가 당대에는 상당히 저명한 경제계 인사였다는 것도 알 수 있었다.

- Seija-Riitta Laakso (2007). *Across the Oceans: Development of the Overseas Business Information Transmission 1815~1875*. Helsinky; Finnish Literature Society(SKS).

  앨프리드 챈들러는 《보이는 손》에서 블랙볼라인의 정기선 아이디어를 소개하지만 누구나 따라할 수 있는 혁신이었던 탓에 곧 경쟁우위가 사라져버렸다고 언급한다. 그러나 그의 논의는 검토의 여지가 있다. 핀란드 출신의 락소 박사는 심층 분석을 통해 보다 섬세한 결론을 도출한다.

04. 존 H. 홀

- David A. Hounshell (1985). *From the American System to Mass Production, 1800–1932: The Development of Manufacturing Technology in the United States.* (Studies in Industry and Society, number 4.) Baltimore : Johns Hopkins University Press.
  미국 제조업 및 대량생산 시스템 발전에 대한 본격적인 산업사 연구다. 부품 표준화의 역사를 산업별·시대별로 체계적으로 조망한다.

- Merritt Roe Smith (1980). *Harpers Ferry Armory and the New Technology: The Challenge of Change.* Cornell University Press.
  미국 건국 초 병기창 중 하나였던 하퍼스 페리의 역사를 다룬 기술사의 노작이다. 존 H. 홀에 대한 상세한 정보를 다루고 있으며, 흔히 '부품 표준화'가 일라이 휘트니의 공적으로 알려졌던 것에 대해서도 바로잡는다.

- David R. Meyer (2006). *Networked Machinists: High-Technology Industries in Antebellum America.* JHU Press.
  19세기 미국 기계공들의 네트워크를 다룬 연구서다. 기계공들이 특정 기업이나 산업에 매여 있지 않고 처우에 따라 자유롭게 이동함으로써 기술혁신을 전파하는 메신저 역할을 했다고 주장한다. 총기 제조 분야에서 시도된 부품 표준화가 재봉틀, 자전거, 비행기를 거쳐 결국 포드의 오토메이션 시스템에서 완성되는 발전의 경로를 상세히 분석한다.

05. 새뮤얼 랭글리

- Norriss S. Hetherington. "The Langley and Wright Aero Accidents : Two Responses to Early Aeronautical Innovation and Government Patronage". in Roger D. Launius (Ed.) (1999). *Innovation and the Development of Flight.* Texas A&M University Press.
  라이트 형제와 비교하여 실패자로 낙인찍힌 새뮤얼 랭글리에 대한 균형 잡히고 사려 깊은 분석이다. 혁신의 성패를 단순히 혁신가의 전략이나 역량이 아닌 혁신가를 둘러싼 사회와 맺는 관계라는 관점에서 보고 있다. 이것은 혁신을 이해하는 데 매우 중요한 접근 방법이라고 생각된다.

06. 하워드 휴스

- Donald L. Barlett & James B. Steele (2004). *Howard Hughes: His Life and Madness*. W. W. Norton & Company.
  하워드 휴스에 관한 상세하고도 흥미로운 전기다. 혁신가의 성격과 내면에 대한 치밀한 분석을 보여준다.

- "The Aviator" (2004). Film. Martin Scorsese (Director). L. A. Miramax lms.
  하워드 휴스를 이 책에서 다루게 만든 결정적 계기가 되어준 영화다. 영화에서 휴스를 연기한 배우 디카프리오는 혁신가의 삶을 손에 잡힐 듯 그려낸다.

07. 매슈 볼턴

- Christine MacLeod (2002). *Inventing the Industrial Revolution: The English Patent System. 1660~1800*. Cambridge University Press.
  산업혁명을 전후한 특허 시스템의 발전 양상을 다룬다. 제목이 시사하듯 특허는 산업혁명 자체를 가능하게 한 결정적 제도 혁신이었다. 산업혁명 1세기 전부터 특허제도가 자리 잡아가는 지난한 과정을 상세히 분석한다.

- B. D. Bargar (1956). "Matthew Boulton and the Birmingham Petition of 1775". *The William and Mary Quarterly*. Vol. 13, No. 1. pp. 26~39.
  매슈 볼턴의 증기기관 특허 연장의 흥미로운 막후 스토리를 보여준다.

- Abbott P. Usher (2011). *A History of Mechanical Inventions: Revised Edition*. Dover Publications.
  기술사의 대표적 고전이다. 세부적 지식과 함께 높은 수준의 통찰력까지 갖추고 있다.

08. 미셸 슈발리에

- Jeff Horn (2008). *The Path Not Taken: French Industrialization in the Age of Revolution, 1750~1830.* The MIT Press.
  산업혁명에서 '영국 경로'가 아닌 대안적 경로, 즉 프랑스 경로에 대한 세부적 연구다. 이 책을 통해 필자는 프랑스 산업사에 관심을 갖게 되었다. 다룬 시기가 미셸 슈발리에와 겹치지는 않지만, 미셸 슈발리에라는 인물을 찾아내는 계기가 되었다.

- Louis Rouanet (2015). "Michel Chevalier'S Forgotten Case Against The Patent System". *Libertarian Papers.* Vol. 7, No. 1. pp. 71~92.
  저자가 파리 정치대학 석사과정 재학 중에 작성한 리포트다. 특허 문제에 관한 미셸 슈발리에의 입장과 당시의 특허 논쟁에 관한 중요한 정보를 담고 있다.

09. 루시 라콤

- John M. Murrin, Pekka Hämäläinen, Paul E. Johnson, Denver Brunsman & James M. McPherson (2015). *Liberty, Equality, Power: A History of the American People.* Seventh Edition. Cengage Learning.

- Lucy Larcom (1889). *A New England Girlhood.* Houghton, Mifflin Company.
  시인 라콤이 자신의 어린 시절을 그려낸 따뜻하고 정겨운 자서전이다. 순수하고 천진난만한 듯 보이면서도 세상에 대해 만만찮은 관찰력과 통찰력을 보여준다. 그녀가 묘사한 당시의 산업과 공장의 모습은 산업혁명에 관한 가장 흥미로운 기록 중 하나임이 분명하다.

- Ryan W. Owen. "In His Words: Dickens' Visit to Lowell, Massachusetts, 1842". 〈http://www.forgottennewengland.com〉.
  로웰 공장을 방문한 디킨스의 소감에 대한 육성 보고를 읽어볼 수 있다.

10. 마담 C. J. 워커

- A'Lelia Bundles (1991). *Madam C. J. Walker: Entrepreneur.* Chelsea House.

- Richard S. Tedlow (1997). "The Beginning of Mass Marketing in America: George Eastman and Photography as a Case Study". *Journal of Marketing.* Volume 17, Issue: 2. pp. 67~81.
  대량생산으로 대표되는 20세기 미국 경제에서 대량소비 시장의 중요성을 강조한 연구 논문이다. 이 논문은 조지 이스트먼을 중심 사례로 삼고 있지만 그 논의는 마담 C. J. 워커에 대해서도 동일하게 적용될 수 있다.

11. 마거릿 해밀턴

- David A. Mindell (2011). *Digital Apollo: Human and Machine in Spaceflight.* The MIT Press.
  아폴로 우주선에 탑재된 컴퓨터와 소프트웨어에 대해 심도 있는 분석을 제시한다. 해밀턴에 대한 관심이 높아지면서 그녀의 역할과 실제 착륙 과정에 대한 부정확하고 과장된 정보가 양산되고 있는데, 이 책은 정확한 사실을 확인할 수 있게 해준다.

12. 로버트 왓슨 와트

- Charles P. Snow (1961). *Science and Government.* Harvard University Press; Foreword by Lord Robert May of Oxford (2013).
  과학과 과학에 대한 의사결정자의 상호작용에 대한 깊이 있는 분석과 함께 레이더 개발 과정의 비화를 보여준다.

13. 찰스 스타인

- David A. Hounshell, John K. Smith & Jr. Victor Smith (1988). *Science and Corporate Strategy: Du Pont R & D, 1902~1980*. Cambridge University Press.
  카네기 멜론 대학 데이비드 헌셀 교수의 노작이다. 한 기업의 R&D 등 경영기능별 역사에 대한 모범적 연구이며 20세기 대기업 성장 전략에 대해서도 중요한 시사점을 던진다.

14. 매슈 모리

- 함유근, 채승병 (2012).《빅데이터, 경영을 바꾸다》, 삼성경제연구소.
  산업혁명 초기 데이터를 현대 빅데이터 이슈와 연결할 수 있는 착상을 제공해 준다.

- John Grady (2015). *Matthew Fontaine Maury, Father of Oceanography A Biography, 1806~1873*. McFarland & Company.
  모리의 삶과 업적에 대한 치밀하고 상세한 분석을 제공한다.

- David Hochfelder (2012). *Telegraph in America, 1832~1920*. Johns Hopkins University Press.

- Steven J. Dick (2003). *Sky and Ocean Joined: The US Naval Observatory 1830~2000*. Cambridge University Press.

15. 엘리 젭슨

- Richard Jeppeson (2008). *Jeppesen: A Biography By His Son*. Xlibris US.
  엘리 젭슨의 아들이 쓴, 애정과 존경을 담은 전기다. 아들만이 관찰할 수 있는 흥미로운 일화들이 많다.

- Flint Whitlock & Terry L. Barnhart (2007). *Capt. Jepp and the Little Black Book: How Barnstormer and Aviation Pioneer Elrey B. Jeppesen Made the Skies Safer for Everyone*. Savage Press.

기타

- 최정규 (2009).《게임이론과 진화 다이내믹스》. 이음.
  진화 게임이론은 산업혁명과 기술혁신을 이해하는 데도 중요하다. 이 분야에 대해 포괄적이고도 명쾌하게 정리된, 방법론의 백과사전 같은 책이다.

- Carlota Perez (2003). *Technological Revolutions and Financial Capital: The Dynamics of Bubbles and Golden Ages*. Edward Elgar Publishing.
  산업혁명 및 콘드라티예프 사이클의 기본 골격은 이 책으로부터 빌려왔다. 베네수엘라 출신의 여류 경제학자 카를로타 페레스는 기술혁신의 주기를 네 단계로 구분했다.

- Chris Freeman & Francisco Louçã (2001). *As Time Goes By: From the Industrial Revolutions to the Information Revolution*. Oxford University Press.
  영국 서섹스 대학 과학정책연구소를 이끌었던 서섹스 학파의 리더 크리스 프리먼의 대표적 저서다. 기술혁신 주기로서 콘드라티예프 가설에 다시 생명을 불어넣었다.

- Clayton M. Christensen (1997). *The Innovator's Dilemma: When New Technologies Cause Great Firms to Fail*. Harvard Business School Press.
  크리스텐슨의 '파괴적 혁신'은 산업혁명의 동역학을 이해하는 중요한 분석 도구가 될 수 있다. 그의 모델이 물론 콘드라티예프 주기 같은 큰 혁신에만 적용되는 것은 아니지만, 필자가 본 바로는 거대 혁신에 아주 잘 들어맞는다. 즉 혁신이론과 산업혁명사, 거시적 경제사 연구와 접목될 때 더 큰 설명력을 가질 수 있다.

- Clayton M. Christensen, Michael E. Raynor & Rory McDonald (2015. 12). "What Is Disruptive Innovation?". *Harvard Business Review*. 파괴적 혁신을 보다 집약적으로 다룬 논문이다. 특히 아이폰 사례를 가지고 파괴적 혁신을 바라보는 시각에 대한 중요한 통찰을 제공한다.

- "Great Continental Railway Journeys I~VI" (2012~2018). BBC 2 TV series. Michelle Heeley (Producers). London, Boundless.

- James Brian Quinn (1980). *Strategies for Change: Logical Incrementalism*. Richard D. Irwin. 전략에 대한 새로운 통찰을 제시한다. 급진적 혁신과 점진적 혁신에 대한 새로운 패러다임으로 발전할 가능성이 있다.

- Jeff Horn, Leonard N. Rosenband & Merritt Roe Smith (Ed.) (2010). *Reconceptualizing the Industrial Revolution (Dibner Institute Studies in the History of Science and Technology)*. The MIT Press. 산업혁명 연구의 최신 성과를 모은 책이다. 특히 국가별 산업혁명의 경로에 대한 통찰을 얻을 수 있다. 이 책의 4부에서 참고한 조엘 모키어 교수의 논문("The European Enlightenment and the Origins of Modern Economic Growth")은 산업혁명 전반은 물론 지적재산권, 특허 문제를 통찰하는 데 결정적 도움을 주었다.

- Joel Mokyr (2005). "Long-term Economic Growth and the History of Technology". Edited by Philippe Aghion & Steven Durlauf. *Handbook of Economic Growth*. Elsvier. B. V. 산업적 계몽의 개념을 제시하고 있다. 지식의 외부효과와 산업혁명을 연결 짓는다. 최근 이야기되는 내생적 성장, 혁신 성장 등의 개념이 단기적 경제 성장에 그치지 않고 산업혁명과 연관될 수 있다는 점을 이 책에서 엿보게 된다.

- Kenneth Pomeranz (2000). *The Great Divergence: China, Europe, and the Making of the Modern World Economy*. Princeton University Press. 산업혁명에 대한 최신 성과를 집대성하고 결론적 명세를 제시한 책이다. 신업혁

명의 원인과 관련하여 필연과 우연의 상호작용을 명쾌하게 설명하고 있다. 영국의 산업혁명이 우연히 발생한 것이라는 그의 결론은 역사에서 개인의 역할을 중시해야 한다는 주장에 중대한 이론적 근거를 제시해준다.

- Margaret MacMillan (2016). *History's People: Personalities and the Past*. Profile Books.
  개인과 역사의 관계에 대한 최신의 성찰을 보여준다. 역사 이해에서 개인의 성격과 생애를 살펴보는 것이 중요함을 역설한다.

- Richard G. Lipsey, Kenneth I. Carlaw & Clifford T. Bekar (2006). *Economic Transformations: General Purpose Technologies and Long Term Economic Growth*. Oxford University Press.
  '일반목적기술(GPT: General Purpose Technology)'이라는 개념에 입각하여 기술의 역사를 인류 문명 전반에 걸쳐 다룬 대작이다. 기술혁신 과정을 보다 깊이 있게 파악하는 시각을 제시한다.